Pam Houston
Die Wildnis im Herzen

SERIE PIPER

Zu diesem Buch

»Vier Meilen in der Stunde, das ist die richtige Geschwindigkeit, eine Landschaft kennenzulernen.« Pam Houstons Zuhause ist die Natur, die Wildnis, und die entdeckt sie am liebsten zu Fuß: die Rocky Mountains, einen Gletscher in Alaska, das Okawango-Delta von Botswana, die Anden oder den Himalaja. Dort, wo nur Steinböcke, Bären oder Kojoten leben, zieht es sie hin, denn in der Gesellschaft von wilden Tieren – und verwegenen Männern – fühlt sie sich am wohlsten. Der größte Liebesbeweis des Städters David ist in ihren Augen seine Bereitwilligkeit, mit ihr eine Nacht im Freien zu verbringen – bei Minusgraden, die ihm die Wimpern gefrieren lassen. Temperamentvoll, farbenfroh, selbstironisch und voller Sprachwitz schildert Pam Houston ihre Sucht nach den extremen Seiten des Lebens.

Pam Houston, geboren 1962 in Trenton, New Jersey, finanzierte sich ihr Studium als Jagdführerin in Alaska und leitet seit Jahren Wildwassertouren durch die Canyons des amerikanischen Westens. Sie lebt auf ihrer Ranch in Colorado. Zuletzt erschien von ihr auf deutsch »Die Farbe des Abenteuers«.

Pam Houston
Die Wildnis im Herzen

Aus dem Amerikanischen von
Ulrike Wasel und Klaus Timmermann

Piper München Zürich

Für Marilyn Shannahan und
Betsy Marino
und zum Andenken an Sally Quinters

Ungekürzte Taschenbuchausgabe
Februar 2002
© 1999 W. W. Norton & Company, Inc., New York
Titel der amerikanischen Originalausgabe:
»A Little More about Me«
© der deutschsprachigen Ausgabe:
1999 Malik in Piper Verlag GmbH, München
Umschlag: Büro Hamburg
Isabel Bünermann, Meike Teubner
Foto Umschlagvorderseite: Premium. / Images
Foto Umschlagrückseite: Steve Griffin
Satz: Satz für Satz. Barbara Reischmann, Leutkirch
Druck und Bindung: Clausen & Bosse, Leck
Printed in Germany   ISBN 3-492-23487-9

Schließlich erkannte ich, daß der Wunsch, dort hinzugehen, wo ich noch nicht gewesen war, ebenso fruchtbar sein könnte, wie tatsächlich dorthin zu gelangen; doch für meine Seelenruhe war beides unerläßlich.

Seamus O'Banion

Inhalt

Der lange Weg in die Sicherheit   9

Von Hunden und anderen Gründen zu leben

Die unerzogenen Hunde von Park City   23
Auf der Suche nach Abbeys Löwen   32
Das Blut schöner wilder Tiere   37
Dante und Sally   48

Berge und Flüsse

In ihrer Mitte entspringt ein Fluß   59
Der Pitbullterrier und die Bergziege   64
Ein Handbuch für jede Stromschnelle   78
Von einer, die den Grand Teton (nicht) bestieg   85

Ein paar gute Männer

Angelausflug mit Dame   97
Ich war Captain in Colonel Bobs Armee   108
Ein Mann, der aus Liebe vereiste Wimpern erträgt   120

Ein langer Blick in den Spiegel

Jenseits von Dick und Dünn   135
Alles, was ich nicht gut kann   143
Gewohnheitsmäßig fange ich an,
   mich zu rechtfertigen   150

Erfolg – mal anders definiert   161
Schwangerschaft und andere Naturkatastrophen   166
Das Eis brechen   172

Berichte aus fünf Kontinenten

Afrikanische Nächte   185
Wellen in allen Herbstfarben   201
Die Seele der Anden   213
Acht Tage in der Brooks Range
    mit April und den Jungs   228
In Bhutan kann keiner berühmt werden   240

Wo deine Hunde sind, dort bist du zu Hause

Wo deine Hunde sind, dort bist du zu Hause   273

Nachbemerkung der Autorin   283

Der lange Weg
in die Sicherheit

ZU BEGINN DIESES SOMMERS HABE ICH 4500 DOLLAR FÜR ein Pferd bezahlt. Es ist wunderschön: ein Quarterhorse-Wallach, fast ein Meter siebzig groß, der Enkel des berühmten Two-Eyed Jack, ein Blauschimmel mit rostbraunen Zeichnungen im Gesicht, der im Sonnenlicht aussieht wie aus Stracciatella-Eiscreme modelliert. Er heißt Roany, ein nicht gerade phantasievoller Name, den er seinem Vorbesitzer, dem Cowboy Skip, zu verdanken hat. Dafür ist Skip aber ein guter Cowboy, und falls man Roany als Maßstab nehmen kann, sogar ein noch besserer Zureiter.

In den letzten zwei Monaten bin ich einmal pro Woche nach New Mexico gefahren, um Roany zu reiten. Ich habe ihn unter allen nur erdenklichen Bedingungen getestet, um zu sehen, wie er in schwierigen Situationen reagiert. Wir haben Flüsse und Landstraßen überquert, sind an glitschigen asphaltierten Parkplätzen vorbeigaloppiert und haben ein ganzes Rudel zähnefletschender Dobermänner in die Flucht geschlagen. Wir sind durch Unterführungen geritten, wo keine fünf Zentimeter Platz zwischen meinem Kopf und dem Beton über mir waren, und wir sind so dicht an mit Stacheldraht bespannte Tore herangegangen, daß ich mich darüber lehnen und sie öffnen konnte, ohne abzusteigen.

In den acht vierstündigen Ritten habe ich nur ein einziges Mal gespürt, daß Roanys Körper sich verkrampfte, und zwar, als ein Bomber der Air Force während eines Frühlingsgewitters über uns ein beängstigendes Tiefflugmanöver absolvierte. Und selbst da hatte Roany seine kleine Panikattacke schneller überwunden, als ich Zeit hatte, Angst zu bekommen. Wenn ich meinen Freunden von Roany erzähle, benutze ich immer wieder die Worte »konzentriert« und »ausgeglichen«. Auf seinem Rücken zu sitzen, mit ihm zusammenzusein ist ein bißchen so, als wäre ich mit einem Zen-Meister zusammen. Damit meine ich nicht nur, daß er mich nicht nervös macht, ich meine damit, daß er mich so ruhig macht, wie ich es mir in meinen kühnsten Träumen nicht hätte vorstellen können. Skip drückt es noch einfacher aus: Er nennt Roany das Pferd mit dem Herz aus Gold.

Ich habe immer psychotische Pferde besessen. Savannah, meine Morgan-Stute, hatte den Hang, mich mit Hilfe tiefhängender Äste abzuwerfen oder wild zu bocken und zu scheuen, wenn ihr langweilig wurde. Willie, eine Vollblut-Quarterhorse-Kreuzung, war in jungen Jahren gedopt worden, damit er bei Rennen schneller lief. Er schien wunderbar ruhig, bis er eines Tages eine Art Flashback hatte und mir den Unterarm derart zertrümmerte, daß die Ärzte neunzehn Knochenstücke entfernen mußten. Deseo, der vollkommene Gentleman im Stall und ein Star in jeder Reithalle, steigert sich in solche Angstzustände hinein, sobald wir ins Freie kommen, daß mir häufig nichts anderes übrigbleibt, als abzusteigen, ihn zu beruhigen und ihn vorsichtig wieder zurück in den Stall zu führen.

Es gibt keine Problempferde, sagen die Pferdegurus heutzutage, und ich bin mir hundertprozentig sicher, daß der Fehler in allen Fällen bei mir zu suchen ist. Als ich diese Pferde kaufte, waren sie jung, nicht eingeritten und preiswert (bis auf Savannah, die gar nichts kostete; ich hätte mir denken können, daß sie einige Schwierigkeiten hatte, als ihr Besitzer zu mir sagte, er würde mir noch Geld dazugeben, um sie endgültig loszuwerden). Und ganz gleich, wie sehr ich mich auch bemühe, ganz gleich, wieviel angelesenes und praktisches Wissen ich mir aneigne, ich ruhe einfach nicht genug in mir selbst, um junge Pferde richtig auszubilden. Ich glaube, ich komme der Sache allmählich näher, aber ich bin noch lange nicht am Ziel.

In den letzten zwanzig Jahren konnte ich alle Menschen

in meiner Umgebung davon überzeugen, daß ich vor nichts und niemandem Angst habe. Aber versuchen Sie mal, das einem Pferd zu erzählen, wenn Sie auf seinem Rücken sitzen. Pferde erkennen die Wahrheit über dich schneller, als du denken kannst, auch wenn du dir noch so viel Mühe gibst, selbstbewußt und ruhig zu wirken. Pferde sind perfekte Spiegel der Psyche, sie durchschauen Inszenierungen und Täuschungsmanöver und reagieren auf die Angstvorstellungen, die du ihnen zeigst.

Vielleicht ist das der Grund dafür, daß ich trotz etlicher ziemlich ernster Verletzungen nie aufgehört habe zu reiten. Selbst in meinen verschlossensten Phasen der Verdrängung wollte ich in Gegenwart eines Wesens sein, das meine tiefsten Wahrheiten erspürte.

Ich habe mit acht Jahren angefangen zu reiten, ungefähr zur selben Zeit, als ich aufhörte zu weinen, wenn mir etwas weh tat, und kurz bevor ich aufhörte zuzugeben, daß mir etwas angst machte. Ich verbrachte jeden Nachmittag und die meisten Wochenenden in irgendwelchen Ställen, machte die Boxen sauber und durfte dafür an Reitstunden und Ausritten teilnehmen. Ich ging zu den Pferden, weil es eine gute Möglichkeit war, meinem Elternhaus zu entfliehen, in dem es damals so viel Enttäuschung und Zorn gab.

Schon damals fühlte ich mich von den Pferden verstanden. Wenn wir gut kommunizierten und sie mit perfektem Timing über die Hecke sprangen oder in einer sauberen Traversale die Reitbahn durchquerten, hatte ich das Gefühl, beschenkt worden zu sein. Und wenn sie nicht auf mich hörten, wenn sie einen Sprung verweigerten und ich kopfüber in die Hindernisse purzelte, wenn sie aus einem schnellen Kanter in leichten Trab fielen und die Lehrerin mich mit ihrem deutschen Akzent anschrie: »Er merkt, daß du Angst hast, er merkt, daß du es in Wirklichkeit gar nicht willst!«, war ich halb bekümmert und halb entzückt. Ich wollte diese beängstigenden Sachen nämlich wirklich nicht machen – nie. Das Pferd war mit all seiner Pferdeweisheit völlig im Einklang mit mir.

Dann wurde ich erwachsen und entfernte mich so weit von mir selbst, daß es für das Wort »Angst« keinen Platz mehr in meinem Wortschatz gab. An meinem sechzehnten Geburtstag hatte ich mittlerweile sechzehn schwere Autounfälle überlebt. Bei mehr als der Hälfte von ihnen hatte der Wagen, in dem ich saß, einen Totalschaden; bei mehr als der Hälfte von ihnen spielte sehr viel Alkohol eine Rolle. Meine Mutter raste mit ihrem Plymouth mitten in ein Lebensmittelgeschäft, mein Vater überschlug sich am Weihnachtsabend neunmal mit seinem Cadillac, meine beste Freundin in der High-School fuhr ihren Ford-Kombi unter einen Sattelschlepper, so daß wir beide fast geköpft worden wären.

Ich muß wohl so etwas gedacht haben wie: *Wenn ich jetzt noch nicht tot bin, kann mir gar nichts mehr passieren.*

Als junge Erwachsene ließ ich mich auf ein lebensgefährliches Abenteuer nach dem anderen ein, und die Abenteuer, die ich nicht suchte, schienen fest entschlossen, mich zu finden. Hurrikans, Tornados, Lawinen und Jahrhundertfluten folgten mir rund um den Globus wie ein Rudel wilder Hunde, und wenn sie mich einholten, gab es für mich nirgendwo Schutz. Ich kaufte Pferde, die sich als Prüfstein für meine Courage erwiesen, und ich wurde verletzt und erneut verletzt, und immer hielt ich mich an die alte Cowboyregel, sofort wieder aufzusteigen. Mit der Zeit lernte ich eines an mir am meisten schätzen, und zwar, daß ich in einer (normalerweise selbstverschuldeten) Gefahrensituation einen kühlen Kopf behielt. Mit der Zeit lernten das auch andere an mir schätzen.

Therapeuten haben mir gesagt, daß ich darauf gepolt bin, erneut die Gefahr durchzuspielen, der ich mich in meiner Kindheit Tag für Tag gegenübersah, so daß ich mich ständig irgendwelchen Risiken aussetze, als wollte ich mir rückwirkend ein Gefühl von Macht aneignen. Ihre Hypothese mag eine Erklärung für etliche meiner recht erfolglosen Beziehungen sein. Die psychotischen Pferde erklärt sie ganz sicher. Vermutlich erklärt sie auch die Lawinen und Jahrhundertfluten. Aber ich möchte nicht, daß diese Hypothese meinen Abenteuerdrang erklärt. Ich möchte nicht, daß sie meine Liebe zur freien Natur erklärt.

Das Adrenalin des Glücks, noch einmal davongekommen zu sein, ist eine wirkungsvolle und süchtig machende Substanz, und ich habe in meinem noch recht jungen Leben schon mehr davon erlebt als so mancher, der doppelt so alt ist wie ich. Aber ich kann nicht leugnen, daß ich bei jedem Abenteuer unverfälschte Freude verspürt habe, eine so reine Freude, daß sie noch etwas anderes sein muß als die Sucht. Heute, da ich aus sicherem Abstand auf jene allzu risikobereiten Jahre zurücksehe, gibt es keinen einzigen atemberaubenden Augenblick, den ich lieber nicht erlebt hätte, nicht einen, bei dem der Zugewinn an Lebenserfahrung nicht den damaligen Schrecken und die Unannehmlichkeiten übersteigen würde.

Die meisten von uns hören mit Mitte Dreißig auf, ungestüm zu sein, und werden allmählich schwerfällig. Es ist ein Alter, in dem uns die Angst beschleicht, daß unser Glück uns eines Tages verlassen könnte. In den letzten paar Jahren habe ich nach einem Mittelweg gesucht, um meine Abenteuerlust zu bewahren und zugleich meine Neigung zu unnötigen Risiken abzulegen.

Die Buddhisten glauben, bevor sie mit ihren lebensverändernden Zen-Übungen beginnen, daß die Welt genau so ist, wie sie erscheint. *Berge sind Berge*, sagen sie, und *Flüsse sind Flüsse.*

Sobald sie jedoch mit der Meditation beginnen, um sich in dem Wandel zu verlieren, der doch eintreten muß, sind Berge nicht länger Berge und Flüsse nicht länger Flüsse. Der Zen-Schüler verliert den Bezugsrahmen, auf den er sich immer verlassen konnte: Berge verschmelzen und zerfließen zu Flüssen, Flüsse treten über die Ufer und erheben sich zu Bergen, während der Schüler immer mehr das vermeintlich sichere Wissen verliert, wer oder was er ist, und sein Ichgefühl sich in einer sich auflösenden Welt auflöst.

Mit genug Übung und wachsendem Verständnis nehmen die Dinge irgendwann wieder ihren vertrauten Platz ein:

Berge werden wieder zu Bergen und Flüsse zu Flüssen. Doch die Meditation hat den Schüler in einen Zustand versetzt, in dem er begreift, daß die Berge nur in bezug zu den Flüssen existieren und daß sie einander erst ermöglichen. Er hat seine Augen für den inneren Zusammenhang aller Dinge geschärft, einschließlich der Welt und seiner selbst.

In den letzten paar Jahren wurden für mich alle Berge zu Flüssen und alle Flüsse zu Bergen, und das im wortwörtlichen Sinne. Ich habe Flüsse bewältigt, deren Stromschnellen so steil wie Berghänge waren, und ich habe gelernt, daß es mitunter besser ist, einen Berg nicht zu besteigen, sondern ihn zu umrunden, so wie ein Fluß es tun würde. Zudem habe ich jeden Bezugsrahmen verloren, der mich in meiner angstfreien, emotionslosen Welt verankert hielt. Und ehe ich mich's versah, mußte ich feststellen, daß all die großen bedeutungsvollen Worte für mich ihren Sinn veränderten: Abenteuer, Erfolg, Freundschaft, Ehe, Feminismus, Liebe, Ethik, Zuhause, Sicherheit – binnen kurzem war ich nicht mehr in der Lage, irgend etwas festzuhalten. Alles, was in mir ein Berg war, wurde zum Fluß. Ich weiß nicht, wie lange es dauern wird, bis ich zumindest teilweise wieder ein Berg sein kann.

Während des Studiums wurde mir beigebracht, daß es keine Realität außerhalb der Sprache gibt, daß der Tisch, an dem ich saß und emsig mitschrieb, erst dann existent wurde, wenn ich ihn als Tisch bezeichnete, und eine ganze Weile habe ich das auch geglaubt.

Damals erkannte ich noch nicht, daß dieses Glaubenssystem unter anderem dazu diente, uns alle aus der Verantwortung zu entlassen. Wenn es keine Tische gab, dann gab es ganz sicher keine verschmutzten Flüsse; wenn es keine Stühle gab, dann gab es keine Armut; wenn es keine Wände und Fenster gab, dann auch keinen Schmerz, keine Gewalt in unseren Familien. Wenn die Welt nur durch das gesprochene – oder geschriebene – Wort existierte, dann mußten wir nur für das, was wir sagten, Verantwortung übernehmen, und nicht für das, was wir taten.

Vielleicht nahm ich das, was man uns an der Uni vermittelte, allzu wörtlich, aber schließlich brach ich mein Studium nach fünf Jahren ab, sechs Monate bevor ich meine Promotion in der Tasche gehabt hätte.

Es war ein typischer Tag im Englischinstitut, und ich wartete im Sekretariat, um mir eine Bescheinigung unterschreiben zu lassen, die bestätigte, daß ich ein Seminar abhielt, das es gar nicht gab, nur damit imaginäres Geld von einem Institut zum anderen überwiesen werden konnte zur Begleichung der Studiengebühren für ein Seminar, das ich laut einer anderen Bescheinigung belegt hatte, das aber ebenfalls gar nicht existierte. Zwei von meinen Professoren kamen herein, blieben neben dem Kopierer stehen und diskutierten zwanzig Minuten lang über wesentliche Aspekte von »imminent« und »eminent«.

Wen interessierte es schon, daß beide Männer, wie ich wußte, zum damaligen Zeitpunkt persönliche Tragödien bewältigen mußten? Wen interessierte es schon, daß die Vereinigten Staaten kurz davor standen, sich in einen Krieg verwickeln zu lassen, und das aus Gründen, die keiner von uns verstand? Wen interessierte es schon, daß auf den Bergen vor dem Fenster vierzig Zentimeter Schnee gefallen waren, so daß die Welt wie das Paradies aussah, das sie sein könnte, wenn wir nur einen Blick dafür hätten?

Zum erstenmal seit Beginn meines Studiums war ich wirklich verwundert über das, worüber meine Professoren da miteinander debattierten. Zum erstenmal kam mir der Gedanke, daß meine Professoren sich irren könnten. Es *gab* eine Welt, die außerhalb der Sprache existierte, und ich war ihr viel zu lange fern gewesen. An diesem Tag verließ ich das Sekretariat, ohne mir meine Bescheinigung unterschreiben zu lassen. Ich bin nie wieder dorthin zurückgekehrt.

Heute, aber wirklich erst heute, ist mir klar, daß mein vorzeitiger Abschied von der Uni vielleicht kein Scheitern war, sondern ein Erfolg, daß ich das erstemal nach einer Überzeugung handelte, die ganz und gar meine eigene war und noch dazu völlig unpopulär. Ich liebte die Uni, und wenn ich geblieben wäre, hätte ich vermutlich alles in meiner Macht Stehende getan, um von ihr wiedergeliebt zu werden, um eine von jenen Dozenten zu werden, die ich noch heute bewundere, um »imminent eminent« zu wirken, um in einer Welt zu leben, in der wirklich nur Worte zählen.

Heute ist mir ebenfalls klar, daß es für eine junge Autorin gar nicht so schlecht war zu glauben, daß die Welt aus Sprache besteht, ebenso, wie es für eine Bildhauerin gut sein mag zu glauben, daß die Welt aus Lehm gemacht ist. Ich habe an der Uni gelernt, mit Sprache spielerisch umzugehen, und ebenjene Professoren lehrten mich, die Worte tanzen zu lassen.

Eines weiß ich jedoch mit Sicherheit: Als ich die Uni verließ und in die Welt zurückkehrte, hatte ich eine so große Sehnsucht nach ihr wie nie zuvor in meinem Leben. Wenn ich eine Pappel sah, einen klaren Bach, ein Kind in Bhutan, einen angeschirrten Schlittenhund, geriet ich fast in Ekstase, und ich begriff – als wäre ich nach einem Traum, in dem mein Haus abgebrannt ist, wohlbehalten in meinem Schlafzimmer erwacht –, daß die Welt real ist, alles an ihr, und daß sie nur darauf gewartet hatte, daß ich aufwache und meinen Tag beginne.

Die Beiträge in diesem Buch sind das Ergebnis dieses noch anhaltenden Erwachens, und Sie werden feststellen, daß sie voller Realität sind: Regenwälder und Wüsten und Fischadler und Ozeane, Bergziegen und Flußeis und Campingtouren und Wein. Sie werden Grizzlybären und Gynäkologen begegnen, Sie werden Silberminen kennenlernen und Männer, die nach Stahlkopfforellen angeln, menschliche Ampeln und neurotische Pferde, ein paar gute Männer und viele gute Hunde. Sie werden die Tetons entdecken, die Wasatch Mountains, die Anden, den Himalaya, die Brooks Range und den San Juan River, den Main Salmon, den Dolores, den Colorado und die Rhône. Die Kalahari, das Great Basin und das eisige Alaska. Ein Flußpferd namens Esmeralda kommt darin vor, ein Wolfshund namens Dante und ein Buddhist namens Karma, womit wieder einmal bewiesen wäre, was wir schon lange vermutet haben: Fiktion ist dem wirklichen Leben in nichts überlegen.

Die Beiträge in diesem Band sind über einen Zeitraum von fünf Jahren entstanden. Während dieser Zeit habe ich mehr als vierzig Wildwasserfahrten gemacht. Ich bin über dreitausend Meilen durch unberührte Natur gewandert. Ich habe dreiundvierzig Länder auf fünf Kontinenten bereist. Zweimal wurden Suchtrupps nach mir ausgesandt. Ich habe in über vierhundert Flugzeugen gesessen. Viermal wurde ich aufgefordert, mich auf eine Notlandung vorzubereiten. Ich bin gegen jede Krankheit, die die Welt zu bieten hat, geimpft worden. Dreimal wurde ich ausgeraubt, und zwar jedesmal in der Gegend von San Francisco. Ich war in jedem US-Staat außer North Dakota und Hawaii. Ich habe in drei verschiedenen Autos insgesamt vierhunderttausend Meilen zurückgelegt.

Zusätzlich zu den Reisen, die Tempo und Rhythmus meines Lebens bestimmten, habe ich in diesen Jahren noch einiges andere erlebt, womit ich nicht gerechnet hätte. Ich habe einen Mann geheiratet und wieder verlassen, von dem ich glaubte, ich würde den Rest meines Lebens mit ihm verbringen. Ich habe meine beste Freundin gefunden und mußte dann zusehen, wie sie langsam starb. Ich hatte einen Hund, den ich für unersetzlich hielt, und ersetzte ihn durch einen, den ich sogar noch mehr liebe. Meine Mutter starb an Herzversagen, und im übertragenen Sinne verlor ich auch meinen Vater auf diese Weise. Dabei gewann ich eine Kindheit zurück, die ich fast vergessen hatte. Ich fand einige neue Freunde und verlor noch mehr. (*Am Ende brauchst du sechs, die deinen Sarg tragen*, sagte mein Freund Jack Hicks immer.) Ich habe ein Haus gekauft, für das ich einen riesigen Kredit aufgenommen habe, einen Wagen mit automatischen Fensterhebern und Zentralverriegelung, einen Hund mit einem Stammbaum, der sehr viel weiter zurückreicht als meiner.

In den letzten fünf Jahren bin ich zweimal umgezogen: von Park City, Utah, nach Oakland, Kalifornien, und dann wieder zurück in die Rocky Mountains, in einen Ort namens

Creede in Colorado. Von ganzem Herzen hoffe ich, daß ich hierbleiben werde.

Mein Lebensweg hat in den letzten fünf Jahren viele größere Schlenker gemacht. Auf einem verwitterten Schild, das am Straßenrand in der Erde steckt, steht: DER LANGE WEG IN DIE SICHERHEIT, und das Gras, das auf seinem Mittelstreifen wächst, verrät mir, daß er nicht zu den Strecken gehört, die von Automobilclubs empfohlen werden.

Durch die Windschutzscheibe kann ich alles sehen, was ich mitnehmen möchte: Pferde und Menschen und Berge und Flüsse. Aber verdammt, auch im Rückspiegel sehe ich Pferde und Menschen und Berge und Flüsse, eben alles, was ich zurücklassen muß. Auf beiden Seiten des Wagens: Pferde und Menschen und Berge und Flüsse, und ich versuche immer bloß, mich irgendwo in der Mitte zu halten. Ich weiß, wenn ich mit zwei Rädern auf die eine Seite gerate, werde ich etwas Wesentliches verlieren, gerate ich mit zwei Rädern auf die andere Seite, könnte ich danach gelähmt oder tot sein.

Meine Therapeuten sagten oft: *Sie können sich nur in lebensgefährlichen Situationen geborgen und sicher fühlen*, und inzwischen gebe ich mir Mühe, sie zu widerlegen. Ich mache keine Wildwasserfahrten bei Hochwasser mehr, und ich habe mir geschworen, nie wieder einen Berg besteigen zu wollen, für den man Karabinerhaken und Seile braucht. In weniger eindeutigen Situationen hinterfrage ich meine Motivation und versuche, der Gefahr immer einen Schritt voraus zu sein. Wenn ich etliche hundert Meter in eine einsturzgefährdete Silbermine in Bolivien krieche, dann möchte ich, daß ich das tue, um etwas über den Charakter der dortigen Bergleute zu erfahren. Wenn ich in über fünftausend Metern Höhe in Bhutan eine Herzattacke habe, dann möchte ich ein entsprechendes Medikament in meinem Erste-Hilfe-Kasten haben.

Es gibt Menschen – sogar ziemlich viele –, die meinem Wunsch nach Veränderung Widerstand entgegenbringen, die glauben, daß es für Frauen wichtiger denn je ist, sich als

Amazonen zu beweisen. Als ich meinen Essay »Von einer, die den Grand Teton (nicht) bestieg« einer Gruppe von naturverbundenen Frauen in Wyoming vorlas, überschlugen sie sich förmlich, um Entschuldigungen für mich zu finden, schwacher Biorhythmus oder PMS, und schließlich gaben sie meinem Bergführer die Schuld.

Ich versuchte, ihnen begreiflich zu machen, daß für mich in diesem Fall der wahre Erfolg in meinem Scheitern lag, darin, daß ich auf meine Angst gehört und zu meinem Wunsch gestanden hatte umzukehren, aber sie wollten nichts davon hören. Im selben Monat sagte mir ein Verleger, der mich zum *Sky-Surfen* (*Sky-Surfen!?*) schicken wollte, daß ich weniger Aufträge bekommen würde, wenn ich nicht bereit wäre, mich weiterhin *auf dem schmalen Grat* zu bewegen. Aber wie oft kann man denn wohl über den gleichen schmalen Grat wandern und es immer noch interessant finden? Und jetzt, da ich begonnen habe, von demjenigen herabzusteigen, der meine Nemesis war, entdecke ich überall neue Möglichkeiten der Gratwanderung: künstlerische, spirituelle, emotionale, sogar physische, bei denen es nicht unbedingt erforderlich ist, mein Leben aufs Spiel zu setzen.

Ich habe Savannah, meine Morgan-Stute, schließlich verkauft, weil alle Freunde mir sagten, sie würde mich irgendwann umbringen. Ich habe Willy verkauft, weil der Arzt mir gesagt hat, daß es über zwei Jahre dauern würde, bis mein Arm ausgeheilt wäre. Bei Deseo habe ich noch Hoffnung, was heißt, daß ich zwar noch keinen Erfolg hatte, aber auch noch nicht gescheitert bin. Falls Roany auf ihn die gleiche Wirkung hat wie auf mich, könnte alles gut werden.

Jetzt steht Roany also draußen auf der Weide, rupft die ersten Frühlingshalme aus dem Boden und sieht aus wie Sahnekuchen. Morgen werde ich ihn satteln und zum erstenmal, seit ich ihn mein eigen nenne, mit ihm hoch in die Berge reiten. Allmählich glaube ich nicht mehr an die alte Weisheit, daß man sofort wieder auf das Pferd steigen sollte, das einen abgeworfen hat. Ich lerne, *ich weiß nicht* zu sagen, wenn ich etwas nicht weiß, und *ja* zu sagen, wenn ich ja meine, und ohne Vorbehalte *Das tut weh* oder *Ich mag dich* zu sagen. Ich frage mich, wie lange meine Berge wohl noch Flüsse sein müssen. Endlich gewöhne ich mich an den Gedanken, daß Roany 4500 Dollar wert ist, eben *weil* er sicher und sanft ist. Besser gesagt, für mich ist er unbezahlbar.

Von Hunden und
anderen Gründen
zu leben

Die unerzogenen Hunde
von Park City

ES HEISST, DASS DIE STRASSEN VON PARK CITY IN DER guten alten Zeit von Wildschweinrotten heimgesucht wurden und man dort seither mit streunenden Straßenhunden Nachsicht hat. Ob sie wahr ist oder erfunden, es ist eine schöne Vorstellung, die uns glauben macht, daß die vereinzelten Grüppchen wilder Hunde, die wir die Main Street hinuntertrotten sehen, sozusagen auf Bestellung da sind, als Teil unserer Geschichte, daß wir auf sie stolz sein und sie vor allem in Ruhe lassen sollten.

Doch Park City wird mehr und mehr zu einer Stadt voller zivilisierter Menschen, und wie ich höre, lassen zivilisierte Menschen ihre Hunde nicht frei laufen. Die Ordnungshüter sagen, daß freilaufende Hunde ins Tierheim gebracht und Wiederholungstäter sogar eingeschläfert werden. Der Tierschutzverein von Park City sagt, daß, wer nicht in der Lage ist, seinen Hund zu Hause zu halten, auch keinen Hund besitzen sollte. Und das entbehrt nicht einer gewissen Logik. Aber diejenigen von uns, die Hunde ihr eigen nennen, die cleverer sind als sie, nämlich Hunde, die sich selbst als Bestandteil des Lokalkolorits dieser Stadt betrachten, Hunde, denen es gelingt, nach Lust und Laune zu kommen und zu gehen, wobei sie sich anscheinend nur gelegentlich der Hilfe anderer Hunde bedienen müssen, Hunde, die häufig Ärger mit dem Hundefänger haben, Hunde, auf deren Kopf mitunter sogar ein Preis ausgesetzt ist – diejenigen unter uns also, denen die Hunde von Park City gehören, die wir beim besten Willen nicht zu Hause halten können, möchten dem entgegenhalten, daß

23

es gerade unsere Hunde sind, die die Stadt zu dem machen, was sie ist.

Mein Hund heißt Jackson. Er ist groß und schlank und blond und hat eine große Nase. Er macht Spritztouren durch die Stadt auf der Ladefläche seines roten Pick-up, den er mich manchmal fahren läßt, und er hat den zweifelhaften Ruf, von allen Hunden in Park City (vielleicht sogar der gesamten Rocky Mountains) am lautesten bellen zu können. Er ist so cool, wie ein Hund nur sein kann. Er schämt sich meiner ein wenig, weil ich so gar nicht cool bin, aber ich versuche, es dadurch wett zu machen, daß ich ihn zu all den tollen Partys gehen lasse. Er hat viel mehr Freunde hier in der Stadt als ich, menschliche und hündische, und auch ein paar Feinde mehr. Er wurde schon zweimal verhaftet, einmal, weil er am Corner Store um Hamburger gebettelt hatte und anschließend seinen Wohltätern in die Gondelbahn folgen wollte, und einmal in Salt Lake City, weil er gedroht hatte, einen Mormonenjungen zu beißen, wobei Jackson mir gegenüber schwört, der Kleine (er war acht) habe versucht, unseren Wagen zu klauen. Dreimal ist Jackson von der Pick-up-Ladefläche gesprungen, und zwar jedesmal bei Geschwindigkeiten von über sechzig Meilen die Stunde; zweimal trug er lediglich Abschürfungen davon, und das dritte Mal war in Heber City, und ich schwöre, er hat es nur getan, weil er wissen wollte, ob er schneller als ich zu Hause wäre. (Er hat gewonnen.) Jackson ist gerne mit Rogers Mastiff Bo und P. J.s Husky Raichle unterwegs; er duldet Hailey, meinen zweiten Hund, der absolut uncool ist; aber Müllcontainer durchstöbert er am liebsten mit seinem Kumpel Rasta.

Für mich ist Rasta der Patriarch aller Hunde auf der Main Street. Rasta wurde mir als der schlimmste Hund in ganz Park City vorgestellt, und obwohl er bisher noch nicht mal ansatzweise nach einem Menschen geschnappt hat, der ihm irgendwie krumm kam, sagt man ihm nach, daß er es mit wirklich jedem Hund aufnehmen kann. Zudem hat er sich mit seinen überaus kreativen Methoden beim Durchstöbern von Müllcontainern unter den örtlichen Hunden Respekt verschafft. Zwei Besucher schilderten einmal seinem Frauchen, Christie, sie hätten gesehen, wie er einen Hund namens Arlo vor Ciceros Müllcontainer Aufstellung nehmen ließ und Arlos Rücken dann als Sprungbrett benutzte, um ans Ziel seiner Begierde zu gelangen. Rasta behauptet, er habe alles, was er weiß, von Helmet gelernt, Sonnys verstorbenem Rugby-Hund, der der einzige war, von dem Rasta sich je herumschubsen ließ. Doch Rastas Leben war nicht immer nur Ruhm und Abfall. Er hat eine harte Zeit im Kittchen hinter sich; er mußte mit ansehen, wie sein bester Hundefreund Bakkhus außerhalb von Kamas abgeknallt wurde, weil er angeblich Rehe gejagt hatte, und an diesem Tag wurde auch auf Rasta selbst geschossen, aber es gelang ihm, den Kugeln unversehrt zu entkommen. Rasta führt jetzt in Kamas ein relativ zurückgezogenes Leben, aber er und Christie kommen jeden Tag nach Park City. Man sieht ihn vor ihrem Büro auf der Main Street, inzwischen zu alt und zu lebensklug, um sich noch groß Ärger einzuhandeln, aber noch immer stolz und freundlich, ein ebenso unverzichtbarer Teil der Main Street wie der Bürgersteig, auf dem er sitzt.

Als ich mich nach Fred erkundigte, dem schokoladenfarbenen Labrador, der sich meiner Erinnerung nach seit jeher vor dem Alamo herumgetrieben hat, war die Reaktion seiner menschlichen Freunde einstimmig. »Ach du Scheiße«, sagten sie. »Steckt er schon wieder in Schwierigkeiten?«

Aber als ich Fred schließlich fand, und zwar da, wo er sich neuerdings immer aufhält, nämlich im Hinterzimmer des Snowboard-Ladens, in dem sein Besitzer Mikk arbeitet, wollte er sein Vorstrafenregister herunterspielen. Statt dessen sprach er lieber davon, daß er schon seit sechs Jahren im Ort ansässig ist, was ihm seiner Meinung nach den Status eines Einheimischen verleiht. »Viele Hunde kommen und gehen«, sagte Fred und streckte seinen langgezogenen schokoladenbraunen Körper zwischen einer Werkbank zur Rechten und einer Reihe neuer Snowboards zur Linken, »aber ich bin hier geboren.« Fred brüstet sich damit, ein absolut autonomer Hund zu sein. Er sagt, daß auch er in jungen Jahren Müllcontainer durchwühlt hat, weil alle Hunde das machten, doch inzwischen findet er es bequemer, sich vor das Lokal Claim Jumper zu stellen, ein trauriges Hundegesicht aufzusetzen und gelegentlich zu bellen, bis jemand herauskommt und ihm einen Kotelettknochen zuwirft. Mikk sagt, daß ein paar Burschen im Alamo Fred einmal ein Schild um den Hals gebunden haben, auf dem stand: ARBEITE GEGEN ESSEN. »An dem Abend gab's mächtig Futter«, gibt Fred zu, »aber ich komme auch ohne das Schild zurecht.«

Tyler ist einer der wenigen Hunde in Park City, der sich seinen Lebensunterhalt tatsächlich erarbeitet. Seit 1985 ist Tyler der offizielle Such- und Rettungshund der Park City Ski Patrol, und jeder, der eine Zeitlang in Jupiter Bowl verbringt, sieht ihn im Sessellift fahren, manchmal mit Kenny Elliott, seinem Herrchen, manchmal ganz allein. Vielleicht sieht man ihn aber auch auf dem Snowmobil mit Kenny, die Pfoten auf dem Lenker, großes Hundegrinsen im Gesicht, aber ein Snowmobil ist schließlich Welpenkram für einen Hund, der schon viele Male im Hubschrauber geflogen ist und sogar schon aus einer Skigondel abgeseilt wurde. Tyler arbeitet hundert Tage im Jahr oben in den Bergen, und die meiste Zeit davon übt er die Lebensrettungsaktionen, von denen er und Kenny hoffen, daß sie niemals nötig sein werden. »Tyler macht die ganze Arbeit«, sagt Kenny. »Das meiste von dem, was ich heute über Bergungsaktionen weiß, habe ich allein durch Beobachten seiner Signale und Zeichen gelernt.« Tyler ist nie von einem Hundefänger aufgegriffen worden, woran die anderen Hunde in Park City sehen sollten, was ein ordentliches Leben und harte Arbeit wert sind. Wie viele Suchhunde aus Park City verbringt auch Tyler den Sommer mit Kenny in der Schlucht des Columbia River beim Windsurfen.

Physisch betrachtet, besteht der einzige Unterschied zwischen Tyler und seinem Sohn Astro darin, daß Tylers linkes Ohr einknickt, während es bei Astro das rechte ist. Metaphysisch betrachtet, gibt es dagegen viele Unterschiede. Ob die einknickenden Ohren etwas über die Funktionsfähigkeiten der linken beziehungsweise rechten Hirnhälfte des jeweiligen Hundes aussagen, wäre eine interessante Frage für Hundepsychologen, doch für jeden Tag, den Tyler bei harter Arbeit in den Bergen verbringt, hat Astro einen weiteren Tag damit vertan, sich Hamburger zu erbetteln und vor dem Arm des Gesetzes zu fliehen. Astro sieht nicht aus wie ein Straftäter: Er ist groß und lieb und ihm macht praktisch alles Spaß, sogar so etwas Simples wie Steine jagen. Was er auch gerne jagt, und das zu seinem Pech und zu dem seines Besitzers John Whitely, ist das Antriebsrad in der Talstation des Sessellifts. Er bellt es so lange an, bis die Leute dort wahnsinnig werden und das Tierheim anrufen. Mittlerweile ist Astro so oft aufgegriffen worden, daß er beim letztenmal gemeinsam mit John in Handschellen abgeführt wurde. Für John wurden tausend Dollar Kaution festgesetzt, für Astro siebenhundert, und man drohte damit, den Hund einzuschläfern, falls er je wieder erwischt würde. »Astro ist jetzt schon ein Jahr sauber«, sagt John stolz, während Astro gutgelaunt einen Stein zwischen seinen Beinen anbellt. »Kenny sagt, ich hätte ihn versaut, ich hätte ihn besser auf eine Schweizer Schule für Lawinenhunde und gutes Benehmen schicken sollen, aber er ist der beste Bauhund der Welt, und ich mag ihn so, wie er ist.«

Relativ neu in der Hundeszene von Park City ist Bo, ein englischer Mastiff, der sich rasch zur meistfotografierten Touristenattraktion des Ortes mausert. Im zarten Alter von drei Jahren und mit immerhin schon rund siebzig Kilo Gewicht erobert Bo im Sturm die Herzen aller Besucher, denen er unter die Augen kommt; er landet in ihren Fotoalben, ihren Videotheken und manchmal sogar in ihren Wohnungen und Autos. »Bo ist schon öfters mitgenommen worden«, erzählt Roger mir hinter der Theke im Alamo, »aber irgendwann kriege ich dann doch einen Anruf. Die Leute sind vernarrt in ihn, bis sie feststellen, wieviel er frißt, dann lassen sie ihn laufen, und er sucht sich seinen Weg nach Hause.« Roger ist viel zu Park-City-mäßig cool, um zuzugeben, daß ihm Bos Popularität schmeichelt, aber als er mir erzählt, daß Bo schon mal bei David Letterman war, macht sich auf seinem Gesicht ein Grinsen breit, das von väterlichem Stolz kündet.»Irgendein Promi war in Park City, hat ein Foto von Bo gemacht und es während der Sendung hochgehalten«, sagt Roger, und sein Grinsen wird sogar noch breiter, während er der Kellnerin zwei Bier rüberreicht.»Aber ich will nicht, daß ihm sein Ruhm zu Kopf steigt«, sagt er. Wie jeder sehen kann, ist Bos Kopf schon groß genug.

Es ist praktisch unmöglich, auf all die berühmten und berüchtigten Hunde von Park City einzugehen. Schon jetzt fällt mir auf, daß ich Lees kleinen Mischling Arrow ausgelassen habe, den Lee aus den Händen der Vorbesitzer rettete, weil sie Arrow öfter mit halluzinogenen Pilzen fütterten und ihn dann festbanden. Ich lasse auch Stephanies und Danas Hund Pan aus, dessen Name auf seine Fähigkeit anspielt, plötzlich zu verschwinden, und auch Marty, der jahrelang auf dem Dach des Alamo residierte. Ich spreche auch nicht von Max, dem jungen Dalmatiner, oder von der Hundeüberraschungsparty, die Mitchie für ihn an seinem dritten Geburtstag gab. Außerdem wären da noch Jersey Daves Hund Arlo zu nennen, Yuki von der Upper Norfolk Street, der größte Hund am Ort, Chaos und Bigsey vom Prospect und Cody von der unteren King Road, den die Österreicher anscheinend besonders ins Herz geschlossen haben.

Es wäre eine grobe Untertreibung, wenn ich sagen würde, daß die Hunde von Park City intelligent sind und miteinander kommunizieren können. Die Behauptung, daß sie über die seit Lenin und Marx am besten organisierte Gesellschaftsstruktur verfügen, kommt der Sache schon näher. Wer irgendwelche Zweifel daran hat, daß diese Hunde systematisch zusammenarbeiten können, möge Stephanie und Dana fragen, wie Bo und seine Husky-Kumpel es schaffen, Pan ohne jede menschliche Hilfe von seiner Kette zu befreien; er möge Rasta beobachten, wie er eine Müllcontainerplünderung so reibungslos und effizient organisiert wie ein Gewerkschaftsboß. Falls Sie nicht glauben wollen, daß diese Hunde ebenso wie menschliche Wesen zu eigenständigem und kreativem Denken fähig sind, dann sollten Sie mal zusehen, wie Bo eine Besucherin so umgarnt, daß sie sich von ihrem Mittagessen trennt, oder wie Fred jeden Abend um fünf vor zehn lässig aufsteht, sich reckt und zur Tür schlendert, weil die Tellerwäscher von sämtlichen Restaurants der Stadt um diese Zeit die Essensreste zu den Müllcontainern in der Swede Alley tragen.

Wir Menschen sind nach Park City gezogen, zumindest viele von uns, weil diese Stadt uns die Möglichkeit bot, so zu leben, wie wir möchten, uns nicht durch irgendwelche Konventionen einschränken zu lassen. Sollten wir das unseren Hunden nicht auch zugestehen? In der letzten Zeit kommt es immer häufiger vor, daß ich mir von meinen Hunden zeigen lasse, wie man glücklich ist, wie man Entscheidungen trifft, wie ich mein Leben leben sollte, und damit bin ich nicht die einzige. Immer wieder avancieren Hunde in Bestsellern und Erfolgsfilmen zu Stars; Ärzte verschreiben Hunde als Therapie. Was meinen Sie, wie viele Kinder Pan schon auf der Main Street begrüßt hat? Wie viele Gäste im Pizza Co. hatten nicht schon das Vergnügen, Jackson ein paar Streicheleinheiten und ein Stück Pizza zukommen zu lassen? Wie viele Touristen hat Astro wohl schon zum Lächeln gebracht, wenn er aufgeregt um das Antriebsrad des Liftes herumjagt? Was mich angeht, so weiß ich jedenfalls, daß es nur sehr wenig gibt, was nicht durch den Anblick von Bo geheilt wird, wie er die Main Street hinauftrottet, und wenn ich ein paar Hunde sehe, die gerade mit Gott weiß was für Plänen im Kopf über die Main Street abhauen, dann freue ich mich, daß ich in einer Stadt lebe, wo Hunde dann und wann mal ausbrechen können und ihre Besitzer sie dann und wann mal lassen können.

Ich war auf der Post, um mich zu erkundigen, ob irgendwelche Briefe für mich da waren, als ein junger Mann mit einem kleinen schwarzen Labradorwelpen hereinkam, eine niedliche halbe Portion. Der Winzling war einfach goldig mit seinen Schlappohren und den Pfoten, die noch viel zu groß für ihn waren, und er rannte im Kreis um die Füße seines Herrchens herum, wobei er schon mal weich gegen irgendwelche Kunden stieß. Eine Frau, die selbst ein bißchen hundeähnlich aussah, mit schwarzer Hose, schwarzem Rollkragenpullover, schwarzer Jacke und schwarzem Haar, das ihr ins Gesicht hing, fauchte: »Hunde dürfen hier nicht rein.« Der junge Mann entschuldigte sich, hob seinen Welpen auf und brachte ihn nach draußen. Ich war richtig deprimiert, als ich aus der Post ging, weil ich zwar einerseits nicht ernsthaft argumentieren konnte, daß Hunde natürlich das Recht haben, sich im Postamt aufzuhalten, aber andererseits auch nicht einsehen wollte, daß unsere Stadt allmählich zu einem Ort wird, wo ein junger Skifreak mit einem Welpen gleich kriminell ist und wir uns auf der Post gegenseitig ein schlechtes Gewissen machen.

Vor Jahren, als ich mal wieder darüber klagte, wie schwer es sei, eine Wohnung oder ein Haus zu finden, wo Hundehaltung erlaubt war, sagte eine Freundin von mir mit beeindruckender Weisheit, daß man, wenn man einen Hund hat, nun mal gezwungen ist, an Orten zu leben, die gut für einen sind. Und ich denke an all die Dinge, die ich vielleicht aufgegeben hätte, wenn meine Hunde mir nicht gezeigt hätten, was mir im Leben wirklich wichtig ist: frische Luft, ein Garten und der Blick auf einen Dreitausender hinterm Haus. Und ganz gleich, ob die Geschichte von den Schweinerudeln nun stimmt oder nicht, ich finde, wir sollten die Tatsache akzeptieren, daß diese Hundekultur offenbar zu jedem Wintersportort in Amerika dazugehört: Winter Park, Steamboat, Sun Valley – die Hunde sind nur eine von vielen Arten, wie wir unseren Gästen zeigen, daß wir frei sind.

Im Februar war ich in Telluride, wo ich das Vergnügen hatte, die Bekanntschaft von Zudnick zu machen, Tylers berühmterem Kollegen, der allerdings anders als Tyler für den Hundefänger kein unbeschriebenes Blatt ist. Ganz im Gegenteil. Zudnick hatte sogar schon seine letzte Chance verspielt und saß in der Todeszelle ohne Aussicht auf Begnadigung. Doch Zudnick war nicht nur bei den Bewohnern von Telluride ungemein beliebt, sondern auch bei allen Kindern im Kreiskrankenhaus, wo er Freiwilligenarbeit geleistet hatte. Die Kinder schrieben Briefe, und die Stadt reichte eine Petition ein, und Zudnick wurde vor der Gaskammer gerettet, so daß er heute wieder mit den Sesselliften fahren kann.

Im letzten Winter lernte ich in Manhattan einen Mann kennen, der Mitte der siebziger Jahre in Park City gewohnt hatte. »Es war unglaublich«, erzählte er mir. »Damals wimmelte es in Park City nur so von Hunden. Natürlich war es eigentlich Vorschrift, Hunde an der Leine zu führen, aber irgendwie haben die Hunde es geschafft, diese Vorschrift zu umgehen. Der Hundefänger war ständig unterwegs, und trotzdem konnte man zu keiner Tageszeit über die Main Street gehen, ohne daß man ein paar Hunde sah.« Der Mann verstand nicht sofort, warum ich loslachte. Er verstand nicht, wie glücklich mich die Erkenntnis machte, daß es in dieser Stadt, die sich mit so atemberaubender Geschwindigkeit verändert, ein paar Dinge gibt, die von Dauer sind. Er verstand nicht, daß mir das, was er mir erzählt hatte, die Hoffnung gab, daß Park City auch in fünf oder zehn oder zwanzig Jahren noch ein Ort sein wird, an dem es ungezogene Hunde gibt, die glücklich und frei mit großen Plänen im Kopf auf der Straße an uns vorbeitraben.

Auf der Suche nach
Abbeys Löwen

ALS ICH NOCH IN OHIO STUDIERTE UND NOCH NIE WEITER westlich gewesen war als ein Stückchen über die Grenze nach Indiana hinein, und zwar als ein Freund und ich im angetrunkenen Zustand eines Nachts in den Heimatort meiner Mutter fuhren und dort das Schild des Lion's Club mit der Aufschrift WELCOME TO SPICELAND, INDIANA klauten, machte mich eine gute Freundin mit den Büchern von Edward Abbey bekannt. Zunächst verschlang ich *Desert Solitaire*, dann *The Journey Home, Down the River, Beyond the Wall, Black Sun* und *The Monkey Wrench Gang* (dt. *Die Universal-Schraubenschlüsselbande*). Abbey lebte im Herzen eines wilden Landes, das ich mir kaum vorstellen konnte, wenn ich über die sanften grünen Hügel des Mittleren Westens blickte. Zerklüftete Granitgipfel, silbern in der Dämmerung, leuchtend orangefarbene Labyrinthe aus bizarrem Sandstein, breite Flüsse mit schlammigem Wasser, die durch Canyons strömten, deren Wände fünfmal höher waren als die höchsten Hügel, die ich von meinem Zimmer aus sehen konnte. Der Umstand, daß Abbey genau wie ich aus einer Kleinstadt in Pennsylvania stammte, schien mir ungemein bedeutungsvoll. Wenn er es in seinem späteren Leben geschafft hatte, den Westen zu seiner Heimat zu machen, dann konnte ich das vielleicht auch eines Tages.

Von allen Schriften Abbeys, die mir noch heute in Erinnerung sind, findet sich meine Lieblingspassage in dem Essay »Freedom and Wilderness, Wilderness and Freedom«, der in *The Journey Home* erschienen ist. Abbey ist mal wieder auf einer für ihn typischen Wanderung durch einen Canyon:

zu weit, kein Wasser und kurz vor Einbruch der Dunkelheit. Auf halbem Wege hat er die Spur eines Pumas entdeckt, und da er noch nie einen Puma gesehen hat, beschließt er, der Fährte zu folgen. Aber es wird rasch dunkel, und er ist gezwungen, die Suche aufzugeben und umzukehren. Während er sich in der zunehmenden Dunkelheit der Mündung des Canyons nähert, hört er Schritte hinter sich, einmal, zweimal, dreimal. Ihm scheint, daß sie innehalten, wenn er stehenbleibt, und wieder einsetzen, wenn er weitergeht. Angst steigt in ihm auf, und er fährt blitzschnell herum: Nur fünf Meter hinter ihm steht der Löwe, groß und geschmeidig in dem dämmrigen Licht, eine Tatze wie zum Gruß in die Luft erhoben, kühle gelbe Augen, die ihn unerschrocken anblicken. Abbey streckt eine Hand aus und macht langsam drei Schritte auf die große Katze zu, bevor er zur Besinnung kommt und erkennt, daß er doch nicht bereit ist, einem Berglöwen die Pfote zu schütteln. Reglos und mit noch immer erhobener Tatze schaut der Puma zu, wie Abbey seinen Weg durch das nur noch spärliche Licht im Canyon fortsetzt.

Der Zauber dieser Passage liegt für mich in dem Augenblick der Entscheidung, in der Spannung zwischen Abbeys Wunsch, den Löwen zu begrüßen, als wären sie Freunde, die sich nach vielen Jahren der Trennung wiedersehen, und seinem nachfolgenden Respekt vor der Wildheit des Löwen, seine Anerkennung der Distanz, die zwischen diesem wilden Tier und ihm selbst bewahrt bleiben muß, seine Erkenntnis, daß er sich vorläufig mit dem Wunsch begnügen muß, dem Löwen die Pfote zu schütteln.

Als ich diesen Essay vor elf Jahren las, wußte ich nicht genau, wie ein Berglöwe aussieht, und ich wußte auch nicht, wie sich eine Canyonwanderung anfühlt. Das einzige, was ich schon damals wußte, war, daß ich jenen Funken rauher, fließender Energie spüren wollte, der in Abbeys Geschichte zwischen Mensch und Tier übersprang, und daß ich, sollte ich je, wenn auch nur einen kurzen Moment lang, einem Berglöwen Auge in Auge gegenüberstehen, etwas unschätzbar Wertvolles über mein Leben erfahren könnte.

Nach meinem Studium reiste ich zum erstenmal nach Westen, und ab der Grenze von Missouri behielt ich ständig die mit Salbei bewachsenen Straßenränder und die aus dem Boden ragenden Felsen im Auge, immer in der Hoffnung, einen kurzen Blick von Abbeys Löwen zu erhaschen. Und in jenem ersten ehrfürchtigen Sommer hatte ich das Gefühl, die Augen nicht weit und nicht lange genug offenhalten zu können, um dieses gewaltige Land in mich aufzunehmen. Und mir schien, daß ich nicht angestrengt genug lauschen konnte, nicht schnell genug atmen, nicht weit genug gehen, um dem Land gerecht zu werden. Entsprechend den Zielen, die ich mir in meinem neuen Leben gesteckt hatte, unternahm ich eine Wanderung nach der anderen, stets mit wachen Augen, damit mir nicht entging, falls irgendwo ein muskulöser Katzenkörper auftauchte, stets auf den leisen Schritt weicher Pfoten lauschend. Einmal entdeckte ich frische Fährten, ältere bestimmt ein halbes dutzendmal, doch niemals bog ich rechtzeitig um eine Ecke, um noch eine Schwanzspitze verschwinden zu sehen, und nie wandten sich mir gelbe Augen zu, um mir den Canyon hinunter zu folgen. Für mich hob nie ein kraftstrotzendes wildes Tier die Pfote zum Gruß.

Der Westen nahm meine Seele und Phantasie gefangen wie nie zuvor etwas in meinem Leben. Ich brach im Osten meine Zelte ab und zog endgültig nach Westen. Meine Jobs paßten sich den Jahreszeiten an, und jeder neue Job bedeutete noch weniger Stundenlohn und immer mehr Stunden in der freien Natur. Nachdem ich als Barkeeperin, Busfahrerin und Park Ranger mit dem Gehalt einer Praktikantin gearbeitet hatte, fand ich schließlich als Fluß- und Bergführerin einen zukunftsträchtigen Beruf, in dem ich von fünf Arbeitsstunden vier im Freien verbringen konnte.

Im Verlauf der elf Jahre, in denen ich Wanderungen und Bootstouren geleitet und Gruppen durch die Wildnis geführt habe, ist mir so ziemlich jede nordamerikanische wildlebende Tierart über den Weg gelaufen. Ich habe gesehen, wie eine Schwarzbärin und ihr Junges sich an Waldbeeren gütlich taten, habe einen kräftigen Wapitibullen keine drei Meter von meinem Ohr entfernt röhren hören. Ein Wolf spazierte über meinen Lagerplatz, als hätte er die Absicht, sich zum Abendessen zu mir zu gesellen, und einmal kam ein verwaistes Maultierhirschkalb zu mir und fraß mir Gras aus der Hand. Ich bin in einem Kieferndickicht förmlich gegen eine verblüffte Elchkuh gestoßen, mitten in der Nacht durch das neugierige Schnüffeln eines Stachelschweins wach geworden, habe eine Gruppe von Dickhornlämmchen beobachtet, die keine zwanzig Meter von mir entfernt ausgelassen auf einem schroffen Felsen herumtobten. Ich habe die heißen Atemwölkchen eines schnaubenden Bisons in der frostklaren Morgenluft des Yellowstone Park gesehen und den ersten weißen Winterpelz auf den beeindruckenden Hinterbeinen eines Schneeschuhhasen. Ich bin im dämmrigen Mondlicht einem Kojoten meilenweit über Felsen gefolgt und in der reglosen Mittagshitze der Wüste durch ein Rudel Gabelantilopen gegangen. Ich habe Luchse gesehen, Rotluchse, Schneehühner, Klapperschlangen, Goldadler, Weißwedelhirsche, Pekaris und Falken. Ich bin mehr ausgewachsenen Grizzlybären über den Weg gelaufen, als man sollte, wenn einem sein Leben lieb ist. Aber noch immer warte ich vergebens auf eine Begegnung mit Abbeys Löwen.

Erst jetzt ist mir klargeworden, daß ich nicht in den Westen gezogen bin, weil ich dann einen Berglöwen sehen würde, sondern weil ich vielleicht einen sehen könnte. (Wenn es mir wirklich nur darum gegangen wäre, einen Berglöwen zu sehen, hätte ich mir auch eine Wohnung in der Nähe des Zoos in der Bronx suchen können.) Und obgleich ich mir das in meiner Studentenbude in Ohio nie hätte vorstellen können, hat mich der Berglöwe etwas gelehrt, nicht durch eine Begegnung Auge in Auge, sondern gerade durch seine Scheu und seine Ungreifbarkeit. Was ich von dem Berglöwen gelernt habe, ist Geduld, genauer gesagt, was unerfüllte Träume wert sind. Sosehr ich auch die überraschenden Begegnungen mit Bären, Wölfen und Kojoten liebe, wobei mir jedesmal das Herz stehenbleibt, sie können es nicht mit der Kraft und der Reinheit meiner ungestillten Sehnsucht aufnehmen, Abbeys Löwen zu sehen. Ein unerfüllter Traum, so hat mich der Löwe gelehrt, ist die wichtigste Nahrung der Seele.

Ich habe ihn mir so viele Male vorgestellt, seine Haltung, sein Fell, mattgoldene Schatten im frühen Abendlicht, seine Augen, die mir ein Spiel vorschlagen, das ich besser nicht spiele. Er ist immer bei mir, dieser Löwe meiner Phantasie. Er wird dafür sorgen, daß ich stets mit offenen Augen durch die Canyons wandere und daß meine Liebe zu der wunderbaren Landschaft, die mich umgibt, ewig jung und etwas Kostbares bleibt.

Das Blut schöner
wilder Tiere

ALS ICH SECHSUNDZWANZIG JAHRE ALT WAR, VERLIEBTE ich mich in einen Mann, der sein Geld als Jagdführer verdiente. Wir hatten nicht unbedingt das, was man eine gesunde Beziehung nennen würde. Er war egoistisch und untreu und ausweichend. Ich war fordernd, berechnend und bemitleidete mich selbst. Er war Republikaner, ich war Demokratin. Er war Texaner, ich nicht. Ich gehörte dem Sierra Club an und er der National Rifle Association. Trotzdem gelang es uns irgendwie, drei Jahre lang zusammenzubleiben und in jedem davon zwei ganze Monate in Alaska zu verbringen, wo wir Dall-Schafe jagten.

Damals legte ich stets den allergrößten Wert auf den Unterschied zwischen einem Jäger und einem Jagdführer, denn obwohl ich indirekt für den Tod von fünf Tieren verantwortlich war, habe ich nie selbst ein Tier getötet und werde es wohl auch nie tun. Einmal hatte ich die Gelegenheit, einen Dall-Schafbock zu schießen, dessen Hörner so groß waren, daß sie mir als Trophäe einen Platz in den Annalen gesichert hätten. Drei anständige Männer übten jeden erdenklichen Gruppendruck auf mich aus, und ich ging sogar so weit, das Gewehr anzulegen, unsicher, was ich als nächstes tun würde. Doch als ich es erst mal in Anschlag gebracht hatte, fiel mir einfach kein einziger vernünftiger Grund ein, warum ich abdrücken sollte.

Ich lernte so einiges über Munition und Waffen und Kaliber und Zielfernrohre, und ich war schon allein deshalb eine gute Jagdführerin, weil ich mich im Freien sicher bewege. Ich kann einen schweren Rucksack über weite Strecken tragen. Ich kann schmackhafte Mahlzeiten auf einem Campingkocher zubereiten. Ich kann wochenlang auch ohne Toilette und Dusche einigermaßen bei Laune bleiben. Wenn es sein muß, kann ich auf einem um fünfundvierzig Grad geneigten Eisgesims schlafen. Ich weiß mich in der Wildnis zu bewegen, und deshalb weiß ich auch, wie und wohin sich die Schafe bewegen. Ich bin eine gute Spurenleserin. Ich habe den sogenannten *animalischen siebten Sinn*.

Als ich Dall-Schafe in Alaska jagte, war das Verhältnis meist eins zu eins zu eins. Ein Jäger, eine Führerin, ein Schafbock, den wir normalerweise rund zehn Tage lang verfolgten, bis wir nahe genug rankamen, um ihn zu erlegen.

Ich trug natürlich vor allem Verantwortung für den Jäger. Es war meine Aufgabe, dafür zu sorgen, daß er nicht in eine Schlucht stürzte oder von einem Grizzly aufgefressen wurde, ich mußte sein Gewehr tragen, wenn er zu müde wurde, mußte ihm zu essen und zu trinken geben, mir seine Geschichten anhören, ihn morgens um drei wecken und bis Mitternacht auf den Beinen halten, wobei wir am Tag um die fünfundzwanzig Kilometer zurücklegten und manchmal über tausend Meter Höhenunterschied überwanden, und wenn alles gutging, ihn in eine günstige Schußposition bringen, damit er ein Dall-Schaf mit nach Hause nehmen und sich an die Wand hängen konnte.

Meine andere, wenngleich weniger offensichtliche Aufgabe war es, die Schafe vor den Jägern zu schützen, sicherzustellen, daß der Jäger wirklich nur den ältesten Schafbock in der Herde erlegte, daß er nur auf ein Tier schoß und daß er nur dann feuerte, wenn er so nah war, daß der Schuß auch wirklich auf der Stelle tötete. Ein Jäger kann einem angeschossenen Tier über die Gletscher Alaskas nicht so folgen, wie es in den Wäldern von Pennsylvania möglich ist. Ein schlechter Schuß bedeutet in Alaska fast immer, daß das Tier verloren ist.

Aus heutiger Sicht sind diese Monate in Alaska für mich die widersprüchlichsten meines Lebens. Siebzig Tage lang konnte ich meine Grenzen auf all die Weisen ausloten, die ich so liebe. Ich bewegte mich durch die Wildnis Alaskas, eine Landschaft von solcher Kraft und unermeßlicher Weite, daß sie selbst in meiner Erinnerung unvorstellbar bleibt. Ich sah eine Grizzlybärin, die ihre Jungen mit Blaubeeren fütterte, ich wurde geweckt durch die Schritte eines Wolfes, der mit hungrigen Augen durch unser Lager schlich, ich sah einen Elchbullen sich den Bast von den blutigen Geweihstangen fegen und einen Weißkopfseeadler im Sturzflug nach einem Eichhörnchen jagen. Stundenlang sah ich dem fröhlichen Chaos eines Kariburudels zu und tagelang den im Gegensatz dazu wohlgeordneten Bewegungen einer Herde Wildschafe.

Ich schaute mir von diesen Tieren ihre Überlebenstechniken in der Wildnis ab, und ich lernte natürlich auch selbst welche. Ich lernte in jenen Tagen einiges über meinen Platz in der Welt, lernte, warum ich die Wildnis brauche, nicht, warum *wir* sie brauchen, sondern warum *ich* sie brauche. Daß ich die Möglichkeit brauche, mich etwas Größerem als mir selbst unterzuordnen, wie wenn man sich verliebt, etwas, das so groß ist, daß ich es noch nicht mal benennen kann. Es hatte nichts mit dem Erlegen von Tieren zu tun (obwohl es das in seiner reinsten Form natürlich doch getan hätte, wenn wir nicht mit zahllosen Tüten Hühnersuppe ausgestattet gewesen wären), sondern mit einfacheren Fähigkeiten. Zum Beispiel, sich bei Minustemperaturen warm zu halten, den allgegenwärtigen und unberechenbaren Grizzlybären aus dem Weg zu gehen, nicht in Panik zu geraten, wenn die Erde unter den Stiefelsohlen wegrutscht, und das an einem Hang, der länger und steiler ist als alles, was ich in diesen Breiten je gesehen habe, so daß man schließlich auf dem Erdrutsch reiten muß wie ein Surfer auf einer riesigen grauen Welle.

Ich lauschte den Geschichten der Jäger, von denen manche mit beeindruckender Genauigkeit und Leidenschaft die Erinnerungen an frühere Jagdabenteuer zum Leben erwecken konnten. Mir wurde klar, daß unsere Jagdausflüge zum Teil auch die Funktion hatten, neue Geschichten zu liefern, Geschichten, die für diese Männer am ehesten an etwas Sakrales heranreichten, Geschichten, die noch Jahre später, vielleicht sogar Generationen später, das orangerote Glühen der Lagerfeuer verschönern würden.

Doch trotz all dieser wunderbaren Erlebnisse, trotz der Wildnis und den Geschichten, denen ich lauschen durfte, bleibt die Tatsache bestehen, daß ich als Preis für meine Erfahrungen in Alaska zuschauen mußte, wie fünf der schönsten, klügsten und wildesten Tiere starben, die ich je gesehen habe, die Mehrzahl von ihnen langsam und unter unsäglichen Qualen. Und ungeachtet der Tatsache, daß nicht ich, sondern der Jäger den Abzug betätigte, war ich doch verantwortlich für ihren Tod. Und obwohl ich Fleisch esse und Leder trage, obwohl ich jedes ethische Argument für die Jagd anerkenne, einschließlich desjenigen, daß es letztlich die Jäger sind, die die Tiere retten werden, weil die National Rifle Association das nötige Geld und die Macht hat, den noch verbliebenen Rest der unberührten Natur Amerikas zu schützen, werde ich mich nie damit versöhnen können, daß ich meine Jäger zu diesen Tieren geführt habe. Trotz aller noch so vernünftigen Erklärungen wird es in meinem Herzen für ihren Tod keine Rechtfertigung geben.

Wenn ich mich also an diese Zeit in meinem Leben erinnere, versuche ich meist, nicht nur an das Töten, sondern auch an die Jagd zu denken, die eine Kunst ist, eine Großtat der Phantasie, ein geistiger Höhenflug und eine harte Prüfung der eigenen Geduld und Geschicklichkeit. Um ein Tier zur Strecke zu bringen, muß man denken wie ein Tier, sich bewegen wie ein Tier, auf Berggipfel klettern, nur um auf der anderen Seite wieder hinunterzusteigen, und immer muß man beobachten und warten und beobachten. Um gut zu jagen, muß man zugleich Jäger und Gejagter sein, zugleich Suchender und das Objekt der Suche. Der Prozeß ist zirkulär und irgendwie weiblich wie Gebären oder Tanzen. Eine wirklich gelungene Jagd müßte, aus der Luft betrachtet, aussehen wie ein sorgfältig choreographiertes Ballett.

Der französische Psychoanalytiker Jacques Lacan war der Auffassung, daß Männer das Objekt ihres Begehrens begehren, Frauen dagegen den Zustand des Begehrens. Damit können Frauen eine Jagd viel mehr genießen. Ich glaube, daß Frauen deshalb in so vielen alten und zeitgenössischen Gesellschaften die besseren Jäger waren und sind.

Bei einer guten Jagd geht es ebensowenig um das Töten eines Tieres, wie es bei gutem Sex um Zeugung geht oder bei guter schriftstellerischer Arbeit um die Veröffentlichung. Der Genuß, ja die Erfüllung liegt in der Schönheit der Suche. Während ein Mann meist linear ein Ziel verfolgt, geht eine Frau eher zirkulär und räumlich vor. Sie kann sich in viele Richtungen gleichzeitig bewegen, sie kann viele Dinge gleichzeitig sein, sie kann einen Gegenstand von allen Seiten sehen, und sie kann, falls erforderlich, warten.

Auch manche Männer können das (die meisten Jagdführer, die ich kannte, waren wesentlich besser als ich), und es ist ein echter Genuß, solche Männer als Jagdführer und Lehrer zu haben. Die Mehrheit meiner Kunden machte sich jedoch mit der Vorstellung auf den Weg, daß jede Jagd eine Art Kriegszug ist. Sie waren ungeduldig wie ein General, ungeduldig wie ein Sergeant, der meint, er müßte eigentlich General sein, sie fieberten ungeduldig dem Klang ihres eigenen Gewehrs entgegen und warteten ungeduldig darauf, daß der Gegner einen Fehler machte.

Aber die Schafe machten selten Fehler, und sie waren geduldig wie Stein. Es war also meine Aufgabe, dem Jäger vor Augen zu führen, daß es noch andere Metaphern gab. Wenn eine Jagd wie Krieg sein kann, dann kann sie auch wie eine Oper oder ein edler Wein sein. Sie kann wie eine spirituelle Reise sein, wie das Ende des Zweifels. Die Jagd kann all das und noch mehr sein; ganz wie eine Frau begnügt sie sich nicht damit, nur eines zu sein.

Während meiner Zeit als Jagdführerin trug ich eine Halskette mit einer Bärenklaue aus Navajosilber. Der Mann, den ich liebte, der Jagdführer, hatte sie mir als Versöhnungsgeschenk nach einer unserer zahlreichen Trennungen geschenkt, nach einer seiner Affären. Er schenkte sie mir in einer kunstvoll verpackten kleinen Schachtel wie für einen Ring, und ich schüttelte das Päckchen, hörte es darin klimpern und dachte: Mein Gott, jetzt tut er es wirklich! Als ich es öffnete und sah, daß es kein Ring war, sondern ein Anhänger, war ich nicht etwa enttäuscht. Ich trug den Anhänger ganz einfach wie einen Ring, schätzte die Symbolik dieses Anhängers falsch genug ein, um mich erneut auf die Beziehung einzulassen und zugleich ein letztes Mal an einer Jagd teilzunehmen.

Es war Ende August und viel zu warm für das Hochgebirge. Ich war mit zwei Männern aus Mississippi, die mit Pfeil und Bogen jagen wollten, knapp zweihundert Kilometer von Tok entfernt von einem Flugzeug abgesetzt worden. Wir hatten ein Basislager aufgeschlagen und waren von dort durchs Tal des Tok hinauf zu den Gletschergebieten gestiegen. Bei diesem warmen Wetter hielten Dall-Schafe sich in großen Höhen auf, vermutlich höher, als wir würden klettern können.

Aber wir probierten es trotzdem, überquerten Schmelzwasserflüsse, die normalerweise schmal waren, aber bei dieser Hitzewelle zu tosenden Gewässern angeschwollen waren, und nach jeder Überquerung wußten wir, daß wir nicht zurückkonnten, solange das Wetter nicht umschlug und der Wasserstand wieder sank. Wir hatten natürlich unsere Ausrüstung dabei, ein Zelt, Schlafsäcke, Kleidung zum Wechseln und, falls wir kein Tier erlegten, genug Lebensmittel für gut drei Tage.

Als wir den Gletscher am oberen Ende des Tales erreichten, hatten wir noch keine frischen Fährten von Wildschafen entdeckt, und damit war klar, daß die Tiere noch höher sein mußten, vermutlich mit dem Bauch in einem Schneefeld lagen und noch nicht mal Nahrung brauchten, bis das Wetter wieder kühler wurde. Wir waren durchnäßt und erschöpft, verschwitzt und hungrig, aber wir ließen die Hälfte unserer Ausrüstung zurück, die Zelte und Schlafsäcke, und kletterten die felsige Moräne hinauf, die den Gletscher säumte. Wir kamen durch dichte Erlenwälder, die, wie es schien, fast waagerecht aus Felsen wuchsen, wir kletterten über durchweichte, mit Moos und Flechten bewachsene Erdwälle, in die wir die Stiefelspitzen und Fingernägel bohrten, wenn es zu steil wurde. Unsere Socken wurden immer nasser, unsere Atmung immer schwerer, doch auch nach Stunden war noch immer keine Spur von Wildschafen zu sehen.

Die Jäger – ich habe ihre Namen vergessen, aber nennen wir sie einfach Larry und Moe – waren nervös. Wir waren alle nervös. Die Rucksäcke waren zu schwer, die Luft zu drückend, die Sonne zu heiß, und wir waren mittlerweile so hoch gestiegen, daß wir längst eine Spur von den Wildschafen hätten entdecken müssen. Wir machten erschöpft auf einer von Tundra umgebenen Felsgruppe Rast. Larry vertrieb sich die Zeit, indem er einen Pfeil nach dem anderen auf ein Schneehuhn abschoß (ein dicker Vogel mit wuscheligen weißen Après-Ski-Stiefeln an den Beinen), das so ruhig und einfältig, wie nur ein Schneehuhn sein kann, die Pfeile dicht über seinem Kopf vorbeizischen ließ. Larry traf es einfach nicht, und das Schneehuhn war nicht gewillt davonzufliegen. Moe stocherte mit einem langen Stock in einem Loch in der Erde herum, dessen Inhalt er ergründen wollte. Ich suchte in meinem Rucksack nach etwas Eßbarem und entdeckte ganz unten zwischen Thunfischdosen und getrockneten Aprikosen einen dicken Stein – Quarz, glaube ich –, der bestimmt an die drei Kilo wog.

»Ihr Mistkerle«, sagte ich zu Larry und Moe, die mich grinsend beobachtet hatten.

In diesem Augenblick wurden die Hornissen endlich so wütend, daß sie aus dem Erdloch schwärmten, in dem Moe herumstocherte. Vielleicht wissen Insekten ja, wer in einer Gruppe von Leuten allergisch gegen sie ist; die hier schienen es jedenfalls zu wissen. Zumindest vier von ihnen, die sich schnurstracks auf mich stürzten und mir in die Hand stachen. Den Erste-Hilfe-Kasten mit den Sprit-

zen mit Epinephrin hatten wir vor dem Gletscher zurückgelassen, und bis dorthin war es ein Fußmarsch von wenigstens vier Stunden.

Ich saß still da und spürte, wie mein Herzschlag schneller
wurde, meine Atmung sich zu einem Keuchen beschleu-
nigte. Das ist also das Ende, dachte ich, ein Hornissenstich,
auf einem Gletscher mit Larry und Moe.

Dann setzte sich mein Selbsterhaltungstrieb durch. Ich
befahl Larry, mich auf dem Rücken über den Gletscher zu
tragen, befahl Moe, vorauszulaufen und nach einer Stelle
Ausschau zu halten, wo das Eis geschmolzen war und
das Schmelzwasser einen Tümpel gebildet hatte. Ich versuchte, keinerlei Energie zu verbrauchen, als Larry mit mir
über die Moräne und auf den Gletscher stieg. Moe signalisierte mit einem Pfiff, daß er einen mehrere Zentimeter
tiefen Tümpel gefunden hatte, und Larry legte mich hinein, während ich mich nach besten Kräften bemühte,
durch die immer kleiner werdende Öffnung zu atmen, die
mein Hals war.

Ich lag in dem Gletschertümpel, bis ich so gefühllos war,
daß ich meinen Torso kaum noch spürte. Irgendwann ließ
der Adrenalinschub nach, und meine Kehle öffnete sich allmählich wieder. Meine Hand, der ganze Arm war auf das
Fünf- bis Sechsfache seiner normalen Größe angeschwollen. Ich packte mich in unsere wenigen noch trockenen
Sachen ein und versuchte, einen Keks zu essen, aber ich
hatte keinen Appetit und kaute nur darauf herum. Der Tag
neigte sich dem Ende, die Sonne glitt flach über den Horizont und drohte, jeden Moment unterzugehen. Bald würde
es kalt werden, und der nächtliche Wind vom Gletscher
würde einsetzen. Keiner von uns wollte aussprechen, was
wir alle drei wußten; wir mußten runter zum Rand des
Gletschers, bevor es völlig dunkel wurde, wir mußten zu
unseren Schlafsäcken, bevor es kalt wurde. Larry konnte
mich nicht den ganzen Weg tragen, und ich fragte mich, ob
es nicht besser wäre, wenn sie mich einfach zurückließen,
falls ich nicht in der Lage wäre, durch Tundra und über Fel-

sen und durch die Erlenwälder hinunter zu unserer Ausrüstung zu steigen.

»Versuchen wir's«, sagte ich. »Wenn wir jetzt gehen, können wir uns noch Zeit lassen.« Das war gelogen, aber ich sprach mit Bestimmtheit, und die Jungs glaubten mir. Wir würden zur schlechtesten Tageszeit durch den Erlenwald müssen. Unsere Sicht würde begrenzt sein, die Felsen und Baumstämme würden vom Tau glitschig sein, und die Grizzlys würden unterwegs sein. »Ihr müßt jetzt ganz laut singen«, sagte ich. »Geben wir den Bären eine Chance, sich richtig zu verhalten.«

Wir gelangten über die Tundra zurück in den Erlenwald. Bei jedem Schritt, bei jeder kleinen Muskelanspannung schien mein Arm vor Schmerz zu bersten, und mir wurde schwindelig. Mein Puls wurde schneller, mein Hals enger, und ich mußte mich ein wenig ausruhen, bis er wieder freier wurde. Schließlich wurde der Hang so steil und die Erlen so dicht, daß wir uns nur noch mit den Armen durch die Äste hindurchhangeln konnten wie Kinder auf einem Klettergerüst. Der Schmerz in meinem Arm wurde fast unerträglich, und dann spürte ich nichts mehr, so wie bei einer geplatzten Blase am Fuß, wenn man anschließend noch stundenlang weitermarschiert. Wir konnten hören, daß sich Tiere in der Nähe zwischen den Bäumen bewegten, große Tiere, und dann und wann wehte ein dunkler Moschushauch zu uns herüber.

»Singt lauter, verdammt!« schrie ich den Jungs vor mir zu, die durch die Geräusche neben ihnen so verängstigt waren, daß sie verstummten und nur noch eins wollten, nämlich raus aus dem Wald und zu der relativ sicheren Stelle gelangen, wo wir das Zelt zurückgelassen hatten. Sie fingen halbherzig an, *King of the Road* zu singen, und ihre Stimmen verrieten mir, daß sie viel schneller vorankamen als ich und bald außer Hörweite sein würden.

In diesem Moment, als ich gerade die Arme beugte und mich mit den Beinen auf den nächstunteren Ast schwingen wollte, verfing sich die dicke Kette, an der ich meine Bärenklaue trug, an einem Erlenzweig. Mein Kopf wurde nach hinten gerissen, und ich wäre fast erhängt worden, weil die Kette so fest war und mein Arm so schwach und die Schwerkraft mich mit aller Macht nach unten zog. Ich schnappte nach Luft, bekam aber keine, also hob ich meinen gesunden Arm zu dem Ast über mir und tat etwas, was ich im Sportunterricht nie geschafft hatte: einen einhändigen Klimmzug. Meine Füße fanden Halt, und ich konnte die Halskette von dem Ast streifen.

Ich nahm die Bärenklaue in die Hand und spürte die Kühle des Silbers, fühlte, wie mein starkes Herz Blut in jeden Teil meines Körpers sandte, auch in meinen deformierten Arm, und mir wurde klar, daß ich mich im Hinblick auf die Halskette getäuscht hatte. Daß ich mir die Metaphorik eines anderen Menschen angeeignet hatte, um sie zu verstehen. Daß sie in Wirklichkeit nichts mit einem Verlobungsring zu tun hatte oder mit dem Mann, der sie mir geschenkt hatte, daß sie letztlich nicht im geringsten mit irgendeinem Mann zu tun hatte. Und daß dieser Mann, ganz gleich, welche Rolle er dabei gespielt hatte, daß ich überhaupt in dieses wilde Land gekommen war, rein gar nichts damit zu tun hatte, warum ich geblieben war, nichts mit all den Dingen, die ich in den Monaten mit den Jägern und den Tieren gelernt hatte, daß er rein gar nichts mit der Kraft und der Ausdauer zu tun hatte, die mich jetzt, von Hornissen gestochen und verängstigt und durchgefroren, diesen fast dunklen alaskischen Berghang hinunterbrachten.

Danach trug ich die Halskette mit einem anderen Gefühl, und Jahre später, als der Verschluß papierdünn geworden war und der Anhänger mir eines Tages in die zufällig geöffnete Hand fiel, ersetzte ich ihn durch Silbermünzen aus dem 17. Jahrhundert, die ich in der Nähe einer Silbermine in Bolivien entdeckte. Derzeit warte ich darauf, die Bedeutung dieses neuen/alten Schmucks an meinem Hals zu ergründen.

Es ist Jahre her, daß ich als Jagdführerin gearbeitet habe, obwohl ich öfter in die Wildnis Alaskas zurückgekehrt bin, mit einer Kamera oder einem Kajak oder einem Paar Cross-Country-Skiern. Dank der Jahre, in denen ich Jäger durch die Wildnis geführt habe, fühle ich mich in der Natur noch mehr zu Hause, und was noch wichtiger ist, ich habe ein viel tieferes Verständnis für mein animalisches Selbst gewonnen. Ich habe auch das Blut von fünf schönen wilden Tieren an den Händen, und das werde ich nie vergessen. Vielleicht muß ich deshalb, wie die Jäger, meine Geschichte immer und immer wieder erzählen.

Dante und Sally

IMMER WENN ICH IN MEINEM LIEBLINGSBIOLADEN EIN-
kaufen war, bringe ich vier riesengroße ökologische Rinder-
knochen mit nach Hause, einen für jeden meiner vier
Hunde. Da es Ökoknochen sind, kosten sie 1,19 Dollar das
Pfund, es sei denn, mein Lieblingsmetzger John bedient
mich, dann kriege ich sie nämlich umsonst. John wurde an
dem Tag zu meinem Lieblingsmetzger, als ich dabei war,
wie eine Frau ihm ein wunderbar zurechtgeschnittenes öko-
logisches Rinderfilet, das sie bestellt hatte, sozusagen vor
die Füße warf, als sie hörte, daß sie dafür sechzig Dollar
zahlen sollte. Die Rechnung war einfach, aber anscheinend
hatte sie sie nicht angestellt. Es war zwei Tage vor Weih-
nachten, und der Ausdruck in Johns Gesicht, als er das so
liebevoll zurechtgeschnittene Fleisch in Händen hielt, verwandelte mich in Santa Claus.

»Wenn Sie mir sagen, wie ich es am besten zubereite,
nehme ich es für mein Weihnachtsessen«, sagte ich, und
sofort leuchteten seine Augen auf.

»Mal ganz ehrlich«, sagte er und hielt es mir hin, »haben
Sie je so ein schönes Stück Fleisch gesehen?«

Da ich nur einen Gast zum Weihnachtsessen erwartete,
bekamen die Hunde eine ordentliche Portion von diesem
15,99-Dollar-das-Pfund-Filet ab. Abgesehen von herrlich zu-
bereiteten Wapiti-Lendensteaks war es das beste Fleisch,
das ich je gegessen habe, und es festigte meine Beziehung zu
John, der mich seitdem stets mit den neuesten Meldungen
über Biofleisch versorgt und mir Hundeknochen schenkt,
und zwar immer gleich vier auf einmal.

Wenn ich vier Stunden später in die Einfahrt biege (ich wohne weit entfernt vom nächsten Bioladen), kommen mir Sally und Dante zur Begrüßung entgegengerannt: Sally, eine Mischung aus Kojote und australischem Schäferhund, kompakt und athletisch, die Mary Lou Retton unter den Hunden, und Dante, der irische Wolfshund, schlaksig und mit einem Schultermaß von über einem Meter. Er schlenkert die Beine, und sein Gang ist eine Kreuzung aus Kamel und Hase mit nur sehr wenig Hund dabei. Hailey und Jackson, die um einiges älter sind und schon ziemlich lahm, zollen meiner Ankunft gemächlicher Tribut, doch auch sie kommen schließlich herausgehumpelt, um mich zu begrüßen.

Noch bevor ich aus dem Pick-up ausgestiegen bin, ist Dantes Nase schon an der Arbeit. Das soll nicht heißen, daß er sich nicht freut, mich zu sehen. Und heute nacht werden wir gemeinsam in meinem Doppelbett in einer Position schlafen, die mir ein wenig peinlich wäre, wenn es jemand sehen würde, der nicht zu meinen engsten Freunden zählt. Nase an Nase, beide mit dem Kopf auf dem Kissen, er der Länge nach ausgestreckt, größer als ich, ein Vorderbein um meine Taille gelegt, ein Hinterbein über meine Beine. Ich habe noch nie einen Hund gehabt, der so verschmust ist oder so … menschlich. Aber ich muß auch sagen, daß Dante ein größeres Gefühlsspektrum hat als jeder Mann, mit dem ich zwischen zwanzig und dreißig zusammen war. Ich bin dankbar, daß er nur mein Hund ist. Wäre er mein Sohn, hätte ich seine zukünftigen Frauen und Freundinnen schon tausendmal verflucht. Was ich damit sagen will, ist, wenn man im Lexikon unter Muttersöhnchen nachschlägt, findet man dort ein Bild von Dante und mir.

Im Augenblick jedoch ist er ziemlich beschäftigt, weil er weiß, daß zu diesem Begrüßungsritual Knochen gehören, und er hat auf seinen schon gelauert, seit er meinen Pick-up über die Landstraße hat heranrumpeln hören. Ich verteile die Knochen nach der Alter-kommt-vor-Schönheit-Regel: den ersten an Jackson, der inzwischen so alt und senil ist, daß ich ihm die Köstlichkeit genau vor die Nase halten muß.

Den zweiten an Hailey, die noch über all ihre Fähigkeiten verfügt und seit eh und je eine Hundedame mit Sinn für Schmackhaftes ist. Den dritten an Sally, weil sie ein Jahr älter als Dante ist, und den letzten für den jüngsten und größten Hund.

Dante ist der einzige Hund, den ich je hatte, der nicht aus einer Tierhandlung oder einem Tierheim kommt. Sally hat ihr erstes Jahr überlebt, indem sie sich im Navajoreservat von Abfällen und kleinen Nagern ernährte (der Tierarzt sagte, daß sie seiner Meinung nach nie in engen Kontakt mit einem Menschen gekommen war), und Hailey wurde von ihrer Mutter getrennt und im Tierheim in Durango abgegeben, als sie drei Wochen alt war. Jackson verbrachte Gott weiß wie viele Wochen im Käfig einer Tierhandlung, zuerst mit einem Wurf reinrassiger Hunde, dann mit einem anderen. Dante dagegen ließ es sich bei seiner Wolfshundmutter (mit einem Stammbaum, der bis zu Danny O'Hanion O'Donnell O'Dell in Irland zurückreichte) und seinen vierzehn Wolfshundgeschwistern gutgehen, mit viel grünem Gras und blauem Himmel und so viel Qualitätswelpenfutter, wie er nur wollte.

Und das merkt man. Neulich habe ich für eine Suppe zwei Kalbshaxen gekocht, so daß anschließend nur zwei Knochen zu verteilen waren. Einen gab ich Hailey, weil sie sich auf ihre wackeligen Läufe gestellt und ganz allein über den schwierigen Linoleumboden in der Küche gegangen war. Den anderen Knochen hielt ich in der Hand, während Sally und Dante mir um die Beine tobten. Ich beschloß: *Möge der bessere Hund gewinnen* – und warf den Knochen raus in den Garten. Sally raste los, um ihn sich zu schnappen, aber Dante rührte sich nicht von der Stelle. Er saß da und sah erwartungsvoll zu mir auf, und mir wurde klar, was Dante von meinen anderen Hunden unterscheidet.

Dante glaubt nämlich an eine Welt, in der es immer vier Knochen gibt.

Wenn wir ein richtiges Gewitter kriegen, sieht das so aus: Jackson eilt schnurstracks Richtung Badewanne, Hailey verkriecht sich ganz tief in den Hohlraum unter der Veranda, Sally sucht Zuflucht zwischen den Koffern unter meinem Bett, und falls sie bei Ausbruch des Gewitters draußen ist, kann es passieren, daß sie mit einem Satz durch die Fliegengittertür hechtet. Dante dagegen legt sich mitten in den Garten, betrachtet die zuckenden Blitze, hört sich das Krachen des Donners an, als wäre alles nur eine Show, die speziell für ihn aufgeführt wird.

Von allen Hunden auf meiner Ranch bekommt Dante die meiste Aufmerksamkeit, aber tief in seinem Herzen glaubt er, daß er noch ein bißchen mehr davon verdient hätte. Wenn ich wegfahre, ist er immer traurig, auch wenn sein Lieblingsdogsitter sich um ihn kümmert. Er läßt den Kopf hängen und ist einfach untröstlich. *Wieso können wir nicht einfach alle immer schön zusammensein?* Seine diversen Gefühlsschwankungen im Laufe eines Tages mitzuerleben kann so ermüdend sein wie das Leben mit einem Manisch-Depressiven. Zufrieden: *Ah, ich liege hier im Bett mit Frauchen, und ich bin vollkommen glücklich.* Hin- und hergerissen: *Ah, es ist so gemütlich hier, aber ich muß unbedingt Gassi.* Gekränkt: *Ich mußte raus mein Geschäft machen, und jetzt läßt sie mich nicht wieder rein, und die Sonne ist gerade erst aufgegangen, und mir ist kalt.* Besorgt: *Frauchen geht Richtung Auto, aber sie hat keine Koffer dabei. Hailey, hast du irgendwelche Koffer gesehen?* Verdutzt: *Was machen die Menschen denn da?* Zänkisch: *Ich begreife einfach nicht, wieso es nicht genug Fleisch für alle gibt.* Mürrisch: *Ich sehe überhaupt nicht ein, wieso Menschen mehr von der warmen Decke abkriegen als ich.* Niedergeschlagen: *Dauernd glotzt sie immer nur in diesen dämlichen Computer.* Begeistert: *Wir gehen spazieren, he, Sally, komm schon, wir gehen mit Frauchen spazieren, hoffentlich bis runter zum Fluß.* Erleichtert: *Das ist Frauchens Auto, ich weiß genau, das ist Frauchens Auto, und vielleicht hat sie uns ein paar schöne Knochen mitgebracht.*

Ich persönlich kann mir Dantes idyllische Kindheit und Jugend nur schlecht vorstellen, und ich neige eher dazu, mein Leben wie Sally zu leben, die um jeden Knochen kämpft, als wäre es der letzte, und die jedesmal, wenn wir sie ins Auto verfrachten, argwöhnt, wir wollten sie irgendwo am Straßenrand aussetzen.

»Ist denn schon jemals was Schlimmes passiert, wenn wir mit dem Auto gefahren sind?« sagt David jedesmal zu Sally, aber sie hechelt dann nur noch alarmierter und versucht, ihren ganzen Körper unter den Sitz zu schieben.

Ich weiß nicht, was Sally widerfahren ist, bevor ich sie bekam, aber ich weiß, daß ihre Reaktionen auf alles, was sie irgendwie an diesen dunklen Ort erinnert, heftig und unwillkürlich sind. Ich weiß, daß sie nie darüber hinwegkommen wird, ganz gleich, wie viele Jahre sie noch in der nahezu vollkommenen Sicherheit dieser Ranch verbringen wird. Es wird immer wieder Donner und Blitz geben, um die Erinnerung wachzuhalten.

Manchmal sitzen Sally und ich zusammen und beobachten Dante, wie er sich in seiner arglosen Selbstsicherheit durch die Welt bewegt. Dann spüre ich den Hauch einer Erinnerung an eine Zeit – es muß ganz früh gewesen sein –, bevor mir so viel Schlimmes widerfahren ist. Ich glaube, daß es Sally ähnlich ergeht und daß auch sie sich erinnert. Ich glaube, deshalb läßt sie zu, daß Dante sie durch den Garten schleift, ihre Hinterbeine in seinem Maul, nicht so grob, daß es weh tut, nur so aus Spaß. Ich glaube, deshalb achtet sie stets darauf, daß sie, die doch nur halb so groß ist wie er, immer zwischen ihm und irgendwelchen anderen Hunden ist. Wie ich ist sie fest entschlossen, diese perfekte Unschuld in ihm so lange wie in einem Hundeleben nur eben möglich zu erhalten. Wie ich hofft sie, daß seine Unschuld sie wieder in Berührung mit ihrer eigenen bringt.

Vor nicht allzu langer Zeit rief mich eine Studentin von mir an – nennen wir sie Patti – und sagte, sie sei zufällig in der Gegend und würde gerne auf einen Sprung vorbeischauen. Ich wohne vier Stunden Autofahrt vom nächsten Bioladen entfernt, hundertfünfzig Kilometer vom nächsten Markt. In meine Gegend kommt niemand zufällig. Wer in meiner Gegend ist, hat einen verdammt langen Weg hinter sich.

52

Dennoch, und obwohl ich ein ungutes Gefühl hatte, lud ich sie zum Abendessen ein, was in der Abgeschiedenheit, in der wir leben, immer eine Übernachtung mit einschließt. David und ich mußten am nächsten Morgen um fünf Uhr aufstehen, um nach Denver zu fahren, und wir wollten früh schlafen gehen. Patti trinkt viel, was mich ohnehin schon verunsichert, aber besonders an einem Abend, den ich irgendwann ausläuten muß.

Nach ihrer Ankunft ging eine Weile alles glatt. David machte einen Salade niçoise. Patti entkorkte eine Flasche Wein und trank sie fast ganz leer.

Dann sagte sie: »Ich habe meinen Hund dabei und möchte so gerne, daß Sie ihn kennenlernen. Falls ich ihn aus dem Wagen lassen darf.«

Der Hund hieß Attila. Das hätte mich schon stutzig machen müssen. Aber dann sagte Patti: »Ihre Hunde sind doch nicht aggressiv, oder?«

Nach zwanzig Jahren als Hundebesitzerin weiß ich eines genau: Wenn Leute mich fragen, ob meine Hunde aggressiv sind, bedeutet das ohne Ausnahme, daß ihrer es ist. Trotzdem schaltete ich immer noch nicht.

»Nein«, sagte ich, »kein bißchen. Früher war Jackson ein Kämpfer, aber jetzt ist er blind und taub, und seine wilde Zeit ist vorbei. Dante könnte keiner Fliege was zuleide tun.«

Patti ließ Attila, den Rottweiler, aus dem Wagen, und keine Sekunde später war er schon auf Dante losgestürmt und hatte die Zähne in den weichen, fleischigen Teil seines Vorderbeins geschlagen. Dante wußte gar nicht, wie ihm geschah; er warf sich auf den Rücken, in Demutshaltung, und ließ sich von Attila zuerst in ein Bein beißen und dann in das zweite. Sally war als erste bei ihnen, knurrte und fletschte Attila an, aber der nahm sie gar nicht wahr.

Ich tobte wie eine Irre und trat Attila gegen den Kopf, bis er schließlich losließ. Ich brachte Dante in die Küche, wo er zu einem zitternden Häufchen Elend auf dem Boden zusammensank. David hing schon am Telefon, um den Tierarzt anzurufen. Patti machte sich noch eine Flasche Wein auf. Ich lag neben Dante auf dem Boden, streichelte ihn, sprach auf ihn ein und versuchte ihn so weit zu beruhigen, daß er aufhörte zu zittern.

David schrieb sich irgendwas auf, was der Tierarzt über Speicheldrüsen bei Hunden und über Infektionen sagte. Patti, die mittlerweile mehr als nur leicht betrunken war, sagte immer wieder, daß Attila sich schon wieder beruhigen werde, wenn wir ihn reinließen. Draußen vor dem Fenster sah ich seine gelbglühenden Augen, und ab und zu warf er sich gegen die Scheibe, was bei Dante erneute Zitterschübe auslöste.

David sagte, der Tierarzt wolle Dante gleich am nächsten Morgen untersuchen, und verlegte sich dann auf das, was er am besten kann: in der Küche herumspazieren und Probleme herunterspielen. »Hund bleibt Hund«, sagte er, und ich hätte ihn am liebsten umgebracht.

»Manchmal hat er schon viel übler zugepackt«, sagte Patti. Als Attila erneut gegen das Fenster sprang, brachte ich meine ersten Worte seit einer halben Stunde heraus.

»Sie gehen jetzt und schließen Ihren Hund ins Auto.«

Patti war außer sich und beteuerte, daß ich Attila richtig ins Herz schließen würde, wenn ich ihn nur etwas besser kennenlernte, wenn ich ihm nur seinen Willen ließe und die Tür aufmachte. Als ich ihre Stimme einfach nicht mehr ertragen konnte, ließ ich sie und David das Ganze gemeinsam herunterspielen und nahm meinen verängstigten und verletzten Dante mit ins Bett.

Als David eine Stunde später kam, lag ich zusammengerollt da und schluchzte. Dante würde danach nicht mehr der alte sein, klagte ich. Wir hätten ihn beschützen müssen, und wir hatten versagt. Was für eine miserable Hundemutter ich doch war, wimmerte ich, daß ich so etwas hatte passieren lassen!

Als David mich trösten wollte, richtete sich mein Zorn gegen ihn. Welcher Mann, so wollte ich wissen, würde denn schon so ein Ungeheuer in sein Haus lassen? Es tat nichts zur Sache, daß es genaugenommen ja mein Haus war. Es tat auch nichts zur Sache, daß ja schließlich ich Patti gesagt hatte, sie könne kommen. Zum Glück ist David ziemlich nachsichtig, wenn ich gelegentlich mal den Kopf verliere.

Es war zwei Uhr nachts, und ich schluchzte immer noch, als ich Hunde kämpfen hörte. Ich raste in Unterwäsche aus dem Haus und sah, daß Attila seinen hundert Pfund schweren Körper irgendwie durch einen fünfzehn Zentimeter breiten Spalt im Autofenster gezwängt hatte und diesmal Jackson in der Mangel hatte.

Gastfreundschaft hin oder her, Rottweiler hin oder her, meine Geduld war zu Ende. Ich zerrte Attila am Halsband von Jackson herunter und beförderte ihn mehr oder weniger mit Tritten quer durch den Garten. Als ich einen ziemlich desorientierten Jackson ins Haus führte, um ihn nach Wunden abzusuchen, schien er unversehrt – obwohl das bei seinem dichten, hellen Fell nur schwer festzustellen war –, und das Erlebnis hatte ihn offenbar sogar irgendwie verjüngt. Er marschierte dreibeinig und arthritisch im Kreis durchs Zimmer, hustete Schleim und war bereit zu neuen Taten. *Nächstes Mal kannst du gleich noch drei von deinen Kumpels mitbringen, Freundchen*, schien er zu sagen. Ich gab ihm ein bißchen Hundefutter und klopfte dann an die Gästezimmertür.

Patti saß im Bett und hatte ihre dritte Flasche Wein in der Mache. Heute frage ich mich, warum ich sie nicht auf der Stelle rausgeschmissen habe. Aber ich ging zurück in mein Zimmer und lag dann hellwach da, lauschte auf Davids und Dantes Schnarchen, lauschte auf das Klimpern von Pattis Weinglas und hätte am liebsten jemanden umgebracht.

Wenige Stunden später ging die Sonne auf, und Patti fuhr von dannen, und Doc Howard gab Dante Antibiotika und legte ihm eine kleine Hundewundendrainage. Meine Freundin Charlotte versprach, zu uns rauszukommen und vierundzwanzig Stunden bei ihm zu bleiben, während David und ich unterwegs waren.

Wie sich herausstellte, hatte der Zwischenfall mit Attila keinerlei negative Auswirkungen auf Dantes Wesen. Noch

immer rollt er sich bei jedem fremden Hund auf den Rük-
ken, noch immer sitzt er bei Gewitter draußen, noch immer
erwartet er mehr Aufmerksamkeit, als ihm eigentlich zu-
steht, noch immer scheint er zu glauben, daß die Welt nur
dazu da ist, ihm und seiner Freundin Sally einen wundervollen Spielplatz zu bieten. Vielleicht ist eine glückliche
Welpenzeit ebenso schwer zu erschüttern, wie eine trauma-
tische zu verarbeiten ist. Das hat zumindest Sally zu mir
gesagt, und die müßte es eigentlich wissen.

Während ich diese letzten Zeilen schreibe, liegt Dante zu
meinen Füßen. Sein Stimmungsbarometer steht auf »ungeduldig«: *Ich dachte, du hättest gesagt, daß wir beide heute abend
irgendwas Schönes machen.* Gleich schalte ich den Computer
ab, und dann nehme ich ihn mit ins Bett und kraule ihn so
lange an den Ohren, bis er eingeschlafen ist. Dante glaubt an
eine Welt, in der es immer vier Hundeknochen geben wird,
und es ist meine Aufgabe als Hundemutter, dafür zu sorgen,
daß es so bleibt.

Berge
und
Flüsse

In ihrer Mitte
entspringt ein Fluß

ERSTER TAG: DIE STÄDTER, DIE MIT IHREN WEICHEN HÜTEN
und Moskitoschleiern, den langen Hosen und langärmeligen Hemden wie Imker aussehen, sammeln sich am Einstieg, die Arme voller Gepäck, obwohl sie das meiste davon,
wie aus den Reiseunterlagen hervorging, zu Hause lassen
sollten: ein frisch gewaschenes und ordentlich gebügeltes
T-Shirt für jeden Tag, funkelnagelneue Teva-Sandalen, die
noch von einem kleinen Plastikbändchen zusammengehalten werden. Der Börsianer und der Literaturagent haben
noch dazu ein winziges Handy dabei.

Obwohl die Dermatologen zu Hause ihnen bestimmt versichert haben, daß ab Schutzfaktor 15 alles das gleiche
ist, trägt jeder drei Flaschen Sunblocker um den Hals mit
Zahlen von 24 bis 65. Wenn sie die Wahl haben, werden die
Frauen zusammen in ein Boot steigen und die Männer
zusammen in das andere. Diese pubertäre Tanzschulein-
teilung wird sage und schreibe achtzig Prozent der Zeit so
bleiben.

Die Reiseführerin wird die immer tiefer liegenden Ge-
steinsschichten in den Canyonwänden benennen, wird die
verschiedenen Entstehungsphasen des Wüstenlacks erklären, wird auf Kakteen hinweisen – Feigenkaktus, Kugel-
kaktus, Igelkaktus – und auf ein Rudel Dickhornmut-
terschafe mit ihren Lämmern aufmerksam machen. Die
Passagiere werden sich nur für die Stromschnellen interes-
sieren; wann sie sie erreichen werden, wie schlimm sie
wirklich sind, ob es stimmt, daß letztes Jahr jemand ums
Leben gekommen ist.

Trotz der Hitze wird am ersten Tag niemand ins Wasser springen. Man müßte zu viele Sachen aus- und anziehen, und sie befürchten, beim Wiedereinsteigen ins Boot ungelenk zu wirken. Sie werden aschfahl werden und einen trockenen Mund kriegen, wenn die ersten kleinen Stromschnellen kommen, obwohl die Führerin ihnen versichert, daß das Boot an der Stelle beim besten Willen nicht kentern wird.

Wenn sie das Camp erreichen, haben der Akupunkteur, der Spezialist für Infektionskrankheiten und der Typ, der nur knapp erklärt, er sei »im Ölgeschäft«, sich bereits einen kräftigen Sonnenbrand geholt, und der ehemalige Poeta laureatus der Vereinigten Staaten ist von einer Biene gestochen worden. Drei Hüte sind über Bord gegangen, ein Paar Teva-Sandalen ist an der Stelle, wo sie mittags Rast gemacht haben, liegengeblieben, und mindestens einer von den Vegetariern ist so hungrig, daß er auch Fleisch ißt.

Beim Abendessen (Fisch à la mexicaine, frischer Spargel, junge Petersilienkartoffeln und Himbeeren mit frischer Schlagsahne) werden sie alle erzählen, wo sie das letztemal auf dem Boden geschlafen haben. Die Führerin wird nach einem Blick zum wolkenlosen Nachthimmel vorschlagen, unter den Sternen zu schlafen. Es wird unruhiges Gemurmel über Schlangen, Skorpione und Regen entstehen. Man wird die Zelte aufschlagen, und vor dem Zubettgehen wird die Führerin noch einen kleinen Vortrag halten, wie man sich anhand der Sterne orientieren kann.

Am zweiten Tag wird ihnen das eine oder andere klargeworden sein: daß sie tatsächlich in eine Kiste scheißen müssen, die »Rocket Box« genannt wird, daß es in der Wüste doch nicht so viele Mücken gibt und daß es wahrscheinlich ganz schön gewesen wäre, draußen zu schlafen. Die Imkerschleier werden weggepackt, und die meisten haben inzwischen die langen Hosen gegen Schwimmsachen ausgetauscht, die langärmeligen Hemden gegen Bain de Soleil. Die Psychologin aus Chicago wird als erste ins Wasser springen, und noch vor dem Mittagessen sind alle, mit Schwimmwesten versehen, durch eine kleinere Stromschnelle geschwommen.

Sie werden alles Vordergründige übereinander in Erfahrung gebracht haben und anfangen, Fragen zu den Dingen zu stellen, die sie sehen. Nach dem Abendessen (gegrilltes Hähnchen, frischer Spinat, gebutterte Maiskolben und Ananaskuchen) wird der ehemalige Flying Tiger gerade so viel Rum trinken, daß er allen erzählt, was passiert, wenn er durch Raum und Zeit reist.

Am dritten Tag werden sie begriffen haben, daß der Versuch, die Fingernägel sauberzuhalten, sinnlos ist, daß Geschirrspülen der beste Job ist (vorübergehend saubere Hände) und das Verschließen der Toilette, wenn alle fertig sind, der übelste. Sie werden merken, daß sie sich nach dem Baden im sandigen Fluß noch ein wenig schmutziger fühlen als vorher, daß alle nach drei Tagen fettige Haare haben, aber nicht gleich fettig, und die zwei jetzt unrasierten Informatiker aus Berkeley werden anfangen, Taschentücher auf dem Kopf zu tragen, so daß sie aussehen wie Mitglieder einer Gang. Die Stromschnellen werden größer und größer werden, und sie werden begreifen, daß es der Führerin ernst ist, wenn sie sagt, vor der nächsten sollten sie ihre Schwimmwesten zumachen.

Inzwischen können alle eine Felsenschwalbe von einem Flußuferläufer unterscheiden. Geologie ist nicht mehr einfach bloß eine Kapitelüberschrift im Reiseführer, sondern steht jetzt für Zeit und Wind und Wasser, weil das alles dort am Felsen abzulesen ist. Ihnen wird auffallen, wie das Sonnenlicht den Canyon unterschiedlich einfärbt, und das jede Stunde von Sonnenaufgang bis Sonnenuntergang. Morgens werden sie sich über Oper unterhalten, über Dekonstruktivismus, Monogamie; der Zeitreisende wird zugeben, daß die Planetenföderation auf der Venus Ross Perots Wahlkampf unterstützt hat.

Am späten Nachmittag werden sie herausgefunden haben, daß es gut ist, still zu sein, und sie werden etliche Kilometer den immer tiefer werdenden Canyon hinuntertreiben, ohne ein Wort, ein Räuspern oder Lachen. Heute abend wird keiner mehr davon reden, die Zelte aufzuschlagen. Der Militärpolizist und der ungarische Filmproduzent werden eine lustvolle, heimliche Affäre beginnen, aber niemandem etwas vormachen können. Nach dem Abendessen (Linguine mit Muschelsauce, Salat, Schokoladenkuchen) werden *sie* der Führerin zeigen, welcher Stern im Norden steht.

Am vierten Tag werden sie die größte Stromschnelle der Fahrt bewältigen, und irgendwem wird irgendwas passieren, so daß alle das Gefühl haben, knapp dem Tod entronnen zu sein. Es werden lange ernsthafte Gespräche folgen, darüber, daß man seine Zeit nutzen sollte, wie gefährdet der Mensch doch ist, darüber, daß sie hier in der Natur endlich wieder einen wichtigen Teil ihrer selbst spüren. Sie werden anfangen, Pläne zu schmieden, welchen Fluß sie im nächsten Jahr befahren wollen, sie werden überlegen, wieviel es wohl kosten würde, in der Gegend eine Hütte und ein Stück Land zu kaufen, und wenn die Führerin es ihnen sagt, werden sie garantiert sagen: »Verdammt, da zahle ich ja mehr für den Stellplatz von meinem Wagen!«

Mittlerweile haben sie eine hübsche rostige Flußfarbe angenommen. Morgens vergessen sie, sich eines ihrer frischen sorgsam verpackten T-Shirts anzuziehen. Es ist schwer, sie in den Booten zu halten. Den ganzen Tag schlüpfen sie wie Seehunde ins Wasser und wieder heraus und wieder hinein, mit sonnenverbrannter Haut, die sich abschält und gleich wieder verbrennt. Sie werden anfangen, solche Dinge zu sagen wie: »Hier draußen bin ich wieder ich selbst geworden« und: »Es ist schon erstaunlich, was man durch das Leben in der Stadt alles vergißt.« Sie werden sagen: »Es ist so unglaublich schön hier«, sie werden sagen: »Mein Gott, was habe ich bisher alles versäumt!«

Am fünften Tag werden sie anfangen, literarische Figuren in den Felsformationen zu entdecken – da ist Don Quixote mit Sancho Pansa; da ist George Jetsons Hund Astro; da ist Roddy McDowell aus *Planet der Affen*. Die Angst ist längst vergessen, wenn sie unter lautem Gejohle und Gejuchze die Stromschnellen nehmen und anschließend sagen: »Wow! Bitte, können wir nicht zurück und noch einmal hier runtersausen?«

Wenn sie abends anlegen, werden der Börsianer, der Schamane und Heiler und die Schauspielerin beim Entladen der Boote zusammenarbeiten wie eine Reihe von Kettensträflingen. Die Psychologin und die Computerfritzen werden die Küche aufgebaut und den Salat zubereitet haben, noch ehe die Führerin damit fertig ist, das Wasser aus ihrem Boot zu pumpen. Es ist ihr letzter Abend am Fluß, und kein einziger wird von Duschen reden; sie wünschen sich, so sagen sie, daß diese Fahrt nie aufhört.

Am fünften Tag werden sie aus dem Canyon auftauchen und den Ausstieg erreichen. Dann stehen sie zwischen den Booten, aus denen die Luft abgelassen wird, und dem Bus, der mit laufendem Motor wartet, um sie zurück zu ihren Leihwagen zu bringen wie schon so viele andere Persephones, die in den Granatapfel gebissen haben und sich nun von beiden Welten angelockt fühlen, aber von keiner genug. Es wird mehr Umarmungen geben, als sie sich das vor nur fünf Tagen hätten vorstellen können.

Die Führerin wird ihnen für die harte Arbeit und die gute Stimmung danken. Sie wird ihnen sagen, daß fast alle wilden Flüsse dieser Welt von irgend etwas bedroht sind: Kraftwerke, Verschmutzung, Dürre, Industrieanlagen, künstliche Bewässerung, Tourismus, Korruption, Geldgier. Sie wird hoffen, daß sie den Teil ihrer selbst, den sie auf dem Fluß wiederentdeckt haben, mit sich zurück in die Städte nehmen. Sie wird hoffen, daß sie Entscheidungen treffen werden, die die Flüsse erhalten helfen für den Tag, an dem sie zurückkommen möchten.

Der Pitbullterrier und
die Bergziege

ICH KANN MICH NOCH GENAU ERINNERN, WIE ICH ZUM erstenmal nach Park City kam. Das ist nächsten September zehn Jahre her. Der Tag war kühl und sonnig, der Himmel von Horizont zu Horizont von einer Farbe, die ich Utah-Blau getauft habe. Als erstes fiel mir Osgood Thorpes Scheune auf, die weiß getünchten Fassadenbretter und Wetterfahnen und das Meer seiner Felder drum herum. Hinter der Scheune war ein Berg mit Espen, die fast alle schon gelb verfärbt waren, glutroten Zwergeichen und Immergrün.

Den Berg hinunter und zwischen den Bäumen hindurch schlängelten sich die Skipisten mit Namen wie Prospector, King Consolidated, Glory Hole, Pay Day – Pisten, auf denen ich in den kommenden zehn Jahren so oft abfahren sollte, daß ich völlig vergaß, daß ihre Namen sich auf etwas anderes bezogen als nur auf Steilhänge und Buckel und frischen Utah-Pulverschnee. Ich vergaß, daß sich hinter diesen Namen der Grund verbarg, warum Park City überhaupt entstanden war: Silberminen und die Männer, die darin gearbeitet hatten. Schon fünf Minuten später hatte ich mich in ihre baufälligen viktorianischen Häuschen verliebt, in die wackeligen Treppen, die sie bauten, um die Canyonwände hinaufzusteigen, die verlassenen Minenschächte und die Buntglasscheiben, die alten Bordelle und den Bahnhof und all die anderen Geister, die von den Bergarbeitern zurückgelassen wurden.

Ich hatte in Salt Lake City gewohnt, unter der Inversionswetterschicht und den Augen meiner Mormonennachbarn, und hatte mich an der University of Utah für einen fünfjährigen Promotionsstudiengang eingeschrieben. Meine Dozenten und Kommilitonen meinten, wenn ich nach Park City zöge, würde ich nur noch Ski fahren und trinken und in der Sonne sitzen und bergwandern. Sie meinten, ich würde die Seminare schwänzen, keine Hausarbeiten mehr schreiben und wahrscheinlich meinen Abschluß nicht mehr schaffen. Mir fiel nur auf, daß die Luft sauber war und man nachts alle Sterne sehen konnte und daß hinter jedem Haus, das ich mir ansah, ein Pfad lag, so daß man seine Ski anschnallen und direkt zum Lift fahren konnte.

Ich mietete ein hundert Jahre altes Puppenstubenhaus ohne Wärmeisolierung, mit so niedrigen Türen, daß ich den Kopf einziehen mußte, und Fußböden, die in jedem Zimmer eine andere Neigung hatten, als gäbe es irgendwo in der Mitte des Hauses einen erhöhten Punkt. Wenn Schnee und Eis mit lautem Getöse von dem Blechdach rutschten, war ich mir sicher, daß das ganze Haus in zwei Hälften zerbarst, was es bestimmt auch in nicht allzu ferner Zukunft tun wird. Ich lernte, auf dem Holzofen zu kochen, um den herum das Haus 1898 gebaut worden war, und im Garten grub ich mundgeblasene Flaschen aus, die aus dickem, farbigem Glas waren und eine Prägung aufwiesen wie Geld. Mein Nachbar von gegenüber war ein richtiger Sonderling, ein alter Bergarbeiter, der sich wegen seiner Staublunge jeden Tag vier Stunden lang an ein Sauerstoffgerät anschließen mußte. Er war ganz vernarrt in meine Hündin Hailey und fütterte sie mit Weißbrot und Hähnchen, auch nachdem ich ihm gesagt hatte, daß der Tierarzt das verboten hatte. Ich machte lange Bergwanderungen mit den Hunden, lernte die Namen der Abfahrten auswendig, stand in der Fallinie und wünschte den Schnee herbei.

Mein Leben wurde in Park City ganz unkompliziert. Ich stand auf, wenn die Sonne mein Schlafzimmerfenster erreichte, was im Sommer so gegen sechs und im Winter gegen acht Uhr morgens war. Und an den wenigen Tagen des Jahres, an denen die Sonne nicht schien, stand ich überhaupt nicht auf. Dann schrieb ich, bis es mir zu langweilig wurde, ging zum Morning Ray, wo ich Kaffee trank und Muffins aß, und weiter die Main Street hinunter zum Postamt. In Dollys Buchladen machte ich einen Zwischenstopp, um die Katze zu kraulen, schaute bei Peter Snosnowski vorbei, der mir die Haare schneidet, und dann spazierte ich zurück den Berg hinauf und machte mich an die Arbeit.

Als der Schnee endlich kam und die Lifte aufmachten, war ich jeden Morgen draußen, schnitt frische Spuren in die Abfahrten Assessment, Powder Keg und Blue Ship Bowl. Damals nahm ich den Utah-Schnee noch nicht als selbstverständlich hin, und jeden Morgen kamen mir die fedrigen Fontänen, die hinter meinen Skiern aufspritzten, wie neue kleine Wunder vor, das geräuschlose, schwerelose Gefühl, durch diesen Schnee zu gleiten, der den weiten Weg durch die Wüste gekommen war, um sozusagen in meinen Vorgarten zu fallen. Wenn es kein Pulverschneetag war, bestanden größere Chancen, daß ich es in mein Literaturseminar schaffte. Aber manchmal ließ ich meinen Pick-up mehrere Tage hintereinander einfach stehen.

Ich erinnere mich gut an das erste Jahr in den Bergen, die ruhigen Dezembertage, an denen ich mir einen Sessellift pro Tag vornahm und sämtliche Pisten so oft fuhr, bis ich sie in- und auswendig kannte: Die Bäume auf der linken Seite von Thaynes Run sorgten dafür, daß die Buckel dort bis zum späten Nachmittag weich blieben, aber die echten Buckelpistenfahrer kamen in The Hoist auf ihre Kosten. Ich erinnere mich noch gut an meinen ersten Tag oben in Jupiter Bowl, Park Citys mit dem Lift erreichbarem Skigebiet für wahre Könner, an meine ersten vorsichtigen Schwünge die Westflanke hinab, frühmorgens an einem Pulverschneetag, das Terrain nach Baumstümpfen und Felsen absuchend, und an den ersten Augenblick des Loslassens, den Moment, als ich dem Berg mein volles Gewicht anvertraute. Ich erinnere mich noch gut an meine erste Wanderung hoch hinauf nach Scott's Bowl, dem höchsten erreichbaren Punkt des Berges, das erstemal, als ich meine Skier von dem großen Felssims dort abstieß und spürte, wie sie in etwas landeten, das zwar nicht bodenlos war, aber doch sehr weit von festem Grund entfernt. Ich erinnere mich noch gut an mein erstes Mal im steileren MacConkey's Bowl, als ich Angst hatte und mich so weit zurücklegte, daß die Schnalle an meinem Skistiefel aufsprang, ich einen Schwung verpaßte und hundertfünfzig Höhenmeter rutschte und schlitterte, bis ich schließlich liegenblieb. Ich hatte keine Skier und Stöcke mehr und ein Skischuh lag noch oben auf halber Strecke, aber ich war heil und grinste wie ein Zeichentrickschneemonster über den begeisterten Applaus meiner Freunde.

Scott's Bowl wurde schließlich zu meinem Lieblingsskigebiet; obwohl ich die Abfahrt nie sehr gut meisterte, stand ich doch gern dort oben und betrachtete die gesamte Wasatch-Kette, die sich auf der einen Seite vor mir erstreckte, auf der anderen Seite die Feuchtwiesen, wo die Kanadischen Kraniche nisten, Mount Timpanogos, die schlafende Prinzessin, hinter mir und allüberall meilenweit unberührter Schnee. Ich liebte die Schwünge, liebte den Sprung in den Hang hinein, der genau richtig steil war, für Pulverschnee, für Harsch, für mich. Ich liebte die Vorstellung, daß die ganze lange Abfahrt bis ins Tal vor mir lag, liebte das Gefühl, wie leicht die anderen Strecken mir vorkommen würden, wenn ich diese erst hinter mir hatte, wie weich und unberührt Silver Queen sein würde, wie schnell ich die letzte Kehre (die einzige) von Nastar würde nehmen können.

In jenem ersten Jahr hörte ich auch die Legenden von Park City, nicht bloß die aus der guten alten Zeit und den Tagen des Silberrausches, sondern auch die neueren, die die junge Stadt sich erschuf. Da war zum Beispiel Dan McCann, der beste Skifahrer und Bergsteiger der Stadt, der alle verblüfft hatte, als er als erster den fast viertausend Meter hohen Mount Timpanogos an einem einzigen kurzen Wintertag bestieg und auf Skiern wieder hinabfuhr. Die beste Bar der Stadt war damals Ciceros Keller, Mittwoch abend war dort immer Jam Session, obwohl die Rugbyspieler beteuert hätten, daß das Alamo besser war, und die mußten es eigentlich wissen, da sie selbst schon Legende waren. Das beste Essen gab es bei Adolph's, wenn man es sich leisten konnte, und wenn nicht, konnte man bei Cicero für 5,95 Dollar so viel Spaghetti essen, wie man wollte. Die meisten Einheimischen waren sich darin einig, daß die Peek-Brüder die attraktivsten Männer der Stadt waren. Sie fuhren mit ihren Pick-ups zu ihren Kunden und machten Tischlerarbeiten. Gelegentlich schmissen sie ihr Geld zusammen und kauften ein Haus, das sie dann von Grund auf renovierten und wieder verkauften. Den besten Kaffee gab und gibt es bei Morning Ray. Der schönste Tag im Jahr war damals Clown Day, der erste April, wenn alle Einheimischen sich als Clowns verkleideten, Pilze aßen und wie die Wahnsinnigen in dem herrlich körnigen Frühjahrsschnee Ski fuhren. Die schönsten Abende waren die außerhalb der Saison, wenn es keine Arbeit und noch weniger Geld gab und wir auf unseren Veranden saßen, Geschichten erzählten und sangen und Gitarre spielten.

Wenn keine Saison war, konnte man hoch hinauf in die Berge wandern, und nach fast zehn Jahren, in denen ich durch das Heber Valley gefahren war und zum Mount Timpanogos hinaufgeblickt hatte – in denen ich die schlafende Prinzessin bewundert, auf den ersten Herbstmorgen gewartet hatte, wenn sie mit Schnee überpudert ist, in denen ich das Schneefeld an ihrer nordöstlichen Flanke beobachtet hatte, wie es zur Form eines Pferdekopfes zusammenschmilzt, was dann das Zeichen dafür ist, im Tal das Getreide auszusäen –, nach all den Jahren, in denen ich diesen Berg verehrt hatte, nahm ich mir endlich die Zeit, ihn zu besteigen. Ich machte mich gemeinsam mit meiner ältesten Freundin Kelly auf den Weg. Sie lebt in Chicago und dachte daran, vielleicht in den Westen zu ziehen.

Ich nahm sie mit auf den Timpanogos, weil ich ihr zeigen wollte, wie leicht es für uns hier ist, in die Wildnis zu gelangen, daß sie einfach immer da ist, wenn wir sie brauchen, direkt vor der Tür, und wir manchmal gar nicht spüren, daß wir sie brauchen, bis wir uns wieder von ihr umfangen lassen. Aber auf halber Strecke dachte ich, daß ich einen Fehler gemacht hatte. Zunächst einmal waren da die Graffiti, die auf jeden Wegweiser und auf jeden freien Felsen geschmiert waren, und als es steiler wurde, gab es an jeder Spitzkehre des Pfades mindestens zwei oder drei Abkürzungen; an flacheren Stellen verliefen acht bis zehn Trampelpfade über die Wiesen.

Für einen Staat hier im Westen, wo nur ein relativ kleiner Prozentsatz der Bevölkerung wandern geht, war der angerichtete Schaden gewaltig. Ich schämte mich dafür, wie dieser Wanderpfad mißbraucht worden war, schämte mich, weil ich Kelly an einen Ort geführt hatte, der weiß Gott nicht unberührt war, sondern vielmehr verschandelt und häßlich. Ich legte mir schon eine Entschuldigung zurecht, wollte ihr irgendwie klarmachen, daß nicht alle Wanderpfade in Utah so aussehen, als sie sagte: »Das ist wirklich das absolut Schönste, das ich je in meinem Leben gesehen habe.«

Und als ich den Kopf hob und weiter schaute als nur die drei Meter vor mir auf dem Boden, da wußte ich, daß sie natürlich recht hatte. Wir befanden uns in einem gewaltigen Gletscherbecken, das auf drei Seiten von senkrechten Felswänden umgeben war, und auf der vierten öffnete sich der Blick auf mehr Wildblumen, als eine Durchschnitts-Chicagoerin es sich je hätte träumen können: Kastillea in jeder Farbe, vom zartesten Gelb über Orangetöne bis hin zum tiefsten Rot; lila Feuerkraut; weiße, rosafarbene und bunte Akelei; lavendelfarbene Glockenblumen. Jenseits der Blumenwiesen ragten die Wasatch Mountains in den Himmel und dahinter die hohen Uintas. Ich hatte mich von Trampelpfaden und Schuhabdrücken ablenken lassen, während um mich herum der Inbegriff des Erhabenen war.

Nach einigen Stunden des Aufstiegs erreichten Kelly und ich den Gipfel des Timpanogos. Dort oben stand ein seltsames kleines Metallhaus, das einmal für irgendwen wichtig gewesen sein muß. Wir setzten uns und tranken etwas. Zum erstenmal hatten wir einen wirklich freien Blick auf die besiedelte Seite des Berges. Unter uns breitete sich Orem mit seinen rauchenden Schornsteinen aus und Provo zur Rush-hour, so daß sich der Verkehr auf dem Interstate 15 staute. Selbst an unserem Aussichtspunkt, fast zweieinhalbtausend Meter höher, hörten wir das Hupen der Autos so klar wie Glockenläuten. Wir beobachteten einen Goldadler, der zwischen uns und der Stadt träge seine Kreise zog, und ich scharrte etwas Kojotenlosung auf, die vor mir auf dem Pfad lag. Was, so überlegte ich, konnte hier oben auf dieser windigen, kahlen Bergspitze leben, daß ein Kojote so weit hinaufkam, um es zu fressen? Im selben Augenblick sah ich, wie das Sonnenlicht auf zwei spitze schwarze Hörner fiel und das buschige, weiße Hinterteil eines Tieres hinter einem Felsen keine hundert Meter vor mir verschwand.

»Hast du das gesehen?« fragte ich Kelly. Doch sie schüttelte den Kopf.

»Ich weiß, es klingt verrückt«, sagte ich, »aber ich könnte schwören, daß ich gerade eine Bergziege gesehen habe, knapp drei Meter neben dem Pfad, den wir vorhin hochgestiegen sind.«

Wir hielten die Augen offen und warteten, bis der Patriarch wieder in Sicht kam. Es war ein großer Bock, groß und alt, und wir sahen, wie er seinen schweren Körper in eine kleine Felsennische bettete, die die Schornsteine und den Straßenverkehr und den Smog überblickte.

»Unglaublich«, sagte ich zu Kelly. »Ausgerechnet hier. Was treibt die Ziegen denn bloß hierher?«

Bergziegen sind scheue Tiere, die sich, wenn sie die Wahl haben, am liebsten Standorte aussuchen, wo kaum Menschen sind, und ich mußte an all die Wanderer denken, die Hunde und Kinder, die Tag für Tag diesen Pfad bevölkern. Ich mußte an die Ausflügler zu Pferd denken, das Pfeifen der Züge, die Feuersirenen und an die Tatsache, daß der Timpanogos wahrscheinlich der meistbestiegene Berg Utahs ist.

»Wahrscheinlich mag er die Lichter«, sagte Kelly leise. »Nachts müssen die Lichter der Stadt von hier oben einfach wundervoll aussehen.«

Wir betrachteten den grünen Wiesenhang unmittelbar unter uns und stellten fest, daß wir von Bergziegen umgeben waren, mindestens zwanzig Mutter- und Jungtiere. Während wir den Bock betrachtet hatten, waren sie alle zum Grasen gekommen, und wir beobachteten sie eine ganze Weile, ihr weißes Fell, auf das das Licht der untergehenden Sonne fiel, die Lichter der Stadt in der Tiefe.

Kelly und ich machten uns viel zu spät auf den Rückweg – ja so spät, daß wir uns an den Händen halten und uns im Dunkeln den gewundenen Pfad entlangtasten mußten, so spät, daß meine Mitbewohnerin einen Such- und Rettungstrupp alarmiert hatte, der schon halb den Berg hinauf war, bevor wir ein Telefon erreichen und Bescheid geben konnten, daß alles in Ordnung war. Kelly war schon längst wieder in Chicago, bevor ich endlich begriff, wieso wir so lange dort oben gesessen und die Bergziegen beobachtet hatten, wo wir doch wußten, daß es zurück zum Wagen fast zehn Kilometer Fußmarsch waren.

Es hatte mit Park City zu tun und mit dem ständigen Gejammer von uns allen über die Veränderungen, die so schnell und unkontrolliert über unseren Ort hereingebrochen waren, daß niemand sie begriff. Den ganzen Sommer hockten wir draußen auf dem Highway 224 in unseren Autos, atmeten die Auspuffgase des Vordermanns ein, Auge in Auge mit einem Kanaldeckel, stellten uns vor, auf der breiten neuen Straße zu fahren, hoch über dem Tal, verstanden nicht mehr, was los war. Wir sahen, wie ein großer Betonbau nach dem anderen entstand wie Fata Morganas, erinnerten uns an die Kanadischen Kraniche, die früher durch diese Wiesen gezogen waren, und fragten uns, welches Geschäft wir denn noch brauchten, das wir bis dahin nicht vermißt hatten.

Alle zwei Tage wird in Amerika ein neuer Wal-Mart eröffnet. Es war unvermeidlich, daß auch wir schließlich einen kriegten. Trotzdem fühlten wir uns irgendwie anders als das übrige Amerika, und in unserer Andersartigkeit hielten wir uns für immun. Wir waren es nicht. Und diese ganze

Entwicklung hatte erhebliche Folgen für uns. Plötzlich kannte man im Albertsons niemanden mehr. Und wer waren eigentlich diese Leute in ihrem neuen Ford Explorer, die noch nicht mal lächelten und winkten? Unsere Mountainbikes / Autoradios / Ray Bans wurden uns geklaut, was vor zwei oder sechs oder zehn Jahren noch undenkbar gewesen wäre. Wir stöhnten über die hohen Mieten, aber wir alle hatten seit ewigen Zeiten für weniger als zehn Dollar die Stunde gearbeitet, und wer hatte da schon das Geld, sich ein Haus oder eine Wohnung zu kaufen? Die Jahre, in denen wir gehofft hatten, daß wir nicht zu einem zweiten Aspen werden würden, waren vorbei; Park City war erwachsen geworden, im Guten wie im Schlechten.

Unsere Yuppie-Geschwister und skeptischen Eltern sagten uns, wir hätten es nicht besser verdient, weil wir so gelebt hatten, wie wir gelebt hatten; und jetzt, da wir Park City durch seine Kinderjahre gebracht hatten, blieb uns nichts anderes übrig, als woanders hinzuziehen, wo die Mieten billig waren und es reichlich Arbeit gab, wo wir alle noch mal von vorn anfangen konnten. Es sei denn natürlich, wir waren zu stur, um zu verschwinden. Es sei denn, wir dachten daran, daß wir den größten Teil unseres Erwachsenenlebens damit verbracht hatten, uns hier ein Zuhause einzurichten, es sei denn, wir wollten uns dafür engagieren, die Seiten von Park City zu retten, die es uns ermöglichen würden zu bleiben.

Viele von uns waren in den Zwanzigern, als sie hergekommen waren: Damals paßte unser ganzes Hab und Gut in den Kofferraum eines Honda Civic. Jetzt dagegen bräuchten wir ein Umzugsunternehmen, um es wegzukarren. Wir waren mit Park City auf eine ganz besondere Weise verbunden, die wir nie richtig verstehen würden, bis wir weggezogen waren. In vielerlei Hinsicht waren wir hier groß geworden, und als ich diese Bergziege auf dem schmalen Berggrat zwischen Sundance und Provo sah, beschloß ich, daß ich Park City nicht kampflos aufgeben wollte. Ich kam zu dem Schluß, daß ich, wenn ich immer die Wildblumen sehen konnte, auch lernen könnte, die Lichter der Stadt zu lieben, und das reichte aus, um mich hier zu halten, eine Weile jedenfalls.

Wenige Tage nach unserer Wanderung erfuhr ich, daß man Bergziegen 1981 erfolgreich am Mount Timpanogos angesiedelt hatte, also in dem Jahr, bevor ich nach Utah kam, und seitdem lassen sie es sich dort gutgehen. Wiederum einige Tage später hörte ich eine weitere Geschichte über die Ziegen, die es wert ist, hier wiederholt zu werden.

Ben, ein Freund von mir, stieg zum Timpanogos hinauf, um in der Nähe des windigen Gipfels die Nacht zu verbringen. Als er dort ankam, begegnete er einem Mann, der ebenfalls dort übernachten wollte und einen Pitbullterrier mit auf die Wanderung genommen hatte. Die beiden Männer schlugen ihre Zelte ungefähr eine Meile voneinander entfernt auf, und in der Dämmerung, als die Ziegen zum Grasen kamen, sah Ben, daß der andere seinen Pitbullterrier auf den alten Patriarchen hetzte. Er feuerte ihn an: »Kill! Kill!« – das Kommando für den Hund, zuzubeißen und nicht mehr loszulassen.

Ben wußte, daß der Mann eine Flasche Whiskey und nicht eine, sondern gleich zwei Pistolen dabeihatte, trotzdem ging er hinüber, um einzuschreiten. Er war nicht mehr weit von dem Mann mit den Pistolen entfernt, als er sah, was die Ziege machte. Wie eine asiatische Fächertänzerin senkte der Bock immer wieder seine Hörner und lockte den Hund näher und näher an den Rand der Klippe. Jedesmal, wenn der Hund attackierte, wartete der Bock ein bißchen länger, bevor er zur Seite sprang oder hinauf auf den nächstgelegenen Felsvorsprung. Der Hund wurde immer aufgeregter und immer unvorsichtiger, und schließlich wartete die Bergziege lange genug, so daß der Hund über die Klippe und zweihundert Meter tief in den Abgrund stürzte.

Ben sah zu, wie der Mann nach unten kletterte und seinen Hund holte, sah ihn den blutigen Hundekörper zu seinem Zelt tragen. Der Hund lebte noch, und Ben fragte, ob er ihm irgendwie helfen könne, doch der Mann sagte nur, der

Hund käme schon wieder in Ordnung. Also ging Ben allein zu seinem Zelt zurück. Am nächsten Morgen war die Whiskeyflasche leer, der Mann war verschwunden, und der Hund war tot.

Das Jahr nach unserer Timpanogos-Wanderung verbrachte ich in Ohio an einem Ort, wo das Verhältnis Wal-Mart – unberührte Natur ungefähr tausend zu eins beträgt. Ich bin – und das ist mein voller Ernst – jeden Wanderpfad Ohios gegangen. Für keinen einzigen habe ich mehr als einen halben Tag gebraucht; alle endeten irgendwann im Hinterhof von irgendwem. Und was bekam ich im Austausch für die unberührte Natur? Ich brauchte fünfundvierzig Minuten mit dem Auto bis zu einer vernünftigen Buchhandlung, eine Stunde bis zu einem interessanten Restaurant, drei Stunden bis zu einer Profimannschaft in einer beliebigen Sportart, und ich war zweitausendfünfhundert Kilometer von jedem Schnee entfernt, für den es sich gelohnt hätte, die Ski anzuschnallen. Ich konnte nirgendwo eine gute Tasse Kaffee bekommen, ich konnte nirgends meine Pepperidge Farm Cookies kaufen, so etwas wie mexikanische Küche gab es nicht, und der anspruchsvollste Film, den ich mir ansehen konnte, ohne erst sehr weit fahren zu müssen, war *Liebling, ich habe die Kinder geschrumpft*.

Ich vermißte Park City so sehr, daß ich sogar die Dinge vermißte, die ich gar nicht mag. Ich hatte Heimweh danach, in der Schlange vor dem Postschalter zu stehen, mein Herz machte einen Sprung, wenn ich den Namen Oren Hatch im Fernsehen hörte. Und dann all das, wovon ich geglaubt hatte, ich wäre froh, wenn ich es mal nicht erleben müßte: die Schlangen vor den Skiliften in den Weihnachtsferien und die Fahrten zum Albertson um fünf Uhr morgens, von denen ich geglaubt hatte, sie wären gute Gründe wegzuziehen.

Ich will nicht behaupten, daß ich die Veränderungen akzeptieren konnte, die auf Park City zukamen, ebensowenig wie ich akzeptieren konnte, daß Menschen den Wanderpfad zum Timpanogos so verschandelt hatten, und ich glaube, schon damals sah ich den Zeitpunkt kommen, an dem ich Park City endgültig verlassen würde. Aber das Jahr in Ohio war eine Mahnung, weiter zu schauen als nur auf die eigenen Wanderstiefelspitzen, nicht die Dinge aus den Augen zu verlieren, die in Park City noch immer gut waren, Dinge, von denen ich wußte, daß wir auf sie achten mußten, sonst würden wir auch sie noch verlieren.

Zum Beispiel das Gefühl an dem ersten Tag im November, wenn solche Schneeflocken fallen, daß ich sagen kann: »Hol die Skier raus, morgen geht's rauf zum Jupiter.« Zum Beispiel das besondere Blau des Himmels Anfang April, wenn ich den Prospector-Hang ganz allein herunterfahre und die weichen Buckel mit meinen Schwüngen wegschiebe. Zum Beispiel das Feuerwerk, das durch die Thanksgiving-Schneeflocken hindurchstrahlt, während das Lied von meinem High-School-Abschlußball zum hundertmillionsten Mal gesungen wird. Zum Beispiel die Weihnachtswoche, wenn wir alle fast zu erschöpft sind, um noch nett zueinander zu sein, aber es trotzdem schaffen zusammenzukommen – irgendwann in der Zeit, wenn die Kneipen schon geschlossen haben und bevor die Lifte aufmachen –, um den Baum zu schmücken und auf das neue Jahr zu trinken. Oder die Sommersinfonie in Deer Valley, wenn wir Wein trinken und zusehen, wie sich die Nacht über den Wald legt, während einhundert Geiger *Carolina in the Pines* spielen. Das sind Augenblicke, in denen ich geglaubt habe: »Das ist meine Stadt und der schönste Ort, an dem ich je sein werde.«

Und wenn sich aus der Geschichte mit dem Pitbullterrier eine Lehre ziehen läßt, dann liegt sie zweifellos in der Zähigkeit der Bergziege. Eine Bergziege, die sich nicht unterkriegen ließ, trotz Umweltverschmutzung, Verkehr, Autohupen und einem Psychopathen mit einem Pitbullterrier. Wie die meisten von uns war auch der Bergziegenbock hierher verpflanzt worden, und er muß gewußt haben, daß er es schlimmer treffen könnte; wenn er es nicht auf dem

Timpanogos schaffte, würde er vielleicht noch in Ohio landen. Der Ziegenbock hatte gelernt, sich den Veränderungen anzupassen, und was vielleicht noch wichtiger ist, er hatte gelernt, daß er – trotz drohender Fangzähne – clever genug war, einen Pitbull über die Klippe springen zu lassen.

Aber seit jenem Tag, als ich die Ziegen auf dem Timpanogos sah, hat sich Park City noch mehr verändert, und ich bin nicht so zäh wie die Ziegen, auch wenn ich es gern wäre.

Stilvolle, moderne, viktorianisch anmutende Apartmenthäuser haben zu viele von den alten baufälligen Häusern verdrängt. Passend zum Wal-Mart haben wir nun auch noch einen K-Mart bekommen, und ein Einkaufszentrum voller Einzelhandelsgeschäfte hat es selbst dem unternehmungslustigsten Kanadischen Kranich unmöglich gemacht, irgendwo zu landen. Ich finde keine alten Glasflaschen oder Suppendosen für fünf Cent mehr, wenn ich mit den Hunden spazierengehe. Auf jedem Skipaß in Park City steht heute der Satz: »Wochen- und Tagespässe verlieren am ersten April oder an jedem anderen Tag des Jahres ihre Gültigkeit, falls der Paßinhaber als Clown verkleidet oder geschminkt ist«, und die meisten Menschen, die heute Skipässe kaufen, haben keine Ahnung, wieso das da steht. Der Bergarbeiter von gegenüber ist vor fünf Jahren gestorben, aber seine zornige Frau lebt noch immer, für Hailey. »Komm her, du Mistvieh!« schreit sie von ihrer Haustür aus, und Hailey läuft schwanzwedelnd rüber und nimmt mit der Schnauze einen ganzen Laib drei Tage altes Weißbrot entgegen. Osgood Thorpes Scheune steht noch, obwohl die teuren Villen immer näher kommen. Man munkelt, daß es drei Jahre gedauert hat, bis Osgood Thorpe sich bereit erklärte, gegen einen dicken Batzen Geld so viel Land an den Kreis zu verkaufen, daß das letzte Straßenstück verbreitert werden konnte.

Ich kenne Menschen, die letztlich einen Ort verlassen, an dem sie lange Zeit gelebt haben, weil sie sagen, daß sie ihm entwachsen sind. Ich aber verlasse Park City, weil es mir entwachsen ist. In den zehn Jahren, die ich in Park City lebe, hat die Einwohnerzahl um fünfhundert Prozent zugenommen. Das Morning Ray ist dreimal so groß wie früher, die Peek-Brüder sind Millionäre, Peter hat jetzt seinen eigenen Salon und nennt sich Peter Anthony, Dollys Buchladen ist abgebrannt und neu aufgebaut worden, und sie haben jetzt eine neue Katze, die im Fenster sitzt. Jetzt gibt es bei uns Espresso und Sushi und Bars, in denen Gruppen spielen, für die es sich tatsächlich lohnt, Geld auszugeben. Wir haben gute Kunstgalerien und Mode aus vier Kontinenten und Taxis, die rund um die Uhr fahren, und Federal Express. Park City ist inzwischen ein nobler Urlaubsort; nur ich bin noch immer ein bißchen ungehobelt, und ich muß mir wohl eine neue Umgebung suchen, wo alles mindestens so schmuddelig ist wie ich.

Ich verlasse Park City voller Dankbarkeit für die Jahre, die ich hier verbracht habe, für den Trost, den ich an einem Ort fand, wo mir jeder Winkel so vertraut ist wie das Luftholen. Meine Lehrer hatten natürlich recht. Ich habe meinen Promotion nie abgeschlossen. Aber ich habe trotzdem gelernt, was in meinem Leben wichtig ist: ein Espenwald, noch grün, aber kurz davor, sich golden zu färben, und die ersten Schwünge an einem strahlendblauen Morgen, nachdem die Wüstenengel die ganze Nacht über Pulverschnee für mich bereitet haben.

Ein Handbuch für
jede Stromschnelle

IN DER OSTHÄLFTE DER VEREINIGTEN STAATEN DAUERT
eine durchschnittliche Wildwasserfahrt fünf Stunden; in
den Rockies dauert eine durchschnittliche Wildwasserfahrt
fünf Tage. Das ist eine meiner Standardantworten, wenn
mich jemand fragt, warum ich in den Westen gezogen bin,
warum ich in einer Gegend ohne Kinos oder guten Kaffee
lebe, einer Gegend, wo die Bevölkerungszahl etwa so hoch
ist wie die Anzahl der Quadratkilometer. Ich wohne gern in
einer Landschaft, wo Orte nicht durch Straßen miteinander
verbunden sind, sondern durch einen Fluß, in einer Gegend, wo die Post nicht garantieren kann, daß eine Sendung
am nächsten Tag zugestellt wird, wo es unter Umständen
ein echtes Problem ist, wenn einem der Sprit ausgeht. Ich
wohne gern in einer Landschaft, die aus weit über einer halben Millionen Hektar unberührter Natur besteht. Und am
allerliebsten befahre ich mit meinem fast fünf Meter langen
6-Personen-Schlauchboot den Salmon River, besonders im
Bereich der Middle Fork. Dort geht es vom Boundary Creek
knapp tausend Meter zum Main Salmon hinunter, mitten
durchs Herz dieses wilden weiten Landes.

Die Middle Fork des Salmon ist mein Traumfluß, nicht
nur weil es die ursprünglichste Strecke auf allen kommer-
ziell genutzten Flüssen Amerikas ist. Nicht nur wegen der
zahlreichen heißen Quellen, die erschöpften Wildwasser-
fahrern ein warmes Bad bieten und aus Felsspalten sprudeln wie eine Dusche. Nicht nur wegen der Tiere: die Dick-
hornschafe und Goldadler auf jeder Fahrt, mit ein bißchen
Glück auch Schwarzbären und Bergziegen und Wapiti. Nicht

nur wegen der hoch aufragenden Kiefernwälder, der eisigen weißschäumenden Nebenflüsse, des kornblumenblauen Himmels. Ich würde Middle Fork schon allein wegen der Wildwasserflüsse wählen, der 341 Stromschnellen in fünf adrenalinpumpenden, atemberaubenden Tagen. Es ist das aufregendste, abwechslungsreichste und längste Flußstück von allen gut über dreißig Flüssen Amerikas, die ich bis jetzt befahren habe.

Wenn ich Middle Fork fahre, was ich möglichst einmal im Jahr tue, will ich nicht mehr als zwei weitere Personen im Boot haben. Eine, die unablässig Wasser schöpft, und eine, die mir aus dem Handbuch (eine wasserfeste, detaillierte und absolut lebenswichtige Beschreibung jeder einzelnen Stromschnelle) vorliest. Ich nehme nur Leute mit, die schon früher mit mir Rafting gemacht haben, bei denen ich mir sicher bin, daß sie einen kühlen Kopf bewahren, wenn die Lage kritisch wird. Bei mehr als zwei Personen wird mein Boot schwerfällig und träge, und eine gute Manövrierbarkeit ist der Schlüssel zur Bewältigung dieser Hochgeschwindigkeits-Hindernisstrecke mit Namen Middle Fork.

In meinem Kopf unterteile ich Middle Fork in seine sieben Stromschnellen der Klasse 4, die bei Hochwasser zu Klasse 5 werden: Velvet Falls, Powerhouse, Pistol Creek, Tappen Falls, Redside, Weber und Rubber Rapid. (Stromschnellen werden generell nach einer Skala von eins bis sechs eingestuft. In den Klassen 1 bis 3 kann ein Bootsführer, wenn er die Strömung richtig deutet, die Kraft des Flußwassers nutzen, um dahin zu gelangen, wo er hinmuß. In den Klassen 4 bis 5 arbeitet der Fluß gegen ihn, treibt ihn auf tiefe Wasserfälle zu, gegen scharfkantige Felsen, versucht, die Unterseite des Bootes zu zerfetzen oder es zum Kentern zu bringen. Bei einer Stromschnelle der Klasse 6 kann man froh sein, wenn man überlebt.) Diese sieben Ungeheuer unbeschadet und ohne zu kentern zu bewältigen wird im Mittelpunkt der Fahrt stehen und ihren Rhythmus bestimmen.

Es ist ein herrlicher, kalter, klarer Middle-Fork-Morgen, und die Sonne läßt das Wasser glitzern wie Saphire. Am

Himmel ist kein Wölkchen zu sehen. Wir haben Juni, und aus dem Sawtooth Mountain kommt mehr Wasser, als es zu jeder anderen Jahreszeit in den letzten zehn Jahren der Fall war. Meine Crew ist bereit: John, ein Schriftsteller aus Colorado, wird das Wasserschöpfen übernehmen; Kris, eine ehemalige Anwältin, die jetzt als Schwimmlehrerin arbeitet, wird aus dem Handbuch vorlesen.

Auf der Karte in der Rangerstation sehen wir, daß der Fluß ein gutes Stück über dem »normalen, sicheren Wasserstand« liegt, wie der Forest Service es nennt, und nur knapp unter der Gefahrenzone, die als »zu gefährlich zum Befahren« markiert ist. Wir befinden uns in einer Grauzone mit dem Vermerk »Nur für erfahrene, gefahrenerprobte Bootsführer«, und ich frage mich wie immer, kurz bevor ich mich auf einem Hochwasser führenden Fluß ans Ruder setze, wieviel Erfahrung wohl genug Erfahrung ist.

Am Einstieg (ein 30-Meter-Steg, von dem die Wildwasserfahrer ihre Boote nach dem Flaschenzugprinzip an Seilen in das schäumende Chaos unter ihnen herablassen) herrscht Betriebsamkeit, weil die rund zwanzig Leute ihre Boote für die heute geplanten drei Fahrten fertigmachen. Das Tosen des Flusses verrät den Passagieren, daß sie keine bierselige Kreuzfahrt in Südutah vor sich haben, daß dieser Fluß eine Mortalitätsrate von eins zu viertausend hat, daß Jahr für Jahr wenigstens ein paar Menschen auf ihm sterben, die meisten bei diesem Wasserstand.

Wir verzurren die Boote sorgfältig für den Fall, daß wir kentern, binden alles doppelt und dreifach mit dicken Gurten fest, legen am späten Vormittag ab und schlingern unsanft, aber zuversichtlich und ohne daß etwas passiert die ersten acht Kilometer und dreißig Stromschnellen hinab (bei diesem Wasserpegel eine durchgehende Wildwasserstrecke). Mein Boot hat ein Paar drei Meter lange Paddel in der Mitte, und die meisten Stromschnellen nehme ich mit Blick nach vorn, wobei ich flußaufwärts rudere, um das Boot zu verlangsamen, damit ich mehr Zeit habe, die vielen Manöver durchzuführen, die bei jeder Stromschnelle erforderlich sind.

»Velvet Falls neigt dazu, den Bootsfahrer hinterrücks anzufallen«, liest Kris aus dem Handbuch vor. »Viele Boote sind dort unerwartet gekentert, so daß es schon zu etlichen Todesfällen gekommen ist.«

Ich mache mir keine Gedanken darum, daß Velvet Falls mich hinterrücks anfallen könnte; aber ich mache mir Gedanken darum, ob mir gelingt, was ich, wie ich weiß, zu tun habe, sobald wir den Rand der Stromschnelle erreichen: das Boot hart nach links und flußaufwärts steuern, raus aus der Strömung und dann seitlich rückwärts, so daß wir hinter einen gewaltigen Felsblock kommen, der fast die gesamte linke Hälfte des Flusses einnimmt. Dieser Felsen sorgt dafür, daß das Wasser auf der äußersten linken Seite der Stromschnelle ruhiger ist. Er macht es so schwierig und doch auch erst möglich, Velvet Falls zu befahren.

Wir legen ein gutes Stück oberhalb von Velvet an und gehen am Berghang entlang, um uns die Stromschnelle anzusehen. Die Stelle ist noch genau so, wie ich sie vom letzten Jahr in Erinnerung habe, nur schmaler, und mehr Wasser donnert durch den engeren Durchlaß auf der linken Seite, so daß wesentlich weniger Spielraum für eventuelle Fehler bleibt.

Wir steigen wieder ins Boot und steuern in die mittlere Strömung, die auf Velvets tiefen Wasserfall zubraust. Das Dröhnen des Wassers verschmilzt mit dem lauten Pochen meines Herzschlags. Ich rudere so schnell und kräftig, wie ich kann, stromaufwärts, kann aber gegen den unerbittlichen Fluß wenig ausrichten. Die Bootsnase erreicht den Rand des Wasserfalls, und ich sehe, wie Kris die Augen aufreißt, weil wir ein gutes Stück rechts von der Stelle sind, an der wir eigentlich sein sollten, so daß wir bestimmt kentern werden, wenn wir unten in die Welle tauchen. Es gelingt uns, fast wie in einem Zeichentrickfilm oben am Rand zu verharren, und plötzlich reagiert das Boot auf meine Ruderbewegungen. Wir schieben uns geschickt hinter den großen Felsblock und bewältigen den ruhigen Wasserschwall genau unterhalb davon schnurgerade und problemlos.

Auf dem Foto im Handbuch sieht Powerhouse Rapid weit weniger beängstigend aus als Velvet Falls. Was das Foto jedoch nicht vermitteln kann, ist die Länge dieser Stromschnelle: achthundert Meter mit Höhlen und schroffen Wänden und zackigen Felsen. Man muß eine ganze Weile lang alles richtig machen.

John schöpft den letzten Tropfen aus dem Floß, als wir uns nähern, damit ich nicht mehr Gewicht als nötig durch diese Hindernisstrecke wuchten muß.

»Okay«, sage ich zu Kris, »laß hören.«

»Knapp links von den unter Wasser liegenden Felsen in der Mitte des Flusses einfahren«, beginnt Kris. »Die ersten hundert Meter rund sechs Meter Abstand vom linken Ufer halten. Unmittelbar hinter der Felsenbarriere auf der rechten Seite hart rechts steuern, um Untiefen in der linken Flußhälfte zu umgehen. Die Insel am unteren Ende im Abstand von nicht mehr als einem Meter passieren, um einem äußerst tückischen unter Wasser liegenden Felsen auszuweichen, der bei niedrigem Wasserstand eine extreme Gefahr darstellt.«

Das ist die Sprache der Schrift. War das nun einen Meter links oder rechts von der Insel? »Lies noch mal vor«, sage ich. »Ab der Stelle mit den Untiefen.«

»Beim Passieren der rechten Felswand rund zehn Meter unterhalb der Insel in der Mitte des Flusses bleiben. Einen großen Unterwasserfelsen fünfzig Meter unterhalb der Felsenbarriere links umsteuern. Sobald der Sog des letzten Wasserfalls das Boot erfaßt, hart links halten, um eine nackte Felswand und starke Strömungen rechter Hand zu vermeiden, die das Boot gegen die Wand drücken.«

»Lies noch mal vor«, sage ich, als wir mit fünfzehn Zentimeter Abstand einen gezackten Felsen passieren, Wasser ins Boot kracht, die Strömung uns umherschleudert, »von der Stelle mit der extremen Gefahr an.«

John schöpft Wasser wie ein Irrer, aber hier unten kann ich das Boot nicht mehr verlangsamen. Vor mir ragt drohend die große Felswand auf, glatt, teilnahmslos, und das Wasser, das uns mitreißt, donnert dagegen und wirbelt rauschend an ihrem Fuße. Mit einer erstaunlichen adrenalingetriebenen Kraftanstrengung steuere ich von der Felswand weg, ohne sie auch nur zu streifen. Kris verliert in einer der schwächeren Wellen dahinter das Gleichgewicht und fällt in das relativ ruhige Wasser. »Halt das Buch fest!« brüllt John, bevor er sie wieder reinzieht. Das liebe ich so an Middle Fork. Nur noch 282 Stromschnellen vor uns.

Es ist schon recht spät, und wir sind alle drei erschöpft. Zwischen uns und dem Zeltplatz an den heißen Quellen, zu dem ich möchte, liegen nur noch ein paar kleinere Stromschnellen der Klasse 1 und 2.

Wir schlagen unser Zelt oberhalb der Quellen auf, überlassen den eigentlichen Campingplatz einer größeren Reisegruppe. Ich mache das Abendessen – Heilbuttsteaks, mit Schalotten und Tomaten in der Kasserolle gebraten, gebutterte Maiskolben und frischer Spargel –, während John und Kris den heißen Teich ausprobieren. Ich werde dazu Gelegenheit haben, wenn die träge Juninacht endlich kommt, die Luft kühl wird, ich den Teich ganz für mich allein habe und den Sternen zusehen kann, wie sie aus der Milchstraße auf mich zutauchen.

Als ich am nächsten Morgen erwache, wird das Zeltdach von gut zehn Zentimetern Schnee niedergedrückt. Ich mache Kaffee und heiße Frühstücksflocken auf dem Gaskocher, aber die anderen marschieren lieber schnurstracks zu den heißen Quellen. Mir fällt ein, daß wir den 21. Juni haben, den längsten Tag des Jahres, Sommeranfang, überall, nur nicht hier an der Middle Fork, wo die Wettergötter manchmal ein bißchen durcheinandergeraten.

In Kürze werden wir uns entscheiden müssen: ob wir den ganzen Tag in dem warmen Teich sitzen und zusehen wollen, wie der Schnee aus den Fichten fällt, oder ob wir unser Lager abbrechen, ins Boot steigen und sehr viel kaltes Wasser ins Gesicht bekommen wollen. Ich weiß, daß die Mehrheit für einen Ruhetag votieren wird, trotz der Tatsache, daß wir erst 19 von 155 Kilometern hinter uns haben, trotz unserer Verpflichtungen im wirklichen Leben, die wir durch einen zusätzlichen Tag auf dem Fluß vielleicht nicht erfüllen können.

Heute werden wir uns entspannen, die zu kalte Bergluft einatmen und hoffen, daß morgen die Sonne scheint. Morgen vormittag werden wir Pistol Creek Rapid erreichen, eine wahnwitzige Spitzkehre im Fluß, an der ich bei diesem Wasserstand vielleicht mehr Kraft brauchen werde, als ich habe, um an all den Felsbrocken vorbeizusteuern und ein Kentern zu verhindern. Und wenn die Strömung oberhalb von Pistol Creek unser Boot erfaßt und ich mit allem, was in mir steckt, gegen den riesigen Strudel ankämpfe, über den Kris gerade etwas vorliest, wird mir kurz wieder der andere Grund einfallen, warum ich die Middle Fork so liebe: Sie läßt mich an der hauchdünnen, schimmernden Grenze zwischen Mut und Wahnsinn entlanggehen, ebender Grenze, an die ich kam, als ich den Westen zu meiner Heimat machte.

Von einer, die den Grand Teton (nicht) bestieg

DER AUFSTIEG AUS DEM TAL DES SNAKE RIVER IST WIE EINE große dunkle Verheißung. Höher, als der Grand Canyon tief ist, schärfer als eine gezähnte Messerklinge erheben sich die Tetons mehr als zweitausend Meter hoch über Jackson Hole, Wyoming. Und obwohl es in der Teton Range viele herrliche Gipfel gibt, ist der Grand Teton unverkennbar. Er ragt 4 200 Meter über dem Meeresspiegel auf, ist stahlgrau, tief zerfurcht und leicht nach Süden geneigt, so als wollte er sich, nachdem er den Kataklysmus überlebt hat, der ihn erschaffen haben muß, ein wenig ausruhen und sein Gesicht der Sonne zuwenden.

Der »Grand«, wie er von allen genannt wird, die das Vergnügen hatten, in seinem Schatten zu leben oder neben ihm Ski zu laufen oder ihn zu umwandern oder seinen Gipfel zu besteigen, ist mehr als nur der höchste Berg in dem für viele atemberaubendsten Gebirge der Vereinigten Staaten. Er ist ein Magnet, eine Hauptader, die Heimat eines Menschenschlages, der kein Zuhause hat. Nicht bloß Menschen, die gern Ski fahren und bergsteigen, sondern *Skifahrer* und *Bergsteiger*, Menschen also, die die Aktivitäten ihres wirklichen Lebens, beispielsweise Wäsche waschen und Beziehungen, auf die paar Wochen im Frühjahr und Herbst beschränken, wenn die Lifte schon geschlossen sind, aber die Witterung noch zu feucht zum Bergsteigen ist oder wenn der Schnee schon da ist, aber die Pisten noch nicht geöffnet sind. Der Grand lockt diese Menschen, ruft sie aus ihrem Leben in Wisconsin oder Florida, ruft sie von ihren gutbezahlten Jobs weg und aus ihren einigermaßen glücklichen Ehen und sagt: »Kommt, spürt, wie es ist, die Corbett's hinunterzufahren, wenn der Schnee noch weich ist, oder spürt, wie die erste Tasse Kaffee schmeckt, nachdem ihr über vierzehn Steilhänge auf der Exum-Route bis hinauf zur Spitze des Grand geklettert seid.«

Es gab eine Zeit in meinem Leben, da gehörte ich zu diesen Menschen. Eine Zeit, in der die Flüsse und Berge mit mir sprachen und ich jede Herausforderung annahm, die sie mir boten, ganz gleich, wie ungeeignet ich für die Aufgabe auch war. Mittlerweile habe ich gelernt, etwas wählerischer zu sein und nicht mehr jede Herausforderung anzunehmen. Ich weiß, mit welchen Medien mein Körper am besten zurechtkommt, nämlich mit den weichen: Wasser, Schnee, der Rücken eines besonders verständnisvollen Pferdes, und bei welchen mein Körper versagt: Felsen, Asphalt und alles, was mehr als sechs Meter über dem Boden ist.

Entsprechend überrascht war ich, daß ich eines Tages an einer Felswand namens Open Book, die etliche tausend Fuß unter dem Gipfel des Grand Teton liegt, an einem knapp fünfzig Meter langen Seil baumelte, das am anderen Ende von Dick Dorworth gehalten wurde, dem Mann, der 1963 der schnellste Mensch auf Skiern gewesen war.

Aber so war es.

Dick Dorworth ist einer der Ausbilder in der weltberühmten Exum Mountaineering School. An dieser Bergsteigerschule können blutige Anfänger einen dreitägigen Intensivkurs machen und, falls der Ausbilder sie für fähig hält, die nächsten zwei Tage damit verbringen, den Grand zu besteigen.

Vielleicht war es doch falsch, daß wir versuchten, die gesamte dreitägige Ausbildung an einem einzigen Tag zu absolvieren. Vielleicht, so meinte Dick, wollte ich diesen Berg eigentlich ja doch nicht besteigen.

Aber an dem Morgen, als mein Training begann, dachte ich, daß ich ihn besteigen wollte. Es war Ende September, die Luft so klar und rein und schneidend wie der große Berg, der sich über uns erhob. Auf dem Weg zum Übungsgebiet bei

Hidden Falls kamen wir an einer Elchkuh vorbei, und ich faßte das als ein gutes Omen auf. Es war noch früh, als wir uns auf den Weg machten, und auf dem Pfad waren viele große gemächliche Vögel zu sehen, deren Namen Dick nicht kannte – wie ich später erfuhr, waren es Kragenhühner.

Trotz all meiner Ängste vor Felsen und Höhen machte mir das Klettern Spaß. Dick war geduldig und ein guter Lehrer, und ich absolvierte das Pensum des ersten Tages mit Leichtigkeit noch vor dem Lunch, den wir im Schatten einer gewaltigen überhängenden Wand einnahmen.

Als er auf die absolut senkrechte Wand neben dem Überhang zeigte und sagte: »Da klettern wir nach dem Lunch rauf«, war ich mir sicher, daß er mich veralbern wollte. »Und wenn du das schaffst, kommt zum krönenden Abschluß das da«, er zeigte genau nach oben, »Abseilen für Fortgeschrittene.«

Nach nur einem kurzen Vormittag kannte Dick mich schon gut genug, um zu wissen, daß das genau das richtige Lockmittel war. Obwohl ich es nur wenige Male gemacht hatte, fand ich Abseilen toll, ich liebte es, daß ich Vertrauen in die Ausrüstung haben mußte, liebte den Augenblick, wenn ich den festen Boden unter den Füßen verlor, wenn der letzte Kontakt zum Felsen abriß und ich am Überhang schwebte. Ich liebte es, dort einen Moment völlig frei zu hängen, während das Seil in meinen Händen die Geschwindigkeit meiner Abwärtsbewegung kontrollierte, und ich liebte es, mich umzuschauen und auf alles hinabzusehen, in diesem Fall also auf die glitzernde Wasserfläche des Jackson Lake und die Wolkenschatten, die auf dem Grund des Teton Valley dahinzogen.

Zu Anfang machte ich mich trotz der beängstigenden Höhe und Steilheit des Open Book recht gut, und ich war erstaunt über mich selbst, daß ich die ersten zwanzig Meter, ohne auch nur einmal zu zögern, hinaufkletterte. Dann blickte ich nach unten.

Meine Knie fingen auf einmal an, sich wie eine Nähmaschine aufzuführen, und ich spürte die Erschöpfung vom Morgen in den Gelenken. Ich sah, daß noch wesentlich mehr Felswand über mir war als unter mir, und um weiterzukommen, würde ich mich seitlich bewegen müssen, auf eine Falte im Open Book zu. Außerdem mußte ich einen »Hand-Jam« anwenden, eine Technik, an deren Logik mein stures Gehirn einfach nicht glauben wollte.

Wie jeder Bergsteiger bestätigen wird, führt ein Augenblick des Zweifels unweigerlich, sozusagen im freien Fall, zum nächsten. Der Hand-Jam würde nicht klappen, der Halt für meine Zehen war viel zu schmal, selbst der Platz, an dem ich mich befand und den ich noch Augenblicke zuvor für so sicher gehalten hatte, war nun plötzlich voller unsäglicher Gefahren. Das einzige, was mir übrigblieb, war, mich seitlich nach oben zu werfen und zu beten, daß ich durch irgendein Wunder am Felsen klebenblieb.

Ich tat es nicht. Klebenbleiben, meine ich. Ich fiel etwa drei Meter tief und prallte hart mit dem Kopf, den Knien und Ellbogen gegen die Wand. Mein gesamtes Gewicht hing im Klettergurt, Dick war ein gutes Stück oberhalb von mir, und es gelang mir einfach nicht, mich irgendwo festzuhalten oder hinzustellen, um mein Leben zu retten.

»Stell dich hin, Pam«, kam Dicks Stimme von oben, und ich sah wieder nach unten, sah die siebzehn Meter Wand unter mir, sah den Boden, auf dem ich niederknien würde, um ihn zu küssen, wenn ich nur irgendwie hingelangen würde, und ich sagte zu mir selbst: »Verdammt, Pam, wie bist du eigentlich hierhergekommen!?«

»Kletter weiter, Pam«, sagte Dick. »Sofort!«

Und genau das versuchte ich auch. Und ich vertraute meiner Ausrüstung, und Dick vertraute ich sogar noch mehr. Und mein Kopf wußte, daß das hier doch bloß eine Übung war, zum Donnerwetter noch mal, der Idiotenhügel der Bergsteiger, und daß ich es falls nötig noch einmal probieren und sogar noch einmal fallen könnte. Ich konnte den ganzen Tag in dieser Wand hängen, ohne daß mir irgendwas passierte. Aber irgendwo riß die Verbindung zwischen meinem Kopf und dem Rest meines Körpers ab, und mein

Herz pochte so stark, als würde ich bereits abstürzen, und meine Arme und Beine zitterten schlimmer als vorher, und ich grabschte immer wieder nach der Wand wie ein Käfer in einem Wasserglas, ohne den geringsten Erfolg.

»Stell dich hin, Pam«, ertönte die Stimme ruhig und sogar ein wenig gelangweilt. *Du hast heute morgen nicht gewußt, was das für Vögel waren*, dachte ich in einem völlig unangebrachten Anfall von Rachsucht, *du hast noch nicht mal gewußt, daß der Elch ein Weibchen war.*

»He, Dick«, sagte ich auf gut Glück, »wie wär's, wenn du mich einfach runterläßt?«

»Das kann ich nicht machen, Pam«, sagte er.

»*Kannst* du mich nicht runterlassen, Dick«, sagte ich, »oder *willst* du nicht?«

»O ja, ich *kann* dich runterlassen«, sagte er, »aber wenn ich das mache, kannst du dich nicht mehr abseilen.«

»Das mag ja nach den Gesetzen deines Universums vollkommen richtig sein«, sagte ich. »Aber in meinem Universum kann ich auch um diesen Felsen herumwandern, ihn von der Rückseite besteigen und mich trotzdem abseilen.«

»Jeder braucht Herausforderungen in seinem Leben, Pam«, sagte er, und ich dachte an die drei obersten Punkte meiner aktuellen Liste von Herausforderungen: ein chronisch unvollendeter Roman, eine unmögliche Beziehung zu einem schwierigen Mann, ein enger Freund – wirklich ein Engel von einem Mann –, der unheilbar an Krebs erkrankt war. Diesen Idiotenhügel der Exum Mountaineering School zu erklimmen hatte ich nun wirklich nicht nötig, aber jetzt war ich wütend. Ich grub meine Fingernägel in die Wand und fing an zu klettern.

Ich weiß nicht mehr genau, was in den folgenden Minuten passierte. Ich denke mir, daß es jede Menge Flüche gab, etliche lächerlich unelegante Positionen und, nach den Abschürfungen zu schließen, die ich an fast jeder ungeschützten Stelle meines Körpers entdeckte, als ich schließlich oben war, auch einige Schmerzen, obwohl ich nichts davon gespürt hatte.

»Na also«, sagte Dick. »Fühlst du dich jetzt nicht viel besser?«

Aber ich zitterte viel zu sehr, um das sagen zu können.

»Okay«, sagte Dick. »Noch eine Steilwand, dann machen wir Schluß für heute.« Ich blickte zu dem nächsten dreißig Meter hohen Felsen hinauf, der sich hinter dem schmalen Plateau erhob, auf dem wir saßen.

»Dick«, sagte ich. »Ich glaube, wir sind uns beide darüber einig, daß ich nicht für den Grand Teton geschaffen bin, ob ich diese Wand da nun schaffe oder nicht.«

»Ich fürchte, das ist leider wahr«, sagte er.

»Ich weiß nicht, ob du das verstehst«, sagte ich. »Aber für mich ist es zur Zeit eine größere Herausforderung zu sagen, daß ich Angst habe, daß ich das hier nicht will und daß ich wieder runter möchte.«

Dick musterte einen Augenblick lang mein Gesicht, dann das Seil in seiner Hand. »Okay«, sagte er, und ich dachte, das wäre alles, doch dann fragte er noch: »Kann ich irgendwas tun, damit deine Laune sich wieder bessert?«

»Allerdings«, sagte ich lächelnd. »Erlaub mir, mich abzuseilen.«

Und er erlaubte es.

Und es war herrlich. Trotzdem kam ich traurig und deprimiert zu Hause an. Seit ich alt genug bin, klar zu denken, sind die Rocky Mountains für mich meine Kirche und meine Religion, und in ihnen zu versagen, ganz gleich, auf welche unbedeutende oder besondere Weise, war für mich fast gleichbedeutend mit einem Versagen meiner Seele. Ich mußte mich einer anderen Herausforderung stellen, die es mir ermöglichte, so in den Bergen zu sein, wie ich es wollte, mit freien Händen, um Fotos zu machen und die Rinde der Bäume zu berühren, mit einem freien Kopf, der alles aufnehmen konnte.

Ich beschloß, wenn ich schon nicht den Gipfel des Grand Teton erklimmen konnte, dann würde ich eben soviel wie möglich lernen, indem ich in seinem Schatten wanderte. An diesen kürzer werdenden Septembertagen, bei dem unberechenbaren Wetter wäre ein Tagesmarsch von zwanzig Meilen über einen Höhenunterschied von 1 200 Meter – den Cascade Canyon hinauf und über die Paintbrush Divide – wohl Herausforderung genug.

Ich stand im Morgengrauen auf, und es waren etliche Grad unter Null. Ich versuchte, die Schilder, die vor Angriffen von Grizzlybären und vor aggressiven brünstigen Elchen im Paintbrush Canyon warnten, ebenso zu ignorieren wie die Hinweise darauf, daß man nicht allein wandern sollte oder nicht in der Zeit zwischen Abend- und Morgendämmerung, weil da die meisten Raubtiere unterwegs waren.

Nachdem ich die ersten hundertfünfzig Höhenmeter in den Cascade Canyon hineingeklettert war, wurde die Luft allmählich wärmer, und ich legte eine Bekleidungsschicht nach der anderen ab. Der Morgennebel hatte sich gelichtet, und der Boden roch im Sonnenlicht nach Laub und Lehm, als hätte er mit dem Sommer abgeschlossen und wartete auf Schnee. Der Cascade Canyon war eben und weit, und ich teilte den Wanderpfad mit mehr Rehen, als ich hätte zählen können. Dann und wann zwinkerte mir der Grand, strahlend in der Morgensonne, über den Canyonrand hinweg zu.

Auf dem Weg zum Lake Solitude stieg der Pfad über die Baumgrenze, und die Canyonwände hinter mir bildeten eine sanfte Wiege aus Rot-, Braun- und Gelbtönen, mit der Spitze des Grand genau in der Mitte. Ich konnte jede Felsformation und jede Rinne sehen, jedes Schneefeld, jede Steilwand, die ich nicht erklimmen würde. Das alles hob sich großartig gegen einen tiefblauen Himmel ab.

Ich steckte einen Fuß in das eisige Wasser des Lake Solitude. Ich legte meine Hände auf jeden Felsen, an dem ich vorbeikam. Ich spielte mit meiner Kamera, fotografierte Muster, die ich an den Felsflächen entdeckte, die vereinzelten roten Flecken in der überwiegend braunen Vegetationsdecke, das smaragdgrüne Schlammwasser des hochgelegenen, winzigen Mica Lake. Und immer und immer wieder machte ich Aufnahmen vom Grand, der sich noch höher aus seiner Wiege erhob, während die Schatten länger wurden und wanderten und die Sonne über ihn hinwegrollte. Ich erreichte den 3200 Meter hohen Scheitelpunkt der atemberaubend schönen Paintbrush Divide, die noch immer rund tausend Meter unter dem Gipfel des Grand liegt, von der gebührenden Ehrfurcht durchdrungen.

Es war vier Uhr nachmittags, und ich hatte bis zum Einbruch der Dämmerung noch eine weite Strecke zu bewältigen. Ich machte mich auf den Weg durch den wesentlich steileren Paintbrush Canyon, eilte, so schnell ich konnte, den Pfad entlang, mit kräftigen, großen Schritten; mein Rucksack fühlte sich leicht wie eine Feder an, und erneut spürte ich das Selbstvertrauen einer Frau, der die freie Natur vertraut ist. Ich war sicher, daß ich es noch im Schutze der Helligkeit zurück zu meinem Pick-up schaffen würde, als ich ein Geräusch hörte; wie angewurzelt blieb ich stehen.

Es war ein Schnauben, aber *laut*, der unverkennbare Laut eines Tieres – eines großen Tieres –, das ausatmet, ein Geräusch, das große Tiere von sich geben, wenn sie sich bedroht fühlen oder wenn sie sich paaren, oder in dem Augenblick, kurz bevor sie angreifen. Ich wartete fünf Sekunden, dann hörte ich das Schnauben erneut, nicht lauter, aber diesmal konnte ich die Richtung bestimmen, aus der es kam. Das Tier, was auch immer es für eines war, befand sich in einem kleinen Dickicht von Goldkiefern, keine anderthalb Meter von der Stelle entfernt, die ich gerade passiert hatte. Was auch immer es für ein Tier war, es konnte mich riechen, und bisher deutete nichts darauf hin, daß es Angst hatte.

Der Moschusduft von etwas Großem und Dunklem lag wie eine Wolke in der reinen Abendluft. Ich fischte meine Kamera aus dem Rucksack und machte einen weiten Bogen um die Goldkiefern, um einen mächtigen Findling zu erreichen, an dem ich, wie ich hoffte, hochklettern konnte. Der Felsbrocken war zwar steilwandig und glatt wie Glas, aber ich grub Zehen und Finger hinein, wie ich es gelernt hatte, und schaffte es leicht bis nach oben.

»Danke, Dick«, sagte ich laut und mußte lachen, wurde aber sofort durch ein weiteres Schnauben zum Verstummen gebracht. Diesmal klang es lauter und wütender als zuvor.

Oben von meinem Findling aus konnte ich sehen, daß mein Gefährte ein großer Elchbulle war, der größte, den ich je außerhalb von Alaska gesehen hatte, und ich konnte die Schaufeln seines Geweihs sehen, breit und hell und fast leuchtend in der Dämmerung, als er sie immer und immer wieder gegen den dicken Stamm eines Baumes rammte. Sein dunkler Kopf, die riesige Nase waren im Schatten nur zu erahnen, aber es kam mir so vor, als sähe ich ein dunkles Auge glitzern.

Vielleicht war er wütend, weil ich in sein Gebiet eingedrungen war, vielleicht war es die Zeit, in der er jedes Jahr sein Geweih abwarf, vielleicht war außer mir aber auch noch eine andere Dame in der Nähe, die er beeindrucken wollte. Doch all seine leidenschaftlichen Kopfstöße fruchteten nichts, und ich mußte daran denken, wie ich am Open Book herumgekraxelt war, wieviel Willenskraft und Wut und Verlangen ich durch meinen Körper jagen kann, und das alles völlig vergebens.

»Ich weiß, wie dir zumute ist«, sagte ich leise, doch der Elch hatte mich längst vergessen.

Das heißt, bis mein Film zurückspulte und die Kamera ein Geräusch machte, das er noch nie gehört hatte. Er schnaubte erneut und kam drohend vier Schritte auf mich zu.

»Ganz ruhig, alter Junge«, sagte ich, und er stampfte auf den Boden und fixierte mich mit diesem glitzernden Auge, und ich glitt auf der Rückseite des Felsens hinab, schnappte mir meinen Rucksack und rannte den Pfad hinunter. Ich hörte ihn hinter mir herkommen, hörte die schweren Schritte, nicht schnell, sondern gemächlich. Das Schnauben war jetzt leiser, aber regelmäßig, im Rhythmus seiner Beine.

Er folgte mir bis zur nächsten Biegung, aber stets in respektvollem Abstand, fast wie ein Gentleman, der nicht recht weiß, ob er einen Annäherungsversuch wagen soll.

Als ich mich ein letztes Mal umwandte, war er bloß noch ein dunkler Schatten vor einem dunkel werdenden Himmel, aber die Art, wie er den Kopf hielt, verriet mir, daß er mich nicht aus den Augen ließ und das auch nicht eher tun würde, bis er sicher sein konnte, daß ich wirklich verschwunden war.

Es war längst dunkel, als ich den Anfang des Pfades erreichte, aber der Vollmond war hell und rund, und ich fand meinen Weg ohne Schwierigkeiten. Die Wälder waren erfüllt von den Geräuschen der Tiere, und ich konnte die Elche hören, die auf den Lichtungen ihre unheimliche Musik röhrten, ein Lied so voller Sehnsucht, daß es selbst die Grillen und Eulen zum Verstummen brachte. Darüber erhob sich der gewaltige Gipfel des Grand, um sich im Mondlicht zu baden: steinern und strahlend und eine Million Kilometer weit entfernt.

Ein paar
gute
Männer

Angelausflug mit Dame

ICH KANN MICH NICHT ERINNERN, WANN ICH DAS LETZTE-mal einen Mann beneidet habe oder ob ich das überhaupt je getan habe. Ich habe Männer geliebt, sie gehaßt, mich mit ihnen angefreundet, mich um sie gekümmert und nur allzu-oft mein Selbstwertgefühl ihretwegen in Frage gestellt, aber ich glaube nicht, daß ich jemals wirklich irgend etwas hätte haben wollen, das ein Mann seiner Männlichkeit verdankt. Und doch war Neid zumindest eines der überraschenden Gefühle, die ich im letzten Frühjahr hatte, als ich bei Inter-lochen, Michigan, um zwei Uhr nachts zusammen mit einer Gruppe Autoren bis zu den Achseln in einem Fluß stand und mit Fliegenköder Stahlkopfforellen fischte.

Die Winter in Nord-Michigan sind lang und dunkel und kalt. Der Frühling kommt spät, und dann ist er naß und bringt deprimierende Unwetter mit sich. Die Landschaft besteht überwiegend aus Wald und Wasser und anders als der übrige mittlere Westen aus ungezähmter Natur. Sowohl die Wildnis als auch die Härte des Lebens spiegeln sich in den Gesichtern der Menschen wider, die sich entschieden haben, hier zu leben.

Als ein Mann namens Jack Driscoll mich anruft und nach Interlochen einlädt, erzählt er mir von der Academy, einem Ort, wo talentierten High-School-Schülern aus einundvier-zig US-Staaten und fünfzehn Ländern viel Zeit gewährt wird, sich in ihrer Kunst zu üben. Er erwähnt zwar, daß ich aus meinen Werken vorlesen und mit den Studenten über unser Handwerk diskutieren soll, doch ansonsten will er eigentlich nur über das Angeln reden.

Obwohl ich so viel Zeit in der Natur verbringe, bin ich keine große Anglerin vor dem Herrn. Und dem Fliegenfischen bringe ich, wie allen Religionen, Respekt, aber wenig Verständnis entgegen. Falls Jack mich fragt, ob ich mit angeln gehen will, werde ich ja sagen. Ich habe immer ja gesagt, und infolgedessen stellt sich mein Leben dar wie eine lange Serie von durch Männer angeregten Abenteuern, und ich bin hinter diesen Männer hergestolpert, mit viel Kraft und Willen und noch unausgegorenen Fähigkeiten, nicht etwa mit dem Vorsatz, mich besonders hervorzutun, sondern nur, mit ihnen Schritt zu halten, kein Problem zu werden, ein guter Kumpel zu sein. Das rührt aus meiner Kindheit her (ich war der einzige Sohn meines Vaters), und ich muß lachen, wenn ich an all die Orte denke, an die mich diese spezielle Unsicherheit schon gebracht hat: zum Dall-Schafe-Jagen in Alaska, zum Helicopter-Skiing in Montana, zum Klippenspringen auf den Bahamas, zum Eisklettern im Yukon Territory in Kanada. Größtenteils habe ich es hinter mir, Männern auf diese Weise imponieren zu wollen; bei den Abenteuern, auf die ich mich jetzt einlasse, bestimme ich die Regeln. Aber als meine Reise nach Michigan näher rückt, spüre ich eine vertraute und törichte Erregung bei dem Gedanken, mich mal wieder auf Gedeih und Verderb der Gnade von ein paar durchgedrehten Naturburschen auszuliefern, eine trotzige Novizin, die etwas zu beweisen hat, das älter ist als die Zeit selbst.

Nach Traverse City fliege ich mit der »großen« Maschine, wie die Frau am Check-in von United Express gesagt hat: ein zweimotoriges Flugzeug, das eine Stunde lang zwischen Gewittern und dichten Nebelbänken umhertanzt, bis es auf einer finsteren, verregneten Landebahn, die von einem kahlen Aprilwald gesäumt wird, schlingernd zum Stillstand kommt.

Ich werde von einem Grüppchen begrüßt, das aussieht wie ein Komitee von kräftigen, wettergegerbten Männern mittleren Alters. Sie heißen Jack Driscoll, Mike Delp, Nick Bozanic und Doug Stanton. Die Titel ihrer Bücher, Gedichtsammlungen, sind geprägt von der Landschaft, die ihr Leben beherrscht: *Under the Influence of Water, The Long Drive Home* und *Over the Graves of Horses* oder, wie Jacks preisgekrönter Erzählband, *Wanting Only to Be Heard*. Sie streiten sich um mein Gepäck, reichen mir Snacks und Limo und Bier und tragen mich fast auf einer Welle der Begeisterung zum Wagen.

»Das Wetter ist günstig«, sagt Mike zur Begrüßung. »Das Eis auf dem See bricht.«

»Wirklich spät dieses Jahr für Stahlkopfforellen«, sagt Doug. »Aber Sie kommen gerade noch rechtzeitig.«

»Es muß jeden Augenblick soweit sein, jeden Augenblick«, sagt Jack, in Gedanken bei den langgestreckten dunklen Fischkörpern im Fluß, und dann: »In fünfundvierzig Minuten haben Sie eine Lesung, dann ein Abendessen, das so gegen zehn zu Ende sein müßte, der Präsident des hiesigen College möchte Sie kennenlernen. Um Mitternacht angeln wir.«

Um fünf vor halb eins bin ich ausstaffiert mit meiner langen Unterwäsche, Jacks Tarnkleidung, Mikes Neoprenanzug, Dougs Wasserstiefeln, Nicks Hut. Ich sehe aus wie das Michelin-Männchen, und die Stiefel sind so groß und steif, daß ich kaum einen Fuß vor den anderen setzen kann. Wir zwängen uns in Mikes Montero, Angelruten und Rollen klappern hinten auf der Ladefläche. Jack und Mike und Doug und ich. Nick, das hat mir jeder von ihnen (unter vier Augen, mit gedämpfter, besorgter Stimme) erzählt, erholt sich gerade von einer Schleimbeutelentzündung und von einer Scheidung, und aus einem dieser beiden Gründe wird er dieses Jahr nicht angeln.

Keiner fragt mich, ob ich müde bin, und ich frage sie auch nicht. Diese Männer hatten neun Wintermonate, um sich auszuschlafen, und das Hüttenfieber spiegelt sich wie ein stummer Aufschrei in ihren Augen. Die Stahlkopfforellen werden bald mit ihrem Laichaufstieg beginnen, vielleicht heute nacht, und es ist keine Frage, wo diese Männer sein wollen.

Wir brauchen fast eine Stunde bis zum Fluß. Zwischendurch legen wir einen, wie ich erfahre, obligatorischen Zwischenstopp in dem winzigen Örtchen Honor ein, kaufen Doughnuts, die einen Tag alt sind, und Coca-Cola und frotzeln ein bißchen mit der Frau an der Kasse. Unterwegs hören wir die neueste Kassette für unterwegs, wie Mike und Jack sie nennen, drei Songs von Greg Brown, die sie immer und immer wieder aufgenommen haben, um eine neunzigminütige Fahrt zu untermalen. »*Gonna meet you after midnight*«, tönt es wiederholt, »*at the Dream Café.*«

Die wechselnde Lichtanzeige an der Honor State Bank zeigt 1.51 Uhr an und sechs Grad minus. Die Männer haben gewettet, wie kalt es sein wird. Sie haben auch gewettet, wie viele Autos wir auf dem zweispurigen Highway überholen werden, wie viele Rehe wir in dem Wald zwischen Mikes Haus und der Brücke sehen werden, ob es schneien oder regnen wird, und wenn ja, wie heftig (im Vergleich zu anderen nächtlichen Angelausflügen). Doug gewinnt die Temperaturwette. Er war mit fünf Grad minus am nächsten dran, ohne die Marke zu überschreiten.

Wenn sie nicht gerade Wetten abschließen, plaudern sie über Gott und die Welt, über Mikes letzten Fisch, Jacks neueste Erzählung, über Nick, der sein Haus verloren hat und ihnen Sorgen macht, über die junge Frau im Sunoco, oder sie singen einstimmig ihre Lieblingssongs von Greg Brown mit. Eigentlich ist alles, was sie sagen, eher ein Lied, und zwar ein Lied, das sie über Jahre hinweg in all den gemeinsamen kalten Frühlingsnächten gelernt haben – Nächte, die jeder andere Mensch irgendwo auf der Welt Winter nennen würde, Nächte, erfüllt von einer jungenhaften Erwartung und überschattet von zuviel von jenem Erwachsenenwissen, das Männer letztlich besiegen kann.

Manchmal fällt ihnen wieder ein, daß ich da bin; manchmal vergessen sie, daß ich eine Frau bin.

In solchen Augenblicken komme ich mir vor wie eine Undercover-Agentin oder als wäre mir Zugang gewährt worden zu einem kostbaren und überaus privaten Kunstwerk. Und obwohl ich schon immer der Meinung war, daß Frauen schneller festere und tiefere Bindungen eingehen, als Männer es sich je träumen lassen könnten, gibt es zwischen diesen Männern etwas Einfaches und Reines, eine so starke und dichte und zeitlose Nähe, daß ich zugleich fasziniert und eifersüchtig bin und ganz kleinlaut werde.

»Scheiße«, sagt Jack, »seht euch diese Menschenmassen an.« Wir haben endlich den Wald hinter uns gelassen und sind an einer Brücke angelangt, die nicht länger ist als die zweispurige Straße breit. So unglaublich es mir auch scheint, um zwei Uhr nachts stehen auf dem Seitenstreifen rechts und links der Brücke zwei bis drei Reihen Pick-ups, eine Subkultur von Nachtschwärmern.

Die Haltung der Männer, die an der Brücke stehen und trübsinnig über das Geländer starren, verrät mir, daß sie keine Lyrikkurse an der Akademie in Interlochen geben. Einer von ihnen torkelt volltrunken auf unseren Wagen zu. Ein Junge von vielleicht neun oder zehn Jahren, von Kopf bis Fuß in Tarnkleidung, versucht, ihn von hinten zu stützen.

»Sind noch nich' da«, sagt der Alte, und in seiner Stimme schwingt etwas mit, das wie Verzweiflung klingt. »Vielleicht kommen sie überhaupt nicht.«

»Die kommen schon«, sagt Jack, steigt aus dem Montero und manövriert den Mann von dem zerbrochenen Teil des Geländers weg. »Es war für alle ein langer Winter«, sagt Jack fast säuselnd, und der Alte nickt betrunken und ernst.

Mike zieht mich aus dem Wagen und reicht mir eine Taschenlampe. Wir schleichen zum Brückenrand und spähen hinunter. »Nur eine Sekunde anmachen und sofort wieder aus«, flüstert er. Selbst für mich ist es unverkennbar: Der Strahl der Taschenlampe beleuchtet eine lange dunkle Form, die bereits halb unter dem Pylon ist. »Keinen Ton«, flüstert Mike mir fast lautlos zu. Jack hat den Alten zu dessen Wagen gebracht, wo er seinen Rausch ausschlafen kann, und kommt nun zu uns. Mike hebt einen Finger, und Jack nickt. »Wir fahren ein Stück flußabwärts«, sagt Jack nach einigem Nachdenken. »Hier hat es keinen Sinn.«

Wir fahren den Fluß hinunter, während Mike mir alle wichtigen Attraktionen erläutert, als ob wir sie sehen könnten – ein Ort namens Toilet Hole, wo Doug und Nick einmal Glück hatten, die Stelle, wo Mikes Wagen so übel festsaß, daß selbst der Vierradantrieb nichts mehr nützte, die Stelle, wo Jack den größten Fisch des letzten Jahres gefangen hat. Wir können die Scheinwerfer der Leute sehen, die dort, wo der Fluß in den Michigansee fließt, nach Stinten angeln, und eine rotweiß gestreifte Markierungsboje, die leuchtend in der Dunkelheit aufragt. Der untere Teil ist noch immer mit Eis und Schnee verkrustet.

Wir setzen Doug an seiner Lieblingsstelle in der Nähe der Flußmündung ab, fahren ein paar hundert Meter zurück den Fluß hinauf, parken den Montero und treten hinaus in die Nacht.

»Von hier aus ist es noch ein Stückchen zu Fuß«, sagt Mike, »und der Schlamm ist ziemlich tief.« Ich kann mir einfach nicht vorstellen, wie ich mit diesen steifen und dick wattierten Beinen durch tiefen Schlamm waten soll, wie ich bei sechs Grad minus in diesen schnell fließenden eisigen Fluß gehen soll, und erst recht nicht, wie ich ein paar Stunden darin stehenbleiben soll. Ich kann mir nicht vorstellen, wie ich in diesen dicken Klamotten und in völliger Finsternis um mich herum in der Lage sein soll, meinen Fliegenköder noch irgendwie halbwegs elegant auszuwerfen.

Ich bin kaum zwei Schritte vom Wagen weg, da spüre ich auch schon, wie der Schlamm meine Füße festhält. An manchen Stellen reicht er mir nur bis zur halben Wade, an anderen bis zur Mitte der Oberschenkel. Ich folge Jack wie ein junges Hündchen, versuche dort hinzugehen, wo er hingeht, dort hinzutreten, wo er hintritt. Von der Anstrengung wird mir warm, und ich werde ein wenig leichtsinnig, und plötzlich trete ich ins Leere und stecke bis zur Taille in wäßrigem Schlamm. Mike und Jack packen mich jeder an

einem Arm und ziehen mich so schnell raus, daß es wie ein-
studiert wirkt.

»Versuchen wir, tiefer in den Fluß zu kommen«, sagt Jack,
und bevor ich mich gegen die Kälte wappnen kann, sind wir
im Wasser. Es reicht bis zum Oberschenkel, zur Hüfte, zur
Taille, und ich spüre, wie die starke Strömung mich Richtung Michigansee zerren will. »Einen Fuß vor den anderen
setzen«, sagt Jack. »Die Senke ist direkt vor dir; wenn du bereit bist, wirf die Angel aus.«

Unsicher hebe ich die Angelrute hoch in die Nacht,
schließe die Augen, versuche, mich zu erinnern, wie sie es in
dem Film *In der Mitte entspringt ein Fluß* immer gemacht
haben, und reiße sie dann zu schnell und zu fest mit einem
häßlichen Platscher nach unten. »Etwas mehr Schnur
geben«, sagt Jack so leise, als würde er mit sich selbst sprechen. Nach ein paar weiteren Platschern mit etwas mehr
Schnur gelingen mir Würfe, die nicht mehr so peinlich sind.
Jack bewegt sich wortlos zu Mike hinüber, um ihm beim
Entwirren eines Knotens in der Leine zu helfen. »Das ist
heute deine Nacht, Delp«, sagte Jack. Seine schattenhafte
Gestalt schwebt von mir weg, ein dunkler, beinloser Geist.

Was um alles in der Welt machst du hier eigentlich? kichert
meine innere Stimme, und die Antworten rauschen nur so
vorbei, zu schnell, um sie halten zu können: Weil ich keiner
Herausforderung widerstehen kann, weil mein Vater sich
einen Sohn gewünscht hat, weil das Eintauchen in die wilde
Natur die beste Möglichkeit ist, die ich kenne, um der Traurigkeit etwas entgegenzusetzen, weil da diese schmale
schimmernde Linie zwischen dem dunklen Fluß und dem
noch dunkleren Himmel ist.

Schon bald denke ich nicht mehr daran, daß ich in den
Michigansee gespült werden könnte. Ich staune, wie gut die
hohen Stiefel wärmen. Ich fühle mich so warm und be-
schwingt, daß ich hin und wieder unachtsam werde und
eine ungeschützte Körperstelle, Hand oder Ellbogen, in
das eisige Wasser tauche. In dem Wald auf der anderen
Flußseite knacken Ästchen unter den Hufen eines Rehs; ein

wütender Biber klatscht mit dem Schwanz aufs Wasser. Leise flüsternd benennen wir abwechselnd die Sternbilder über uns – Großer Bär, Drache, Kassiopeia, Mars und Jupiter – und staunen beim Anblick der seltenen, aber bezaubernden Sternschnuppen.

Wenn wir leise sind, können wir ein schwaches Donnern hören – ein ständiges Rauschen –, das im Dunkeln klingt wie der Herzschlag der Erde. »Der Michigansee spült über die Wellenbrecher«, beantwortet Jack meine stumme Frage. »Auf der anderen Seite muß ziemlich viel Wind sein.«

Meine Wurftechnik wird immer besser; bei jedem fünften oder sechsten Wurf bleibt die Fliege lange Zeit in der Luft und fällt dann leicht, fast ohne einen Laut.

»Weißt du«, sagt Jack, »es kommen nicht gerade viele Menschen mit uns hierher, die nicht gleich mit dem Angelhaken an sich selbst oder an mir oder am Ufer hängenbleiben ... hab ich nicht recht, Delp?« Mike murmelt zustimmend, und ich fühle mich wie berauscht vor lauter lächerlich übertriebenem Stolz.

Die Sterne verschwinden und leichter Schneefall setzt ein. »O Mann, ich liebe dieses Wetter«, sagt Mike, und sein Tonfall klingt halb sarkastisch, halb aufrichtig. Dann ist eine Weile nur das leise Zischen der Angelschnur und der Fliegenköder zu hören.

»Ein Fisch!« ruft Jack plötzlich. »Ich hab einen an der Leine!« Vor Schreck verliere ich fast das Gleichgewicht, als hätte ich vergessen, warum wir hergekommen sind, als wären die Stille der Nacht und der Rhythmus der Fliegen, die aufs Wasser fallen, schon Grund genug. Wir holen unsere Leinen ein und sehen Jack zu, wie er seinen Fisch an Land zieht. Es ist ein langes, schlankes Exemplar, und sein gefleckter Bauch glänzt silbrig, als er sich im dünnen Lichtstrahl der Taschenlampe windet. Jack sieht uns hilflos an, einerseits froh über sein Glück, andererseits wünscht er sich, daß ich den Fisch gefangen hätte, wünscht sich, das sehe ich ihm an, sogar noch mehr, daß Mike der Glückliche gewesen wäre.

Wir angeln noch ein Weilchen, aber eigentlich müssen wir jetzt nicht mehr bleiben. Der Bann ist gebrochen; die erste Stahlkopfforelle auf ihrem Weg den Fluß hinauf ist gefangen.

»Kommt, wir waten ein Stückchen den Fluß hinunter«, sagt Jack, als wir unsere Leinen eingeholt haben, »damit wir den Schlamm umgehen.« Ich atme kurz und keuchend, während wir uns durchs Wasser bewegen. »Hier wird es tief«, sagt Jack. »Geh langsam.«

Das Wasser kriecht mir die Brust hinauf bis in die Achselhöhlen; ich gehe schwerelos durch einen dunklen nassen Traum. Einen Moment lang gibt es nichts außer meiner Vorwärtsbewegung und dem Auftrieb des Wassers unter den Sohlen meiner Stiefel, was mich vor dem Untergehen bewahrt. Dann spüre ich plötzlich die Uferböschung, die unter meinen Füßen aufsteigt.

»Alles klar«, sage ich, doch im selben Augenblick rutscht mein Fuß ab, und ich tauche in die eisige Strömung, den Kopf unter Wasser. Ich werfe die Arme hoch Richtung Ufer, und Jack zieht mich hoch. »Jetzt mußt du aber schnell nach Hause«, sagt er, während die Kälte, die ich seit Stunden ignoriert habe, mit Überschallgeschwindigkeit durch meinen Körper rast. »In zwei Stunden hast du dein Seminar.« Als wir am Wagen ankommen, hat Doug sich wie ein Hund unter einer Decke zusammengerollt.

Am nächsten Tag schläft Jack sich aus, während Mike dafür sorgt, daß ich rechtzeitig zu meinen Kursen komme. Die Studenten sind aufgeweckt, skeptisch, interessiert. Mir schwirrt der Kopf von der Aufregung der durchgemachten Nacht, eine Dunkelheit wie die Dunkelheit am Fluß, die mich zu umschließen droht. Mike und ich trinken einen schlechten Automatenkaffee in einem der überdachten Gänge, die das Englischinstitut mit den anderen Gebäuden verbindet. Die Überdachungen sollen verhindern, daß die Studenten sich bei einem Schneesturm nicht verlaufen.

»Ich kann kaum erklären, wie sehr ich an diesen Burschen hänge«, sagt Mike unvermittelt, als hätte ich ihn danach gefragt. »Ich weiß gar nicht, was ich tun würde, wenn ich das nicht hätte, was wir zusammen haben.«

Die Zementwände dieses schäbigen Aufenthaltsraumes scheinen näher zu rücken wie die Schneewolken, und der Lyriker, den man eher für einen Ringer halten könnte, sieht einen Moment lang so aus, als würde er gleich weinen.

Es ist spät am Abend. Ich habe drei Seminare hinter mir, mit mindestens dreißig Studenten gesprochen, eine weitere Lesung gehalten, in Traverse City Bücher signiert und auf einer spontan improvisierten Party Wapitisteaks auf dem Grill zubereitet. Mike legt in seiner zweiten Lieblingsrolle als DJ einen sentimentalen Song nach dem anderen auf: John Prine, John Gorka und frühe Stücke von Bonnie Raitt. Wir sind alle ein bißchen beschwipst von dem Tequila und dem guten Essen. Mikes zehnjährige Tochter Jamie und Jack tanzen Wange an Wange in Socken auf dem Wohnzimmerboden.

»Also, machen wir's?« fragt Jack, als das Stück zu Ende ist, und das Glimmen in seinen Augen sagt mir, daß der Fluß immer in ihm ist, ob er nun gerade darin steht oder nicht. Dieser Fisch-und-Literatur-Marathon geht jetzt in seine achtunddreißigste Stunde, und ich bin schon nicht mehr müde, sondern habe einen anderen Bewußtseinszustand erreicht.

Ich habe viel zuviel Zeit in meinem Leben damit verbracht, zu beweisen, daß ich dazugehöre. Ich habe nie gekniffen, habe nie zugegeben, daß ich müde war, Schmerzen hatte oder fror. An diesem Abend trifft das alles zu, aber daß ich jetzt nicke und sage: »Ja, ich möchte wieder zum Fluß und mich in das eiskalte Wasser stellen« hat zur Abwechslung mal nichts mit meinem Vater zu tun, oder mit all den Dingen auf der Welt, die ich beweisen muß. Es hat mit diesem starken und ehrlichen Gefühl zwischen den Männern zu tun, an dem ich teilhaben will, es hat damit zu tun, daß ich keine Gelegenheit versäumen möchte, dem nahe zu sein. Irgendwie bin ich in dieses ungewöhnliche Rudel von Tieren hineingestolpert, die wissen, daß ich da bin, und die beschlossen haben, mich bei ihrem Tanz zuschauen zu lassen. Ich möchte mir ihre Bewegungen einprägen. Ich möchte diese Flußnächte mit nach Hause nehmen für die Zeiten, wenn es noch finsterer ist als jetzt der Himmel von Michigan.

Eilig packen wir unsere Ausrüstung zusammen und sitzen gleich darauf wieder in dem Montero. Greg Brown singt den Song über den lachenden Fluß. »Das ist deine Nacht, Delp«, sagt Jack. »Das spüre ich.« Hinter der nächsten Biegung warten die verstreuten Lichter von Honor.

Ich war Captain in Colonel Bobs Armee

ICH BIN IN MEINEM LEBEN SCHON VIEL HERUMGEKOM-
men, war in den entlegensten Winkeln der Erde, auf weiten
Ozeanen, in endlosen Wüsten, auf Berggipfeln, wo ich das
Gefühl hatte, einer der ersten Menschen zu sein, die je dorthin gelangt waren. Ich habe jedes meiner Ziele geliebt –
mehr oder weniger –, nicht nur wegen seiner Schönheiten
und Eigenarten, sondern auch weil es neu für mich war. In
diesem Jahr habe ich mich auf eine Reise zu einem Ort
gemacht, der dunkler, ferner, ganz sicher rätselhafter und
hundertmal beängstigender ist als die Dschungel Afrikas,
einsamer als die Täler des Himalaya. Mit Hilfe eines
»EMDR« genannten Verfahrens und unter Anleitung eines
hervorragenden Therapeuten betrat ich das verbotene Land
meiner Kindheitserinnerungen, den Ort, der verborgen hinter einer noch höheren Mauer lag als alle, die ich je auf
meinen Reisen gesehen habe, den Ort, den ich zuvor nicht
betreten wollte und konnte, den Ort, vor dem ich in über
vierzig Länder floh.

Wie bei jeder Reise lief auch hier nicht alles so, wie ich es
erwartet hatte. Nichts sah so aus, wie ich mir es vorgestellt
hatte; ich hatte fast nur unnötiges Gepäck dabei, und die
vermeintlichen Höhepunkte erwiesen sich als Tiefs. Mit der
Zeit werde ich wohl einen Weg finden, über diese Tief-
punkte zu schreiben, über die Angst und die Gewalt, die
mich davon abhielten, dieses Land zu besuchen, und die
Stimmen meiner Kindheit so lange zum Verstummen brachten. Aber wie alle Abenteuer war auch dieses voller freu-
diger Überraschungen. Immer dann, wenn ich die Reise

abbrechen wollte, tauchten unerwartet Engel auf, die bis dahin zusammen mit dem Trauma weggesperrt worden waren.

Man sagt, daß Kinder, die in von Gewalt geprägten Familien aufgewachsen sind und aus denen dennoch lebensfähige und durchaus hoffnungsvolle Erwachsene wurden, fast immer ein Gegenvorbild zu ihren Eltern hatten, jemanden, der verläßlich und stabil war, jemanden, der diesen Kindern, deren Elternhäuser es ihnen unmöglich machte, den Unterschied zwischen richtig und falsch zu erkennen, eine Art Realitätsmaßstab an die Hand gab.

Ich weiß mit Sicherheit, daß ich drei Engel hatte, obwohl es noch mehr gibt, die sich bis jetzt versteckt halten. Der erste Engel war ein Babysitter namens Martha Washington, eine zähe Frau, die früher als Sergeant in der Versorgungskammer der US Army gedient hatte, die mir Lesen beibrachte, als ich gerade zwei war, die mir immer einen Vierteldollar schenkte, wenn ich vom Dreimeterbrett sprang, und die mir immer das zu essen machte, was ich haben wollte. Aber das war noch lange nicht alles; sie schenkte mir damals ihre bedingungslose Liebe, und sie entführte mich mehrmals meinen Eltern, wenn diese mal wieder betrunken aufeinander losgingen, und drohte ihnen, mich erst dann zurückzubringen, wenn sie sich wirklich änderten. Wir zogen aus ihrer Gegend weg, als ich fünf Jahre alt war, kurz nachdem mein gebrochener Oberschenkelknochen wieder so weit geheilt war, daß ich mich auf meinem Dreirad bis zu ihrem Haus flüchten konnte.

Dann war da ein Lehrer namens Mr. Kashner, der im selben Jahr wie ich von der fünften in die sechste Klasse wechselte. Er überzeugte mich davon, daß ich intelligent war, und er brachte mir bei, wie ich diese Intelligenz nutzen konnte, um Ärger zu vermeiden und meiner Familie zu entfliehen. Es störte ihn nicht, wenn ich gegen irgendwelche Vorschriften verstieß, solange ich dabei kreativ war, und er vermittelte mir zum allererstenmal das Gefühl, etwas wert zu sein.

In diesem Essay jedoch geht es um den ungewöhnlichsten Engel überhaupt, einen schroffen, schon etwas älteren Mann namens Colonel Bob Miller, der nicht nur mich, sondern alle Kinder aus unserer Nachbarschaft vor all den guten oder schlechten Dingen errettete, die bei ihnen daheim vor sich gingen. Einmal in jedem Sommer nahm Colonel Bob Miller einzig und allein, weil es ihm Spaß machte, sämtliche Kinder aus meiner Nachbarschaft in Bethlehem, Pennsylvania, übers Wochenende mit zu einem Ort namens Apachenschlucht.

Man stelle sich fünfundzwanzig Kinder zwischen fünf und fünfzehn Jahren vor, alle mit Schlafsack und Plastik-poncho, die sich zwischen Kisten mit Baked Beans, Marsh-mallows und Hot-dog-Brötchen versammeln, zwischen Kästen mit Bier und Limo, zwischen Armeefeldbetten, Bei-len und Taschenlampen. Wir nahmen alle gemäß unserem Rang Aufstellung, weil wir nämlich in Colonel Bobs Armee waren, in der man als einfacher Soldat anfing. Wenn man tat, was einem gesagt wurde, wenn man die Mutproben, ohne zu kneifen oder zu weinen, bestand, wenn man seine Nachtwache durchhielt, ohne einen Erwachsenen zu wek-ken, wenn man den Erwachsenen, ohne zu maulen, Bier brachte, wenn man kochte und putzte, sobald man an der Reihe war, wenn man also im großen und ganzen ein braves Kind war, wurde man schon am nächsten Nachmittag zum Corporal befördert, und dann zum Sergeant und so weiter, aufwärts durch alle Dienstgrade jedes Truppenzweiges der bewaffneten Streitkräfte, einschließlich der Stabsoffiziere ersten, zweiten, dritten und vierten Ranges. Aber es spielte keine Rolle, wie viele Male man an Colonel Bobs Wochen-enden teilnahm oder wie viele Ränge man durchlaufen hatte; in dieser Armee gab es keine Generäle, und der ein-zige Colonel war Bob.

Natürlich war Bob kein echter Colonel. Einmal bekam ich irgendwie mit, daß er Captain war oder Corporal, woran man sieht, wieviel Ahnung ich vom Militär habe, aber was auch immer er im wirklichen Leben sein mochte, es spielte keine Rolle; für uns war er Colonel Bob.

Nach langen Verhandlungen darüber, wer in welchem Kombi mitfahren sollte, nach Umarmungen und Küssen von denjenigen Eltern, die es für angebracht hielten, ihre Kinder zu verabschieden, beluden wir die Wagen für die Fahrt »in den Westen«. Dann krochen wir Kinder eines nach dem anderen unter die Wolldecken, die durch die Pennsylvania-Hitze noch wärmer und kratziger wurden. Das war mit Abstand der unangenehmste Teil des gesamten Wochenendes, aber wenn wir unter den Decken hervorkamen, um einen Blick zu riskieren oder um zu niesen, oder auch nur, um einmal tief die relativ frische Luft im Wagen einzuatmen, wurden wir schon degradiert, bevor es überhaupt richtig losging. Außerdem hatte man uns eingeschärft, daß die Indianer da draußen im Westen keine Kinder mochten, daß sie auf die Idee kommen könnten, einen von uns als Nachmittagssnack zu verputzen, und so blieben wir unter unseren Decken.

»Wir überqueren gerade den Mississippi!« rief Colonel Bob vom Fahrersitz, und einige Zeit später: »Da ist der breite Missouri!« Später dann, wenn wir schon glaubten, wir würden gleich ohnmächtig von der Hitze und der Schaukelei und dem Mangel an Sauerstoff, hielt der Wagen mit quietschenden Bremsen an.

»Aggah, aggah, woah!« sagte eine Stimme.

»Nuuscho, aggah, Noa!« antwortete Colonel Bobs Stimme. Da die meisten von uns schon zum dritten- oder sechsten- oder zwölftenmal unter der Decke steckten, wußten wir, daß wir die Grenze des Indianerlandes erreicht hatten und Colonel Bob den Großen Häuptling bat, uns in die Apachenschlucht zu lassen.

Der Wagen kroch langsam weiter.

»Sieh mal da!« Das war die Stimme von Bob Lilienthal, Colonel Bobs rechter Hand bei jeder Fahrt. »Ich glaube, da treibt ein toter Indianer den Fluß hinunter.«

Wir wanden uns unter unseren Decken, aber kein Kind lugte hinaus. Wir wußten, daß die Wagen bald halten und wir hinausstürmen würden, vielleicht gerade noch rechtzeitig, um einen Blick von dem toten Indianer zu erhaschen. Aber der war jedesmal schon weitergetrieben, wenn wir endlich rausdurften.

Der Fluß, wie wir ihn nannten, war eigentlich mehr ein Bach; unser Lager, das Colonel Bob »Düsterer Sumpf« nannte, war genau das. Einen Sumpf in ein Zeltlager zu verwandeln machte jede Menge Arbeit, aber Colonel Bob wußte, daß das gut für uns war. Und wir schafften es. Die ärgsten Arbeiten wurden an die niederen Dienstgrade verteilt, während die hochrangigen Offiziere – meistens erwachsene Freunde von Bob – auf ihren Feldbetten lagen, Bier tranken und Befehle erteilten.

Wir alle trugen Armbinden – ich weiß, wie das klingt, aber es war nun mal so – mit unserem Rangabzeichen. Als Ranghöherer konnte man jedem mit einem niedrigeren Rang jede Arbeit auftragen, aber entsprechend mußte man eben auch alles tun, was ein Ranghöherer von einem verlangte. Das war zwar kein sonderlich demokratisches System, aber es war effizient, und wir machten aus dem Sumpf in Null Komma nichts einen bewohnbaren Zeltplatz.

Das Lager bestand aus separaten Offiziers- und Truppenquartieren, einer Küche, einem lodernden Feuer und einem Galgen (falls jemand sich so schlimm aufführte, daß er vor ein Kriegsgericht gestellt und anschließend gehängt werden mußte). Sobald das Lager stand, machten wir eine Wanderung. Colonel Bob brachte den Neuen bei, wie man einen Kompaß liest, und vertraute darauf, daß diejenigen unter uns, die sich schon damit auskannten, den Weg finden würden.

Das Abendessen war so vorhersehbar wie bei den Girl Scouts (eine Organisation, die ich mir einen Tag lang ansah, der ich aber nie beigetreten bin): Bohnen, Frankfurter Würstchen, Saft und einen Nachschlag Bohnen für alle.

Wir zogen das Abendessen in die Länge, aufgeregt und ängstlich beim Gedanken daran, was nach Einbruch der Dunkelheit auf uns wartete: die Mutprobe, das wichtigste Entscheidungskriterium für eine Beförderung. In manchen

Jahren mußten wir mit nichts in den Händen losgehen und nur den brennenden Taschenlampen folgen, die an den Bäumen aufgehängt waren; dann wiederum mußten wir unsere eigene Taschenlampe mitnehmen und nach weißen Markierungen in den Bäumen Ausschau halten. In jedem Fall waren wir allein im Wald, im Dunkeln, und das war gruselig.

Wir saßen auf unseren Feldbetten und warteten darauf, zum Lagerfeuer gerufen zu werden, wo uns Colonel Bob genaue Anweisungen gab. Als er meinen Namen aussprach, klang es ernst und ruhig, und ich ging zum Feuer hinüber und setzte mich neben ihn. Er wollte sich vergewissern, daß ich mit meinem Kompaß umgehen konnte; er wollte sich vergewissern, daß ich mich allein im Wald zurechtfinden konnte. Er wollte sich vergewissern, daß ich haargenau das tun würde, was er von mir verlangte. Ich sollte an der Nordseite des Lagers beginnen und nach weißen Markierungen suchen, die in den Bäumen hingen. Ich durfte meine Taschenlampe und mein Schweizer Messer mitnehmen. Ich sollte niemals von einer Markierung weggehen, ohne die nächste schon im Blick zu haben. Falls ich mich nicht an diese Regel hielt und in die Lage käme, daß ich keine Markierung mehr sah, weder vor noch hinter mir, sollte ich mich an Ort und Stelle hinsetzen, keinen Laut von mir geben und abwarten, bis die Mutprobe vorbei war. Nach siebenundzwanzig Markierungen würde ich an einem Baum einen Kompaß hängen sehen. Ich sollte auf dem Kompaß hundertzwanzig Grad ablesen und hundert Schritte in die Richtung gehen. Ob ich noch irgendwelche Fragen hätte? Ob ich Angst hätte? Nun, dazu hatte ich auch allen Grund. Mit dem Wald war weiß Gott nicht zu spaßen, und er würde höchste Konzentration von mir verlangen.

Ich habe diese Augenblicke als einige der besten und ehrlichsten meiner Kindheit in Erinnerung: Da war jemand, der mich so ernst nahm, daß er versuchte, mir wirklich etwas beizubringen, das Adrenalin raste durch meinen Körper, und ich hatte Gelegenheit, jemanden, der mir wichtig war, stolz auf mich zu machen. Und so machte ich mich auf den Weg.

Immer waren irgendwelche Geräusche im Wald zu hören: *Rehe?* fragte ich mich, *Bären?* Oder waren das die Erwachsenen, die sich neben dem Pfad versteckt hatten und aufpaßten, für den Fall, daß einer von uns stürzte oder in Panik geriet oder vom Weg abkam? Schon allein zu hoffen, daß eine solche Absicherung bestand, kam mir wie ein Degradierungsgrund vor. An dem Hang oberhalb von uns waren Lichter zu sehen, und es erklangen Rufe, die sich für unsere Ohren wie Kriegsgeheul anhörten: Indianer vielleicht, die einen Kriegszug planten oder sich überlegten, welches Kind sie zum Mittagessen verspeisen wollten.

Ich zählte die weißen Markierungen ab, wobei ich die nächste, auf die ich zuging, sorgsam im Auge behielt, vergewisserte mich aber auch alle zehn Schritte, daß ich die letzte noch sehen konnte. Nach zwanzig Markierungen kam ich mit dem Zählen durcheinander, doch schließlich sah ich den Kompaß vom Baum hängen. Ich las ihn ab, machte zehn von den hundert vorgeschriebenen Schritten, spürte eine mächtige Bärenpranke auf meiner Schulter und hörte die Stimme von Bob Lilienthal. *Setz dich. Glückwunsch. Du hast bestanden.* Ich saß ganz still da, während eine Taschenlampe nach der anderen durch den Wald auf mich zukam. Als alle durch waren, marschierten wir gemeinsam die anderthalb Kilometer zurück zum Lager.

In manchen Jahren schafften es nicht alle. In manchen Jahren fehlte ein Kind, wenn wir zum Lager zurückkamen, und wir machten uns alle gemeinsam auf die Suche. Ich weiß nicht, ob Colonel Bob dafür sorgte, daß Kinder sich verirrten, nur damit wir sie finden konnten, oder ob sie sich wirklich verirrt hatten, aber es waren immer die älteren, die nicht auftauchten, Kinder, die die Mutprobe eigentlich mit Leichtigkeit hätten bestehen müssen und die vielleicht schon so alt waren, daß es ihnen nichts ausmachte, vor ein Kriegsgericht gestellt zu werden und ein paar Dienstgrade degradiert zu werden, während wir anderen befördert wurden.

Nach der Mutprobe begannen die Nachtwachen: eine Stunde, zu zweit, mit drei Marshmallows und einem Hot dog. Falls ein Indianer ins Lager eindrang, sollten wir einen Erwachsenen wecken, falls ein Bär kam, einen anderen; wenn gleichzeitig ein Indianer und ein Bär kamen, sollten wir Bob Lilienthal wecken. Unter keinen Umständen war es erlaubt, Colonel Bob zu wecken; er schärfte uns ein, daß er seinen Schlaf brauchte. Aber er streifte die halbe Nacht durch den Wald, ließ hundert Meter vom Lager entfernt einzelne Knallfrösche los und machte laute stampfende Geräusche. Wir schmiegten uns eng an unsere jeweiligen Wachkameraden, selbst wenn wir sie nicht leiden konnten, teilten den Hot dog und den dritten Marshmallow mit ihnen und gaben uns redlich Mühe, wach zu bleiben.

Während der Nachtwache einzuschlafen war nach dem Scheitern bei der Mutprobe das Zweitschlimmste, was einem passieren konnte. Man kam zwar nicht vors Kriegsgericht, aber man wurde degradiert. Es bestand immer die Möglichkeit, daß man bei den Degradierungs- oder Beförderungszeremonien aufgefordert wurde, für oder gegen seinen Wachkameraden auszusagen. Ich hatte keine Mühe, die ganze Nacht wach zu bleiben, eine Fähigkeit, die mir in meinem unsicheren Zuhause gute Dienste leistete. Ich meldete mich immer freiwillig für die Totenwache von halb vier bis halb fünf, weil ich wußte, daß mir das beim Colonel Extrapunkte einbrachte, aber auch weil die Knallfrösche und das Füßestampfen um diese Zeit nahezu aufgehört hatten.

Am nächsten Morgen war dann Sonntag, Colonel Bob verwandelte sich in Reverend Bob und hielt rund um das ausgebrannte Lagerfeuer einen Gottesdienst ab. Es war schlicht und schön. Meine private Religion geht größtenteils auf diese Gespräche am Lagerfeuer zurück. Bob sprach davon, was für ein Glück wir doch hatten, daß es den Wald gab, was für ein Glück wir hatten, daß wir zusammen dort sein konnten. Dann forderte er jedes Kind auf, etwas zu nennen, was ihm am Leben in der freien Natur gefiel. Und dann war es Zeit für die Kriegsspiele.

Die Mädchen auf die eine Seite des Waldes, die Jungs auf die andere. Bobs erwachsene Tochter führte das Mädchenteam an, sein Schwiegersohn das Jungenteam, und jedesmal sprachen sie auf der Rückfahrt kein Wort miteinander. Ziel des Spiels war es, das Spielfeld (etliche hundert Meter Wald) zu durchqueren, ohne entdeckt und »aus«-gerufen zu werden, die Jungen »aus«-zurufen, wenn wir sie entdeckten, mehr Mädchen als Jungen über die Ziellinie zu bringen. Die Verlierer mußten an dem Abend, wenn wir wieder zu Hause waren, den Gewinnern ein Eis spendieren.

Nach den Kriegsspielen wurden nur noch einige Beförderungen und Degradierungen ausgesprochen, bevor wir das Lager abbrachen, und zwar so, daß wohl die meisten meiner umweltbewußten Freunde nichts auszusetzen hätten, und uns auf die lange, heiße, ermüdende Fahrt unter den Decken von der Apachenschlucht nach Hause machten.

Die Apachenschlucht hatte, wie ich heute weiß, einen anderen Namen: Es war der Monocacy Park in Bethlehem. Der Park war wilder als ein normaler Stadtpark, weil Bethlehem keine richtige Stadt war, und er nahm den kleinen Canyon ein, den der Monocacy Creek am Rande der Stadt gegraben hatte. Die Entfernung, die wir jeden Sommer unter den Decken während einer, wie es uns vorkam, stundenlangen Autofahrt in der sengenden Hitze zurücklegten, betrug genau elf Kilometer.

Die Wiedereroberung meiner Erinnerungen hält mehr Überraschungen bereit, als ich gedacht hätte, aber eine der schönsten ist, daß ich jene kostbaren Wochenenden haargenau im Gedächtnis behalten habe und daß »der Westen«, in den wir an ihnen aufbrachen, nur der Westrand unserer kleinen Stadt war.

Um von Colonel Bobs Haus zur Apachenschlucht zu gelangen, mußten wir durch den Vorort fahren, in dem wir wohnten, vorbei an dem Supermarkt, wo ich fünf Jahre später beim Klauen einer Kerze erwischt wurde, vorbei an der Exxon-Tankstelle, wo zehn Jahre später eine Klassenkameradin von der High-School bei einer Benzinexplosion ums

Leben kam, vorbei an der Eislaufbahn, wo ich irgendwann lernte, wie man auf Schlittschuhen vorwärts und rückwärts fährt, und schließlich, wie man küßt. Diese Eislaufbahn, die abends beleuchtet und laut war, wurde in unseren Köpfen zu dem Indianerlager.

Im Monocacy Park gab es Fußballplätze, Fahrradwege, einen Fitneßpfad, aber es gab auch ein Gebiet von einigen Hektar, das noch wild und dicht bewachsen war, und irgendwie schaffte Colonel Bob es, daß wir innerhalb dieses Areals blieben, daß wir glaubten, wir befänden uns an einem Ort, der so wild war wie seine Phantasie. Wir konnten glauben, wenn auch nur für die Dauer eines Wochenendes, daß wir wirklich irgendwo im Westen waren.

Wenn ich heute daran zurückdenke, denke ich an die Kraft der Phantasie, an den Weihnachtsmann und die Zahnfee, daran, was der Glaube für ein Kind bedeuten kann, das eigentlich ständig Angst hat. Ich war ein gescheites Kind, viel zu gescheit für mein Alter, und aus heutiger Sicht frage ich mich, in welchem Alter ich wohl endlich die unvermeidlichen Fragen gestellt hätte. Wenn wir jetzt im Westen sind, wieso ist dann noch immer Samstag, wieso haben wir nicht tanken müssen, wieso können wir nicht dieses eine Mal während der Fahrt die Köpfe über der Decke lassen? Aber ich erinnere mich nicht, diese Fragen je gestellt zu haben.

Ich erinnere mich nur daran, daß ich jedesmal Angst hatte, wenn Colonel Bob mit den Indianern sprach, und ich erinnere mich, daß ich mir vorstellte, wie der Mississippi unter der Brücke in der Sommersonne glitzerte. Vermutlich mußte ich an den Westen von Colonel Bobs Phantasie glauben, weil er das Wochenende zu etwas ganz Großem machte – groß genug, um die anderen 363 Tage des Jahres auszufüllen, die ich mehr oder weniger allein und verängstigt verbrachte und an denen ich mir sehnsüchtig die nächste Fahrt in die Apachenschlucht herbeiwünschte.

Colonel Bob lebt nicht mehr, deshalb kann ich ihn nicht fragen, aber ich vermute, daß auch er daran glauben mußte oder daß er wußte, wie sehr wir Kinder diesen Glauben brauchten, so daß wir die ganze Geschichte durchhielten. Als ich etwa neun oder zehn war, wurde in Bethlehem das erste Hochhaus gebaut, ein dreizehnstöckiges Gebäude, errichtet von Bethlehem Steel. In meiner Erinnerung sieht es aus wie ein riesiger I-Träger, aber wahrscheinlich verwechsele ich das mit einem Preis, den ich für hervorragende schulische Leistungen bekam: silberne Buchstützen in I-Form. In der ganzen Stadt gab es keine Stelle, von der aus man das Gebäude nicht sah, nicht mal unten im Canyon, nicht mal unter dem dichten Baldachin der Bäume in der Apachenschlucht.

Als wir in jenem Jahr wieder ins Zeltlager fuhren, sagte Colonel Bob kurz vor der Abfahrt zu uns Kindern: »Ich bin allmählich zu alt, um auch in diesem Jahr die weite Fahrt in den Westen zu machen«, erklärte er. »Deshalb geht es diesmal nur rauf in die Poconos. Da müßt ihr auch nicht unter den Decken bleiben, weil die Fahrt so kurz ist und die Indianer dort freundlicher sind; die verspeisen da keine einfachen Soldaten zum Mittagessen.«

Die Fahrt in die Poconos dauerte fast zwei Stunden, ungefähr fünfmal länger als die Fahrt in die Apachenschlucht, aber Bob hatte gesagt, sie wäre kürzer, und da wir diesmal nicht unter den Decken lagen, glaubten wir ihm das auch. Colonel Bob bewahrte die Apachenschlucht für uns alle auf die einzig mögliche Art und Weise, nämlich indem er nie wieder mit uns dort hinfuhr.

Insgesamt bin ich fünfzehn Jahre lang mit Colonel Bob zum Zelten gefahren und sogar zweimal extra vom College nach Hause gekommen, um als »Erwachsene« mitzumachen, die Bier trinken und delegieren durfte, mit dem höchsten Dienstgrad, den ich je erreichte: Captain.

Im Rückblick kommt es mir seltsam vor, wenn ich diesen Wald vor mir sehe, farnbewachsen und feucht, matschig und grün, im Umkreis von tausend Kilometern nicht ein einziger richtiger Berg, und mich erinnere, daß er jahrelang meine Vorstellung vom Westen war. Vielleicht war ich ja deshalb so überwältigt, als ich dann endlich in den echten Westen kam; vielleicht hatte ich deshalb dieses starke Gefühl, mein Zuhause gefunden zu haben. Auf jeden Fall weiß ich, daß ich sowohl meine Liebe zur unberührten Natur als auch die Tatsache, daß ich schließlich meinen Weg in den Westen fand, einem Mann verdanke, der selbst nie hier war.

Jedesmal, bevor ich die Mutprobe antrat, schüttelte er mir die Hand. Und während meine Taschenlampe in den Bäumen nach Markierungen suchte, konnte ich noch immer seinen kraftvollen Händedruck spüren.

Ein Mann, der aus Liebe vereiste Wimpern erträgt

VON ALLEN ORTEN AUF DIESER WELT, DIE ICH LIEBE, GIBT es keinen, der mir mehr bedeutet als die Canyons im Südosten von Utah. Hier haben sich der Colorado und der Green River ihren Weg durch den Sandstein gegraben, hier haben Wind und Wasser jahrhundertelang die Landschaft geformt, bis sie schließlich aus Tausenden von Quadratkilometern mit Spitzkegeln und Plateaus bestand, aus unzähligen Canyons, aus Felsen in allen Farbschattierungen eines Sonnenbrandes bis hin zu tiefem Braun, aus Formen, die die Phantasie zugleich entzünden und übertreffen.

Die Wüste in Utah war schon immer die Heimat vieler Lebewesen, die das Alleinsein zur Überlebensstrategie gemacht haben: Kojoten, Eidechsen, Skorpione, Taranteln, Goldadler und Wanderfalken. Sie war auch mal ein guter Ort für Menschen, die die Einsamkeit suchten, bis die Mountainbike-Mode und die Öko-Krieger-Revolution einsetzten. Heutzutage sieht die Wüste im Sommer, Herbst und Winter eher aus wie ein Themenpark und nicht wie ein Stück unberührte Natur. Tagtäglich kommen Tausende von Menschen, um mit ihren Jeeps und Geländewagen und Bikes in alle Richtungen zu fahren. Binnen kurzem zerstören sie die zarte Kryptogamen-Oberfläche des Bodens, die reich an Mikroorganismen ist, über Jahrzehnte hinweg entstanden ist und den eingebauten Erosionsschutz der Wüste bildet. In ihren Lagerfeuern verbrennen sie die wenigen abgefallenen Äste, dürre Nußpinien oder Wacholderbüsche, auf die immerhin zehn verschiedene Wüstenlebewesen angewiesen sind, um zu überleben. Sie erfüllen eine

einst atemberaubend stille Landschaft mit Rufen und Kreischen und Radiomusik und dem unaufhörlichen Geräusch
aufheulender Motoren.

Um die Wüste zu erleben, brauche ich Einsamkeit und
Stille. Ich möchte hundert Kilometer weit blicken und nichts
anderes sehen als Sonnenschein, der von Felsen reflektiert
wird. Ich möchte eine solche Ruhe um mich haben, daß ich
das Schlagen der Fledermausflügel hören kann, wenn sie in
der Dämmerung ums Zelt flattern. Ich möchte allein mitten
in einem weißen Fleck auf der Landkarte aufwachen, der
größer ist, als ich ihn mir vorzustellen vermag, mich aus
meinem Schlafsack schälen, auf einen Felsen klettern und
nackt auf der Stelle hüpfen, bis die Sonne mich aufwärmt.
Aber es wird immer schwieriger, diese Einsamkeit zu finden. Wenn ich heutzutage in den Canyons allein sein
möchte, muß ich sie dann aufsuchen, wenn sonst keiner
Lust dazu hat: mitten im allerhärtesten Winter.

Der Morgen in Colorado dämmert klar und kalt herauf,
als mein Freund David und ich an meinem Haus den Wagen
beladen, um über etliche Bergpässe in die Wüste von Utah
zu fahren. Wenn ich »klar« sage, meine ich damit, daß die
Luft so fein und gläsern ist, daß wir die Eiszapfen an den
Espen zählen können, die auf dem drei Kilometer entfern-
ten Berghang stehen. Wenn ich »kalt« sage, meine ich damit
Temperaturen um minus vierzig Grad.

Ich versichere David, daß es in der tiefer gelegenen Wüste
um einiges wärmer sein wird, aber ich hüte mich zu sagen,
wie warm genau. David stammt aus New York, und obwohl
wir genügend Gemeinsamkeiten für einen guten Beginn
unserer Beziehung haben, zählen Abenteuer in der Wildnis
nicht dazu. Kurz bevor wir losfahren, gesteht er mir, daß er
noch nie im Freien auf der Erde geschlafen hat.

Es wird unser erstes gemeinsames Erlebnis in der Natur
sein, und deshalb möchte ich, daß alles perfekt ist. Zu unser
beider Pech ist das Kampieren bei kaltem Wetter per defini-
tionem *nicht* perfekt. Die Temperaturen können tagsüber
schon schlimm genug sein, um die zwanzig Grad unter

Null, wenn ein starker Wind bläst, und die Nächte sind lang ... länger, als sich das jemand, der dergleichen noch nicht erlebt hat, auch nur vorstellen kann. Dann kann die Temperatur beliebig tief sinken – in meiner bislang schlimmsten Nacht waren es zweiundfünfzig Grad minus. In einer solchen Nacht vergräbst du dich in deinem Schlafsack wie ein Murmeltier, liegst wach und spürst, wie das taube Gefühl sich von den Extremitäten weiter vorarbeitet. Du flehst den Tagesanbruch herbei. Auf keinen Fall gehst du raus, um zu pinkeln.

Ich weiß, daß David nicht so recht versteht, warum wir das Ganze überhaupt machen. Ich habe ihm von dem Winterlicht in der Wüste erzählt, von dem atemberaubenden Licht, wenn die langen Sonnenstrahlen von den roten Felsen reflektiert werden und sie mit einer Farbe überziehen, die sie zu keiner anderen Jahreszeit haben. Ich habe ihm von den Eiszapfen erzählt, die hängende Gärten entstehen lassen, und wie zauberhaft die Märchenfelsenformationen aussehen, wenn sie mit frisch gefallenem Schnee überpudert sind. Ich habe ihm erklärt, daß man die Wüste nur allein richtig erleben kann, daß eine Gruppe von achtzehn Pfadfindern mit ihren Autos einen Tag in der Wüste schneller kaputtmachen können als ein Sandsturm, daß das Wesen der Wüste Stille ist, Meditation, Leere und Frieden.

Was ich David jedoch verschweige, ist, daß ich neben all diesen berechtigten Beweggründen auch von einigen fragwürdigen angetrieben werde. Zum Beispiel, daß ich anscheinend das Bedürfnis habe, mich etwa einmal im Monat derartigen Risiken auszusetzen, nur um mal wieder zu spüren, daß mein Blut noch kräftig pulsiert, und daß ich mit meinen Fähigkeiten und meiner Ausrüstung gerne etwas mehr angebe, als ich sollte. Ich verschweige ihm auch, daß ich trotz meiner kernigen Sprüche jedesmal ziemlich große Angst habe, wenn ich mich bei lebensbedrohlichen Bedingungen in die Wildnis wage.

Der Mann, der mich erstmals die Liebe zur Wüste lehrte, war ganz anders als David. Er verbrachte all seine Zeit in extrem wilden Gegenden – in windgepeitschten Wüsten, eiskalten Tundras, auf reißenden Flüssen und entlegenen Gletschern –, ohne sich je nach dem Warum zu fragen. Wie die meisten Naturmenschen sprach er nicht viel, und wenn ich ihn begleiten durfte, wußte ich, daß auch ich am besten den Mund hielt, nur ganz selten mal eine Frage stellte und mich auf keinen Fall über irgendwas beklagte. Unser still-schweigendes Einverständnis setzte voraus, daß nur dann etwas gut sein konnte, wenn es anstrengend und schmerz-voll war. Und so schmorte ich in der Sonne und zitterte in der Kälte, bekam Frostbeulen und rote Haut vom Wind, kam wochenlang ohne Dusche und Toilette aus, ohne fri-sches Obst und Gemüse, sogar ohne sauberes Trinkwasser – verbrachte Monate voller körperlicher Beschwerlichkeiten und in der ständigen Angst vor Unterkühlung, ohne zu wis-sen, wofür eigentlich. Ich bin mir nicht über alle Gründe dafür im klaren, aber mit der Zeit fing ich an, Gefallen daran zu finden, und je länger ich dort draußen blieb, desto weni-ger wollte ich wieder nach Hause.

Es hat etwas mit der Rückkehr zu den elementaren Din-gen zu tun ... mit der Freude daran, einen ganzen Tag nur mit Tätigkeiten zu verbringen, die für das Überleben wich-tig sind: marschieren, ein Feuer machen, einen Unterstand errichten, etwas zu essen zubereiten. Vielleicht haben wir das – fast vergessene – Bedürfnis, in die reine Schönheit der natürlichen Welt einzutauchen, und das länger als nur ein paar Stunden, im Einklang mit ihrem Rhythmus und ohne eine getönte Windschutzscheibe zwischen uns und ihr. Und vielleicht sind diejenigen unter uns, denen es da draußen gefällt, ein bißchen masochistisch veranlagt. Ich zumindest hatte nie richtig das Gefühl, in Urlaub zu sein, wenn es nicht zumindest mit ein bißchen Leiden verbunden war.

Heutzutage sind anscheinend viele von uns da drau-ßen: Frauen, die einmal einem Mann ins Herz der Wildnis gefolgt sind und dann erkannten, daß sie diese Männer nicht brauchten, um die Natur zu verstehen, daß sie sie sehr gut allein verstanden, daß diese starken, schweigsamen

Typen letztlich nicht viel zu sagen haben, außer was und wie oft du etwas falsch gemacht hast. Also trennten wir uns von diesen Männern und kauften uns unsere eigene Outdoor-Ausrüstung, wurden Expertinnen und Führerinnen, anstatt ewig Schülerinnen zu bleiben, fanden zunehmend Gefallen daran, wenn uns die Natur ebenso wild und hart serviert wurde wie jenen Männern. Danach ließen wir uns – zumindest ich – viele Jahre lang auf Männer ein, die in Städten lebten und Bücher lasen, Männer, die ebensowenig mitten im Winter auf der nackten Erde schlafen, wie sie ein Auto klauen würden, und wenn wir in die Wildnis zurückkehrten, dann meistens allein.

Während ich an diesem eisigen Morgen mit David im Auto sitze und unsere völlig unterschiedlichen Erwartungen an das Wochenende fast greifbar im Raume stehen, wird mir mit einigem Entsetzen klar, daß ich auch so ein starker schweigsamer Typ geworden bin. Wahrscheinlich nicht ganz so stark und hoffentlich nicht ganz so schweigsam wie jener Mann in meiner Vergangenheit, nicht ganz so versessen darauf, aus reinem Spaß an der Freude alles so beschwerlich und gefährlich wie möglich zu machen, aber der Gedanke reicht aus, um mich vor dem zu warnen, was aus mir werden könnte. Ich schwöre, daß ich David dazu ermutigen werde, über seine Befürchtungen zu sprechen. Ich nehme mir vor, alles in meiner Macht Stehende zu tun, um den Trip für uns so angenehm und sicher wie möglich zu machen.

Wir machen Station in Moab und kaufen fünfundsiebzig Liter Wasser, etwas Obst, Nüsse, Käse und Schokolade für die Wanderung, vier Dosen Hühnersuppe, eine Packung Instant-Kartoffelpüree und drei Bündel Feuerholz, das mir etwas zu grün aussieht. Im Sommer liebe ich es über alles, viergängige Menüs auf meinem kleinen Gaskocher zu kreieren; Linguini mit Muscheln oder chilenischer Seebarsch mit römischen Tomaten, Frühlingszwiebeln und Kapern, Palmenherzen und Rucula und zum Nachtisch Ananastorte, die ich in der Kasserolle backe. Wenn ich im Winter kampiere, gilt die Regel: das Abendessen muß schnell gehen, heiß und sättigend sein und darf nichts beinhalten, das zu kompliziert ist, um es im Dunkeln zuzubereiten.

Als wir den Squaw-Flat-Campingplatz im Nationalpark Canyonlands erreichen, ist es fast drei Uhr nachmittags. Trotz des nicht gerade verheißungsvollen Namens ist der Flat schön gelegen. Er besteht aus einer Handvoll kleinerer Plätze, die zwischen hellbraunen und roten Felsen angeordnet und sowohl von der Welt als auch voneinander gut abgeschirmt sind. Nach Süden öffnet sich der Blick auf die gestreiften spitzen Zinnen, die Needles heißen, und nach Norden auf das massige Hochplateau namens Island in the Sky.

Der Ranger kommt und bringt uns erst mal die schlechte Nachricht bei: Letzte Nacht gab es hier eine Tiefsttemperatur von vierunddreißig Grad unter Null. Die gute Nachricht lautet, daß wir die einzigen Menschen sind, die »verrückt genug« sind, hier zu kampieren, seit Anfang der Woche eiskalte Luftmassen aus Alaska herangerollt sind. Ursprünglich hatte ich vor, ein paar Stunden zu wandern und dann erst unser Lager aufzuschlagen, aber diese Temperaturen sind noch schlimmer, als ich erwartet hatte, und wenn wir in der Nähe des Wagens schlafen, haben wir zumindest die Möglichkeit, reinzuklettern und die Heizung aufzudrehen, falls die Unterkühlung einsetzt.

Mein Zelt auf dem roten Sandboden vor einem großen hellen Sandsteinfelsen unter dem blauen Himmel Utahs aufzuschlagen zählt wohl zu meinen größten Freuden im Leben. David lehnt am Wagen und sieht mir zu, während ich in der kalten Nachmittagsluft hin und her springe, die grell gestreiften Zeltstangen zusammenstecke, die gelbblaue Zeltplane darüber breite, die Thermomatten aufpumpe und die Schlafsäcke aufschüttele, von Wonne regelrecht überwältigt.

Wir beschließen, den kurzen restlichen Nachmittag für eine Wanderung zu nutzen, den Big Spring Canyon hinauf und durch den Squaw Canyon zurück, fast dreizehn Kilometer in den knapp zwei Stunden, die uns noch bleiben – die Dämmerung mit eingerechnet. Es gibt noch etwas, das David nicht über mich weiß, und zwar, daß ich das Tageslicht am liebsten restlos ausnutze, daß schon öfter ein besorgter Freund um elf oder zwölf Uhr nachts umsonst einen Suchtrupp nach mir losgeschickt hat, weil ich es immer noch geschafft habe, allein zurückzufinden, indem ich mich ganz langsam im Dunkeln den Pfad entlangtastete.

Um diese Jahreszeit ist der Big Spring Canyon einfach zauberhaft; um Rohrkolben und Grasbüschel ist das Wasser zu Nestern gefroren, und alle paar hundert Meter fallen Eisplatten in Kaskaden die Wasserfälle von den Randfelsen herab. Wenn der Pfad zu glatten Felsen aufsteigt, glänzen gefrorene Strudellöcher silbrig auf und besprenkeln die goldene Felsfläche, als wäre sie ein riesiger Schweizer Käse. Das Spätnachmittagslicht taucht die Felsen in Braun, Gold und Ocker. Dann geht die Sonne unter, und die Temperatur sackt sofort um fast zehn Grad.

David schaut ein wenig zu häufig auf seine Uhr und dann zum Himmel hinauf. Wir haben noch den ganzen Rückweg vor uns, und am dämmrigen Himmel sieht man bereits die Venus. Im Squaw Canyon ziehe ich das Tempo ein wenig an, eine doppelt sinnvolle Maßnahme, da die Temperatur rapide weiter sinkt. Als wir den Canyon verlassen, herrscht, wie die meisten Menschen sagen würden, pechschwarze Nacht, aber ich bin Expertin für das Nachdämmerungsleuchten, das in einer so klaren Nacht eine ganze Stunde anhalten kann. Den letzten Kilometer des Weges finde ich, indem ich die Augen auf das Restleuchten am westlichen Horizont gerichtet halte und den etwas glatteren Boden des Pfades unter meinen Füßen eher erfühle als sehe.

Zurück am Zelt ist David gebührend beeindruckt, und das um so mehr, als ich fünfzehn Minuten später in völliger Dunkelheit eine Hühnersuppe in einem Bett aus Kartoffelpüree serviere, die so heiß ist, daß wir einige Minuten warten müssen, bevor wir sie gierig löffeln.

Um eine Nacht bei extremen Minustemperaturen zu überleben, ist es wichtig, solange wie möglich wach und aktiv zu bleiben, also möglichst spät ins Bett zu gehen. Wenn es um halb sechs dunkel wird, kann es schon eine echte Leistung sein, bis neun auf den Beinen zu bleiben. Da Lagerfeuer machen nie meine große Stärke war, betraue ich David mit der Aufgabe, doch das Holz ist grün, und wir haben nur wenig, um es anzuzünden. Das Feuer flackert schwach und droht zu erlöschen, und auch als David es wiederbelebt, indem er sich zehn Minuten lang auf allen vieren förmlich die Lunge aus dem Hals pustet, gibt es noch immer so wenig Hitze ab, daß es sich kaum lohnen würde, daneben sitzen zu bleiben.

»Okay, du Sheena der Wüste«, sagt David, »nun laß mal sehen, ob deine Zauberkräfte hier was erreichen können.« Es ist ein eigenartiges und nicht sonderlich unangenehmes Gefühl für mich, in unserer Beziehung den Macho abzugeben.

»Ich habe mal gehört, man sollte so eine Art Kamin machen«, sage ich und schiebe mit der Stiefelspitze zwei von den größeren Scheiten auseinander. »Ungefähr so.«

Nach fünf weiteren kalten Sekunden flackert das Feuer zu einer lodernden Flamme auf, was niemanden mehr überrascht als mich selbst.

»Du machst mich fertig«, sagt David, während er sich die Hände am Feuer wärmt, und ich denke: *Hoffentlich lacht er auch noch morgen früh um fünf.*

Der Blick, den er mir zuwirft, als ich ihm sage, daß ihm wärmer sein wird, wenn er alle seine Sachen auszieht, bevor er in den Schlafsack kriecht, wird mir unvergeßlich bleiben. Wir stehen bibbernd vor dem Zelt, die Temperatur liegt so zirka bei minus achtzehn Grad, unser heutiger Vorrat an Feuerholz ist zu Asche verkohlt, und wir können nirgendwohin außer ins Zelt. Was ich ihm gesagt habe, stimmt. Schlafsäcke auf nackter Haut erzeugen Wärme und halten sie; wer dagegen seine verschwitzten Sachen anbehält, fängt innerhalb von einer Stunde an zu frieren. Ich habe zwei Schlafsäcke der Marke Marmot mitgenommen, die allerbesten, wenn man bei eisigem Wetter kampiert, und sie mit Pelz ausgefüttert, was uns, so hoffe ich, weitere acht bis zehn Grad bringen wird.

»Bis jetzt habe ich immer recht behalten«, sage ich, was gleichfalls stimmt, es sei denn, man würde sich die Frage stellen, wieso irgendwer fast fünfzehn Stunden in der Dunkelheit verbringen will, und das bei Temperaturen, die, wenn wir Glück haben, die Minus-30-Grad-Marke nicht unterschreiten werden. Irgendwo im Canyon heult ein Kojote, und eine große graue Eule ruft aus den Bäumen an der Mündung des Big Spring, als würde sie ihm antworten.

»Guck dir die Sterne an«, sage ich, da das Licht des Lagerfeuers nun erloschen ist. Wollte man dieser Masse von Sternen eine Zahl zuordnen, wären »Hunderttausende« eine glatte Untertreibung.

»Wir sind vermutlich die einzigen Menschen«, sage ich, »im Umkreis von fünf- bis sechstausend Quadratkilometern.« Noch während ich das sage, weiß ich, daß diese Information vielleicht nur für mich ihren Reiz hat.

»Also gar keine Kleidung«, sagt David, und es ist so dunkel, daß ich nicht erkennen kann, ob seine Miene ein Lächeln oder eine Grimasse ist. Wir ziehen uns rasch aus und schlüpfen ins Zelt.

Als David tief und fest schläft, setzt die Angst ein, die ich bis dahin in Schach gehalten habe und die überwiegend völlig unberechtigt ist. Schließlich kampieren wir direkt neben meinem Wagen, der aller Wahrscheinlichkeit nach trotz der Kälte anspringen wird, falls wir mit Unterkühlung aufwachen und ernste Schwierigkeiten bekommen. Natürlich besteht die Möglichkeit, daß wir nicht aufwachen, daß die Dementia zusammen mit der Unterkühlung einsetzt und wir nicht mehr an den Wagen denken oder daß wir zu lange warten und unsere Körpertemperatur so weit absinkt, daß das Verlangen nach Schlaf (dem letzten ewigen Schlaf) zu groß wird, als daß wir noch dagegen ankämpfen könnten. Dann muß ich kurz an Kojoten denken, die vor Hunger

wahnsinnig geworden sind, und an Verrückte, die aus irgendwelchen Irrenanstalten entflohen sind, doch angesichts unseres wesentlich gegenwärtigeren Gegners bleibt ihnen die
Ehre versagt, daß ich mir ihretwegen ernsthaft Sorgen mache.
Auch daß David mich für verrückt erklären wird, wenn er
aufwacht und merkt, daß er von den Knien abwärts kein
Gefühl mehr in den Beinen hat, und von mir verlangen wird,
daß ich ihn zum nächsten Flughafen fahre, beschäftigt mich
nicht lange. Liebe mich, sage ich immer, liebe meine perverse
Vorstellung von einem richtig schönen Wochenende.

Als ich einmal wach werde, sehe ich, daß alles mit Reif
überzogen ist: die Zeltwand, die Schlafsäcke, Davids Wimpern. Er schläft noch, deshalb öffne ich ganz behutsam den
Reißverschluß des Fensters, um nach dem Großen Bären
Ausschau zu halten, an dessen Position ich die ungefähre
Uhrzeit ablesen kann. Zirka halb fünf, schätze ich, als ich
ihn sehe, und bin angenehm überrascht, weil ich so spät
zum erstenmal aufgewacht bin.

Noch drei Stunden bis Tagesanbruch. Vier Stunden, bis
wir irgendwelche Wärme spüren können. Meine Finger und
Zehen haben sich auch schon besser angefühlt, und ich habe
Kopfschmerzen, wie man welche bekommt, wenn man zu
schnell zuviel Eiscreme ißt, doch ansonsten tun meine aus-
gefütterten Schlafsäcke gute Dienste. Als ich das nächstemal
wach werde, ist Licht am Himmel zu sehen, und David
betrachtet mich, breit lächelnd. Sein Gesicht lugt oben aus
dem Schlafsack.

»War gar nicht schlimm«, sagt er, macht seinen Schlafsack
auf und fängt an, sich mehrere Kleidungsschichten übereinander anzuziehen. »Ich hab geschlafen wie ein Baby.«

Er ist, so fällt mir wieder ein, der weltbeste Verwand-
lungskünstler. Am liebsten würde ich ihm sagen, daß er
noch dreißig Minuten bis Sonnenaufgang warten soll, bevor
er sich aus dem Zelt wagt, doch ich bin so glücklich, daß er
glücklich ist, daß ich sein Glück nicht stören möchte. Wir
frieren über unseren Kaffeebechern, bis die Sonne aufgeht
und die Temperatur so schnell in die Höhe schießt, daß

wir zusehen können, wie die Quecksilbersäule in unserem Taschenthermometer steigt, um neun, dann zwölf, dann siebzehn Grad.

Die Wanderung, die wir uns für heute vorgenommen haben, ist Weltklasse: den Big Spring Canyon hinunter, dann hinüber zum Druid Arch, über den Joint Trail zum Chesler Park – meine Lieblingshochwiese im gesamten Nationalpark – und dann zurück über glattes Felsgestein zum Campingplatz. Sogar im Sommer ist das ein langer Tagesmarsch, siebenundzwanzig Kilometer mit viel Kletterei zwischendurch, also brechen wir früh auf und legen ein flottes Tempo vor. Nach rund acht Kilometern bekommen wir Probleme, weil der Pfad über einen steilen Sandsteingrat hinwegführt. Überall, wo Hände und Füße Halt finden könnten, hat sich Eis gebildet, und obwohl wir es einige Male redlich versuchen, landen wir beide immer wieder hart auf dem Hosenboden am Fuße des Felsens. Wir versuchen, diesen Abschnitt des Pfades zu umgehen, aber wie immer im Nationalpark gibt es gute Gründe für den Verlauf eines Weges; er ist die einzige Möglichkeit, von Punkt A nach B zu gelangen.

Ich bin enttäuscht, daß wir Druid Arch verpassen, meinen Lieblingsfelsenbogen in ganz Südutah, aber wenn wir umkehren und keine Rast einlegen, können wir Chesler Park noch vor Einbruch der Dunkelheit schaffen. Wie wir im Dunkeln zurück zu unserem Campingplatz kommen sollen, ist, so beschließe ich, ein Problem, mit dem wir uns dann befassen werden, wenn es soweit ist.

Im Verlauf der nächsten paar Stunden werde ich ein bißchen zielfixiert (noch etwas, das David nicht von mir weiß), und ich führe uns fast im Laufschritt durch eine der atemberaubendsten Gegenden der Welt, große, rote Felsen hinauf und hinunter, an Canyonwänden vorbei, die von Weiß bis Rostfarben jede Schattierung zeigen. Mitunter zwängen wir uns durch Canyons, die so eng sind, daß wir nur seitlich hindurchpassen. Als die Sonne sinkt, bin ich mittlerweile in einen leichten Trab verfallen, stürme einen

Geröllhang hinauf, springe über Felsbrocken und bleibe immer gerade so weit vor David, daß er nicht fragen kann: »Wie weit ist es eigentlich zurück bis zum Zelt?«

Ich habe einen Plan, der einen raschen Schluck Wasser und einen zehnsekündigen Blick auf den Chesler Park bei Sonnenuntergang beinhaltet, dann einen schnellen Gewaltmarsch, fünf Kilometer weit auf einem Pfad, den ich noch nie gegangen bin und der uns zum Ende einer für Jeeps befahrbaren Straße bringen wird, sechs Kilometer von unserem Camp entfernt. Die Strecke ist länger als die über den Pfad, den ich ursprünglich nehmen wollte, aber sechs Kilometer auf einer Jeepstraße in völliger Finsternis sind immer noch besser zu bewältigen als drei Kilometer unter diesen Bedingungen über vereiste Felskämme, die uns den ganzen Tag über gezwungen haben, immer wieder unsere Hände zu Hilfe zu nehmen.

Das Nachdämmerungsleuchten schenkt uns drei von den fünf Kilometern auf dem Wanderpfad. David sieht kaum noch genug, um mit mir Schritt zu halten, aber ich lasse nicht zu, daß er seine Lampe herausholt, weil unsere Nachtsicht dann schlagartig gleich Null wäre. Die Pfadmarkierungen, kleine Steinhaufen am Wegesrand, scheinen bei Tageslicht ziemlich dicht beieinander zu liegen, doch ich weiß aus Erfahrung, daß sie mit Einbruch der Nacht zu weit weg sind, um vom Lichtkegel einer kleinen Lampe erfaßt zu werden.

Mittlerweile erkenne ich den Pfad nur noch mit einem Zehntel Sicht und neun Zehnteln Intuition. Ich weiß genau, wenn ich auch nur eine Sekunde innehalte, werde ich meinen Rhythmus verlieren und einsehen müssen, daß es nicht den geringsten Grund dafür gibt, wieso ich mich mit relativer Unbefangenheit durch die Dunkelheit bewege. Sobald wir zugeben, daß es nun wirklich restlos finster ist, werden wir bei jedem Steinhaufen anhalten müssen, und einer von uns muß vorausgehen und den nächsten suchen. Bei dem Tempo schaffen wir höchstens anderthalb Kilometer pro Stunde, und je langsamer wir gehen, desto schwieriger wird es, den Körper warm zu halten. Außerdem besteht noch

immer die Möglichkeit, daß wir irgendwann vor einem ver-
eisten Felsgrat oder vor einer unüberwindlichen Wand stehen und nicht mehr weiterkönnen. Was wir dann machen
sollen, ist mir nicht ganz klar.

Schließlich bleibt uns nichts anderes übrig, und wir schal-
ten die Lampen ein. Meine Schätzung, daß wir noch einen
Kilometer auf dem Pfad vor uns haben, erweist sich als zu
pessimistisch. Nach nur wenigen Steinhaufen entdecke ich
das reflektierende Schild, das auf das Ende der Straße hin-
weist. Nach dem schmalen Pfad leuchtet die Jeepstraße so
hell im Sternenlicht, daß wir sie so entspannt entlanggehen,
als hätten wir hellichten Tag. Bei unserer Ankunft im Camp
sind wir ausgehungert und erschöpft, und ich fange sofort
an, ein weiteres Instant-Kartoffelpüree-Abendessen zuzubereiten.

»Du warst wirklich beeindruckend«, sagt David. »Da
draußen bewegst du dich wie ein Luchs.«

»Genau darum komme ich her«, sage ich. »Für diese
dreißig oder vierzig Minuten, in denen ich mich fühle
wie ein Luchs.« Aber diesmal bin ich vielleicht auch noch
aus einem anderen Grund hier. Vielleicht bin ich hier, um
zu erleben, wie David einen großen Liebestest bravourös
besteht, und um zu begreifen, daß ich selbst vielleicht einen
kleineren bestanden habe, indem ich uns alles so angenehm
wie möglich gemacht habe. Vielleicht bin ich hier, um einzu-
sehen, daß es nichts Romantischeres gibt als einen Mann,
der aus Liebe zu dir vereiste Wimpern erträgt und mit
einem Lächeln auf dem Gesicht erwacht.

Wir essen wortlos, zufrieden, während Orion am Himmel
höher und höher steigt. Heute nacht werden wir so fest
schlafen, daß wir unsere eiskalten Extremitäten gar nicht
spüren, und wir werden beide erst dann aufwachen, wenn
die Sonne das Zelt erwärmt hat. Die Temperatur ist auf fast
zwanzig Grad unter Null gefallen. Der Kojote heult wieder
im Canyon, aber diesmal antwortet die Eule nicht. Es versteht sich fast von selbst, daß wir noch immer die einzigen
Menschen auf dem Campingplatz sind.

Ein langer
Blick
in den Spiegel

Jenseits von Dick und Dünn

ICH HABE GEHÖRT, DASS MAN NUR DANN RICHTIG ABGE-
nommen hat, wenn man tatsächlich weniger Gewicht auf
die Waage bringt als das, das im Führerschein steht, dem
Dokument, bei dem selbst pathologisch ehrliche Menschen
nichts dabei finden, ein wenig zu mogeln. Als Schriftstellerin fühle ich mich der Wahrheit verpflichtet, und dennoch
gebe ich an dieser Stelle zu, daß ich noch nie jemandem
mein wahres Gewicht verraten habe – nicht meiner besten
Freundin, nicht meiner Mutter und selbst dann nicht, wenn
mein Leben davon abhing wie bei dem Fesselballonfahrer
oder dem Mann, der die Bindung an meinen Skiern einstellt.
Ich bin eine einigermaßen gutaussehende, grobknochige,
muskulöse Frau, und solange ich mich erinnern kann, habe
ich mit meinem Gewicht gekämpft. Ich bin eine von den
zahllosen amerikanischen Frauen, deren Gewicht so regelmäßig und so oft um fünfzehn Pfund schwankt, wie der
Mond seine Phasen durchläuft. Ich setze mir nahezu unmögliche Gewichtsreduzierungsziele und fühle mich todun-
glücklich, wenn ich sie nicht erreiche, und euphorisch,
wenn es mir hin und wieder mal gelingt. Aber Wahrheit und
Lügen, Unglück und Euphorie, das klingt wie der Stoff,
aus dem Karrieren und Beziehungen gemacht sind. Wieso
verschwenden wir so viel Energie darauf, uns Gedanken
um unser Gewicht zu machen?

Es gab eine Zeit in meinem Leben – eigentlich die längste Zeit meines Lebens –, in der ich diesen Essay nicht
hätte schreiben können, eine Zeit, in der ich, hätte jemand
auch nur angedeutet, daß ich die Richtige wäre, um über

Gewichtskontrolle zu schreiben, mit stummer Wut und Selbstverachtung reagiert hätte.

Ich hatte mir vorgenommen, diesen Essay großspurig und selbstbewußt am unteren Grenzwert meines 15-Pfund-Zyklusses zu schreiben. Jetzt, da ich damit anfange, bin ich völlig verunsichert und bedrohlich nahe an der Obergrenze. Und ich komme nicht weiter, wenn ich nicht endlich das sage, was gesagt werden muß: Am unteren Rand meines Zyklusses wiege ich fünfundsechzig Kilo und bin einigermaßen zufrieden (auch wenn ich bereits von den nächsten fünf Pfund träume); am oberen Rand wiege ich gut zweiundsiebzig, bin schlechtgelaunt, niedergeschlagen und reagiere auf alles überempfindlich. Wer ein wenig Ahnung von der Psychologie des Abnehmens hat, kann auch die folgende Tatsache nachvollziehen: Den letzten Satz zu schreiben war das Schwierigste, was ich in diesem Jahr überhaupt getan habe.

Die meisten amerikanischen Frauen sind wie ich von dem Wunsch besessen, schlank zu sein, und die meisten dieser Frauen werden, ebenfalls wie ich, eines nie sein, nämlich schlank. Wir finanzieren in unserem Land eine Diätbranche mit einem Umsatz von dreißig Milliarden Dollar, und entmutigende achtundneunzig Prozent von uns setzen sämtliche Pfunde wieder an, die wir durch eine Diät abgenommen haben. Es ist statistisch bewiesen, daß Hungerkuren nichts nützen (als ob wir das nicht wüßten), und zumindest eine renommierte Expertin für Ernährungsstörungen bestreitet die weit verbreitete Annahme, daß Übergewicht zu gesundheitlichen Problemen führt. »Es ist wissenschaftlich nicht erwiesen, daß Übergewicht Krankheiten auslöst«, sagt Dr. Susan Wooley von der University of Cincinnati. »Dagegen könnte die Anfälligkeit für bestimmte Krankheiten durchaus die Ursache für Übergewicht sein.«

Warum also sind wir nicht in der Lage, unseren Körper so zu akzeptieren, wie er ist, und uns an ihm zu freuen? Warum sind Schlanksein und Dicksein im Beruf, in den Medien und in unserem gesellschaftlichen Leben gleichbedeutend mit Gut und Böse? Warum geht man automatisch davon aus, daß eine schlanke Frau glücklicher und selbstsicherer ist und daß sie ihr Leben besser im Griff hat? (Es ist ein langer fettphobischer Weg von der Venus von Milo zu Kristen Scott Thomas.) Falls es ein ideales Körpergewicht gibt, warum werden dann die Menschen auf der einen Seite dieser Marke so viel schlechter behandelt als die Menschen auf der anderen? Warum wird eigentlich nie jemand diskriminiert, weil er zu dünn ist?

Neulich traf ich mich zum Lunch mit einer Freundin, auch eine Veteranin im Krieg mit den Gewichtsschwankungen um fünfzehn Pfund. Sie war gerade an der unteren Grenze ihres Zyklusses und auf dem besten Wege zu einem nie zuvor erreichten Niedriggewicht. Seit der High-School hatte sie nicht mehr so wenig gewogen wie an dem Tag, als wir zusammen zu Mittag aßen. »Ich möchte wirklich von keinem mehr hören, wie toll ich bin«, sagte sie mit zusammengebissenen Zähnen. »Ich war genauso toll wie jetzt, als ich noch siebenundsiebzig Kilo gewogen habe; und auch mit knapp über sechzig Kilo werde ich nicht toller sein. Ich weiß nicht genau, wie ich es geschafft habe, so viel abzuspecken«, sagte sie, »aber es hat bestimmt nichts damit zu tun, daß ich toll bin.«

Eine andere Freundin hat in letzter Zeit rund sechzehn Kilo zugenommen. »Dauernd werde ich gefragt, ob es mir nicht gutgeht«, erzählte sie mir, »als wären die zusätzlichen Kilo sozusagen die Manifestation einer heimlichen Tragödie in meinem Leben. Im Gegenteil, es geht mir im Moment so gut, daß ich beschlossen habe, mir weniger Gedanken um mein Gewicht zu machen, es einfach nicht mehr so wichtig zu nehmen.«

Ich lauschte meiner Freundin und versuchte, mir vorzustellen, wie es wohl wäre, wenn ich mir weniger Gedanken um mein Gewicht machen würde, wie es wohl wäre, wenn ich mir mal ein Kleidungsstück einfach nur deshalb kaufen würde, weil es mir gefällt, ohne darauf zu achten, ob ich damit nun schlanker aussehe oder nicht, wie es wohl wäre, ins Skigeschäft zu gehen und dem Mann, der die Bindungen einstellt, die Wahrheit zu sagen. Ist eine meiner beiden Freundinnen klüger als die andere, oder toller?

Für meine Eltern, so schien es mir zumindest, war Aussehen gleich Gewicht. Als meine Mutter und ich weit voneinander entfernt wohnten, war ihre erste Frage immer: »Wieviel wiegst du?« Erst danach erkundigte sie sich, wie es mir ging. Als nächstes fragte sie: »Wie geht es deinem Gesicht?« und: »Was macht dein Haar?«, doch die Bedeutung dieser beiden Fragen nahm exponentiell ab. Meine Mutter akzeptierte zwar fast jede Laune meiner Phantasie oder meines Intellektes, doch was sie über die Maßen fürchtete war ein übergewichtiges Kind. Über dickliche Kinder ihrer Bekannten sprachen meine Eltern im Flüsterton, nicht nur so, als ob sie eine tödliche Krankheit hätten, sondern als wollten sie ihre Eltern damit strafen, als hätten sie sie absichtlich beschämt.

Wenn ich abnahm, wurde ich mit schönen Sachen zum Anziehen und mit Make-up belohnt, und wenn ich zunahm, wurde ich während der Mahlzeiten in mein Zimmer verbannt. Ich habe noch nie von einem anderen Kind gehört, das zu Ostern Badezusätze und Gesichtsreiniger bekam statt Süßigkeiten.

Einmal gründeten meine Freundinnen in der vierten Klasse einen Club. Mit typisch kindlicher Grausamkeit schlossen sie mich aus. Sie schickten mir Zettel, auf denen stand: »Dicke verboten« oder »Fett ist da, wo es hingehört, also bleib, wo du bist«. Obwohl ich nur sehr wenige Erinnerungen an meine Kindheit habe, sehe ich noch immer die krakelige Handschrift auf diesen Zettelchen vor mir; noch immer sehe ich das Gesicht meiner Mutter, entsetzt, wütend, die Augen vor Sorge weit aufgerissen.

Wenn ich mir Kinder- und Teenagerfotos von mir anschaue, sehe ich ein Mädchen in ärmellosen Tops und abgeschnittenen Jeans, das nicht gerade mager ist, aber doch ganz so aussieht wie die meisten Dreizehnjährigen. Erst durch Alter und Abstand konnte ich erkennen, daß ich in Wahrheit gar nicht dicker war als die kleinen Mädchen, die die Zettel schrieben, doch sie sahen damals schon die Schwachstelle in meiner Selbstwahrnehmung. In meinen Augen war ich unförmig, ein Hausboot auf zwei Beinen, ein fetter Teigklumpen. Ich hielt mich nicht nur für dick, sondern ich glaubte auch, daß dieses Dicksein die äußere Manifestation von etwas Schrecklichem in meinem Innern war. Wenn mich jemand mochte, der nicht dick war, kam mir das wie ein Wunder vor. Ich war, und in gewisser Weise bin ich es noch heute, von all den schlanken Menschen dieser Welt eingeschüchtert – vor allem von den Cheerleaderinnen und Schönheitsköniginnen auf dem High-School-Ball –, die für mich die Verkörperung des Guten waren.

Von dem verzweifelten Wunsch beseelt, meinen Eltern zu gefallen, und voller Angst davor, als dick bezeichnet zu werden, legte ich mir die Strategie zu, die ich noch heute, dreißig Jahre später, verfolge: die Aufteilung in mein 65-Kilo-Ich, das gesund und stark und in sorgsam ausgewählter Kleidung sehr attraktiv war, und das 72-Kilo-Ich, jemand, der ja ganz hübsch wäre, wenn ... Meine Mutter war der festen Überzeugung, daß ich, wenn ich nur schlanker wäre, mehr und bessere Freunde hätte, daß ich an einem renommierteren College angenommen worden wäre und, in jüngerer Zeit, daß ich mit meiner Kurzgeschichtensammlung höhere Auflagenzahlen erreicht hätte.

Und der vielleicht traurigste Aspekt der ganzen Geschichte ist der, daß meine Mutter damit zumindest teilweise richtiglag. Ich könnte eine lange Liste von Verhaltensweisen aufstellen, von objektiv nachweisbaren Unterschieden in der Art, wie die Leute auf mich reagieren, wenn ich fünfundsechzig Kilo wiege, und wie sie reagieren, wenn ich bei zweiundsiebzig angelangt bin. Ich könnte bei den Männern anfangen, aber es sind nicht nur sie; manchmal zeigen Frauen die grausamsten Reaktionen, Frauen, die ebensoviel Angst wie ich davor haben, dick zu sein.

»Die Leute vergessen nie, wie du ausgesehen hast, als sie dich zum erstenmal sahen«, hat meine Mutter immer gesagt. »Und wenn du dann dick warst, wirst du für sie immer dick bleiben.« An manchen Tagen bin ich mir ziemlich sicher, daß ich nicht dick bin; an anderen Tagen – und die sind zahlreicher – bin ich mir sicher, es zu sein. Ich habe die größte Angst meiner Mutter so sehr internalisiert, daß ich noch heute beim Blick in den Spiegel nicht wahrnehmen kann, wie ich aussehe. Nie werde ich realistisch einschätzen können, ob ich dick bin oder nicht.

Ich weiß, daß sich da draußen zahllose, unterschiedlich kompetente Experten tummeln, die mir helfen könnten, meine Beziehung zum Essen und zur Gewichtskontrolle neu zu strukturieren, aber im Augenblick, bei hartnäckigen siebzig Kilo, schätze ich die Lage folgendermaßen ein: Ich werde niemals einen Bissen in den Mund stecken können, ohne mich schuldig zu fühlen; ich werde niemals in den Spiegel schauen können und ein gutes Körpergefühl dabei haben; und ich werde nie, niemals ein Gewicht haben, das ich selbst als ideal empfinde, ganz gleich, wieviel ich irgendwann noch abnehme.

»Ich kann alles, was ich will«, verkündet die Werbung für Jenny-Craig-Schlankheitszentren, »nur nicht mein Übergewicht abbauen«, und das ist doch unbegreiflich, oder etwa nicht? In nur einem Jahr meines Lebens habe ich es geschafft, eine Sammlung von Kurzgeschichten zu veröffentlichen, sieben der schwierigsten Wildwasserflüsse der USA zu befahren, in Afrika eine Fotosafari anzuführen und einer Gruppe von achtzehnjährigen Mormonenstudenten die Liebe zur Lyrik zu vermitteln. Fünfzehn Pfund abzunehmen kann doch beim besten Willen nicht schwieriger sein.

Die einzige schlechte Rezension zu meinen Kurzgeschichten stammte von einem Mann, der sich für einen Cowboy hält, obwohl er in Wahrheit im mittleren Westen Schulbücher verkauft. (Ich weiß das, weil er mir, nachdem er mein Buch verrissen hatte, einen Brief mit einem Foto von sich in Cowboykluft und der Bitte um ein Rendezvous schickte.) Die Rezension war schlecht, die Überschrift noch schlechter, doch die einzige Zeile, die mir in Erinnerung geblieben ist, lautete: *Kann eine übergewichtige, sexbesessene Frau aus dem Osten im Westen ihr Glück finden?* Und daß diese Zeile bei mir hängengeblieben ist, lag nicht an dem Adjektiv »sexbesessen«.

Alte Verunsicherungen sind langlebig. Wenn mich heute jemand als dumm bezeichnen würde, würde ich ihm ins Gesicht lachen; wenn mich jemand als schlechte Schriftstellerin bezeichnet, debattiere ich den ganzen Tag lang mit ihm über Kunst; aber wenn mich jemand als dick bezeichnet, renne ich schluchzend ins Badezimmer und trage die nächsten sechs Tage nur noch Wallekleider.

Ich habe einmal einen Winter in Ohio verbracht und hatte das Glück, von einer wundervollen Familie üppiger Frauen umsorgt zu werden. Diese Frauen wußten um meine Einsamkeit, konnten meine Abwehrmechanismen außer Kraft setzen und mir das Gefühl geben, willkommen zu sein, wenn ich sie einmal pro Woche besuchte. Bei diesen Besuchen kam es unter anderem auch vor, daß wir gemeinsam nackt ein warmes Bad nahmen und den Mond anheulten. Wenn ich mit dreien von ihnen in der Wanne saß, kam ich mir richtig winzig und einen Moment lang schlank vor, aber schon bald merkte ich, daß ich mich auch unsichtbar fühlte, unbedeutend und wie jemand, der sich wegen Nichtigkeiten Komplexe einredete. Ich kann Ihnen sagen, daß diese Frauen schön waren (das waren sie wirklich, ob Sie es glauben oder nicht) – ihre vom Mondlicht beschienenen fülligen weißen Körper, silbriger Schaum überall um sie herum –, aber sie waren nicht nur schön, vor allem waren sie gut.

Ist es besser, dünn zu sein als dick? Ist es besser, dünn zu sein als gut? Hat Dicksein etwas mit Ethik zu tun, und wenn ja, auf welche Seite gehört dann die Selbstakzeptanz? Werde ich je damit aufhören können, mich danach zu beurteilen, ob ich gerade Größe vierzig oder vierundvierzig trage? Oder werde ich in den nächsten paar Wochen eine radikale

Hungerkur machen, damit ich fünfzehn Pfund abgenommen habe, bis jemand diesen Essay liest? Leider wird wohl eher letzteres der Fall sein. Trotzdem glaube ich, daß das Ziel letztlich der längere, schwierigere Weg dahin sein sollte, gut zu sein und die damit einhergehende Akzeptanz zu erreichen. Ich werde nie so aussehen wie Kristen Scott Thomas (obwohl ich es mir weiß Gott wünschen würde), und deshalb wird die Venus von Milo wohl immer das realistischere Rollenmodell für mich sein.

Alles, was ich nicht gut kann

EINE JOURNALISTIN NAMENS KAREN RIEF MICH AN UND bat um ein Interview. »In Ihrem Element«, sagte sie. »Entscheiden Sie, wann und wo.« Mein Element, das war in jener Woche der San Juan River im Süden Utahs, wo ich einen Anfängerkurs im Wildwasser-Rafting gab. Ich lud sie ein mitzukommen.

Als wir nach Überwindung der relativ harmlosen Stromschnellen der Klasse 2 zwischen den mineralisch verfärbten Canyonwänden den grauen, schlammigen Fluß hinuntertrieben, holte Karen ihre Kamera heraus, einen Notizblock und einen Stift.

Wir sprachen über mein Leben. Wie ich dieses gewaltige Land zwischen Salt Lake City und dem Grand Canyon zu meinem Garten, meinem Tempel gemacht hatte; darüber, daß ich jedes Jahr wenigstens die Hälfte der Zeit draußen verbringe.

»Und wieso sind Sie so sportlich?« fragte Karen.

Ich mußte laut lachen. »Bin ich gar nicht«, sagte ich. »Das ist alles nur Theater.«

Und es stimmt. Für alle meine sportlichen Unternehmungen – Wildwasser-Rafting, Wandern, Felsklettern, Skilaufen, Tauchen, Tennis, Kajakfahren, Reiten, Softball, Segeln usw. – habe ich keinen Hauch von natürlicher Begabung. Gott hat mir Intelligenz gegeben, Sprachbegabung, ein Gesicht, das die meisten Menschen sympathisch finden, und die starken Beine meiner Mutter. Eleganz, gute Koordination, Rhythmus und all die anderen Dinge, die eine Sportlerin zur Sportlerin machen, wurden nicht mitgeliefert.

»Eines muß man Pam lassen«, sagten meine sportlichen Freunde und Liebhaber immer über mich, »sie traut sich fast alles.« Und auch das stimmt. Jahr für Jahr, Saison für Saison steuere ich Schlauchboote über die gefährlichsten Wildwasserflüsse des Landes, laufe Ski zwischen den Bäumen neben den als extrem schwierig markierten Pisten hindurch, bringe ein Pferd, das viel zu stark für mich ist, dazu, über eine Reihe von Hindernissen zu springen, die viel zu hoch für mich sind, und bei keiner dieser Aktivitäten sehe ich sonderlich elegant aus. Bei allem, was ich nicht gut kann, bin ich gnadenlos und lasse mich von fast nichts aufhalten.

Ob mir das Spaß macht? Meistens, hauptsächlich in der Zeit zwischen den jeweiligen Unternehmungen, glaube ich das. Aber in der Hitze des Gefechts verhandele ich ständig mit der Gottheit, die für sportliche Aktivitäten zuständig ist. »Bitte, Gott, laß jetzt keine Lawine runterkommen; bitte, Gott, laß mich nicht abrutschen; und bitte, Gott, mach, daß der Ball nicht zu mir ins rechte Feld geschlagen wird. Wenn du mich nur noch dieses eine Mal heil von der Felskante hier runterbringst, schwöre ich, daß ich nie wieder ...« Ich weiß, daß ich nicht total ungeschickt bin. Bei den Sachen, die ich schon gemacht habe, wäre ich sonst längst tot.

Für meinen Vater sind Schönheit und Sportlichkeit ein und dasselbe. Als er mich als Kind betrachtete und feststellte, daß ich weder das eine noch das andere besaß, wandte er seine Aufmerksamkeit anderen Dingen zu: seinem Beruf, dem Baseball, Chris Evert im Fernsehen. Schönheit, so wurde mir beigebracht, konnte man nicht im Stilleben erreichen; die einzig wahre Schönheit war Schönheit in Bewegung. Die Eiskunstläuferin Peggy Fleming, die ihren anmutigen Körper zur Spitze ihres Schlittschuhs herabbeugte; die federleichte Olga Korbut, die beim Bodenturnen Flickflacks machte; eine Cheerleaderin der Dallas Cowboys, die ihre Beine hoch über den federgeschmückten Kopf warf; und Chris Evert – vor allem Chris Evert –, die rannte, sich reckte, in ihren Aufschlag hineinsprang.

Mehr als alles andere in der Welt wünschte sich mein

Vater, daß ich eine gute Tennisspielerin würde. Er war von Natur aus ein guter Sportler, und er versuchte, mich zu trainieren. »Beweg die Beine!« höre ich ihn noch immer von der anderen Netzseite rufen. »Du mußt durchschwingen!« Es war das einzige, was er mir je beibringen wollte, das einzige, was wir wirklich gemeinsam hätten genießen können. Wie bei allem anderen war ich auch beim Tennis nur Mittelmaß. Ich erstolperte und erschwitzte mir meinen ersten und einzigen Pokal, überreichte meinem Vater meinen Schläger und schwor, nie wieder Tennis zu spielen.

Wofür ich den Pokal eigentlich bekommen habe, weiß ich inzwischen nicht mehr genau. Mein Vater behauptet, ich hätte im Country Club das Einzelturnier der Mädchen bis vierzehn gewonnen, nach Meinung meiner Mutter war ich *Zweite* beim *städtischen* Einzelturnier. Aber ich habe diesen Pokal viele Jahre lang mit mir herumgeschleppt, und auf der quadratischen Platte unter der geschwungenen Goldfigur steht nichts vom ersten oder zweiten Platz, sondern lediglich: MÄDCHEN BIS VIERZEHN: SEHR BEGABT.

Wäre Tennis wirklich nur Tennis gewesen, hätte ich mich damit begnügen können, »sehr begabt« zu sein, doch Tennis war einfach alles. Es war Anmut, es war Stil, es war Schönheit, und mit vierzehn Jahren zog ich daraus eine einfache Lehre: Ohne Tennis wäre ich für keinen Mann attraktiv. Schönheit war für mich kein Bereich, in dem ich »sehr begabt« sein wollte. Und als ich meinen Tennisschläger »für immer« aus der Hand legte, muß es so ausgesehen haben, als gäbe ich mich ein für allemal geschlagen. In Wahrheit jedoch brauchte ich bloß eine andere Waffe. In Wahrheit hatte ich den Kampf noch gar nicht richtig begonnen.

Angeblich bekommen die meisten Frauen ihre Vorstellung von Schönheit durch ihre Mütter vermittelt, und ich muß an all die gebrochenen Knochen denken (sieben, ohne die Rippenbrüche mitzuzählen), die ich mir hätte ersparen können, wenn mir das gereicht hätte, was meine Mutter schön machte. Meine Mutter war Schauspielerin, und auf den

Werbefotos im Posterformat, die jetzt im Keller meiner Eltern Staub ansetzen, sieht sie unglaublich toll aus. Sie hat versucht, mich ein ganz anderes Schönheitsideal zu lehren: welche Klamotten ich kaufen und wie ich sie tragen sollte, wie ich mich schminke, wo ich mein Haar scheiteln sollte. Wenn ich es genauso mache, wie sie es mir beigebracht hat, was ungefähr zweimal im Jahr der Fall ist, sagen mir viele Leute, daß ich schön bin, und ich glaube ihnen. Aber dabei handelt es sich um eine andere Art von Schönheit, und weil sie so leicht zu manipulieren ist, weil sie überhaupt zu manipulieren ist, mißtraue ich meinem Verhältnis zu ihr: Immer habe ich das Gefühl, eine Rolle zu spielen.

Mich für meine Mutter schön zu machen bedeutete eine Stunde Spaß vor dem Spiegel, eine Maskerade. Mich für meinen Vater schön zu machen ist eine selbst auferlegte Strafe und hat Ähnlichkeit mit einer Zeichnung von M. C. Escher: die Eidechse, die in alle Ewigkeit endlose Stufen hinaufsteigt. Die Schönheitsdefinition meiner Mutter ist so weit von mir entfernt wie ein Sternennebel, die meines Vaters mir so nahe wie mein Herzschlag, so real wie ein Knochenbruch. Auf eine, wie mir heute scheint, nur zu vorhersehbare Weise machte ich somit mein Leben als junge Erwachsene zu einer einzigen Serie sportlicher Anstrengungen, meistens im Schlepptau irgendwelcher Männer, die viel zu gut aussahen und erstaunlich sportlich waren: ehemalige Skilehrer, Kajakfahrer der Spitzenklasse, Rugbyprofis.

Die Männer, die mir während dieser Phase über den Weg gelaufen sind, haben mich an Orte geführt, wo ich vermutlich nichts zu suchen hatte. Das unvergeßlichste Beispiel dafür waren die drei Male, die ich in Alaska als Jagdführerin gearbeitet habe. Irgendwie glaubte ich, daß es mich in den Augen des Mannes, den ich liebte, des Jagdführers, der im selben Basislager arbeitete wie ich, schön machen würde, wenn ich achtzehn oder manchmal zwanzig Stunden am Tage in diesen Bergen herumkraxelte, naß und durchgefroren und hungrig. Es war nicht gerade Tennis, aber in meinem Kopf wurde es das neue Mittel zu einem alten Zweck: Schweiß, Kraft, Muskeln, Bewegung. Ich würde eine natürliche Schönheit besitzen, dachte ich, eine Schönheit, die weder durch Duschen noch durch Make-up, noch durch Kleidung, außer vielleicht Tarnanzüge, gesteigert werden konnte, durch keine Cremespülung, keine Ohrringe. Und ich hatte recht. Für diesen Mann hatte ich nie schöner ausgesehen als am Ende jener acht Wochen, als ich braungebrannt und stark und dreckig war. Fast so schön wie die erstbeste junge Frau, die er nach der Rückkehr in die Zivilisation auf der Straße sah.

Ein anderer Mann, und ich ging Ski laufen. Gleich ganz hoch hinaus: die Jupiter Bowl, eine als extrem schwierig eingestufte Abfahrt. Wir verbrachten oft den ganzen Tag dort oben. Er schnitt wunderbar gleichmäßige Schwünge in den Pulverschnee, ich folgte ihm, kreuzte seine ersten drei, vielleicht auch vier Schwünge, verkantete, machte einen Purzelbaum, Skier und Stöcke flogen in alle Richtungen, ich bekam Schnee ins Gesicht, in meinen Skianzug, meine Schuhe. Und dann ging es wieder nach oben und wieder auf die Piste. Einmal kam ich fünfzehn Minuten zu spät zu der Therapie, die ich wegen meines sportlichen Ehrgeizes angefangen hatte, weil ich nach neun Stürzen, bei denen ich mir das Schlüsselbein geprellt und das Knie verdreht hatte, meinte, ich müßte unbedingt noch einmal mit dem Lift nach oben fahren. Vermutlich glaubte ich, daß ich es entgegen aller Wahrscheinlichkeit diesmal doch schaffen würde, so elegant zu fahren wie mein Begleiter, mit federnden Armen und Beinen, den Pulverschnee hinter mir in fedrigen Bögen aufstieben zu lassen, mit strahlendem Gesicht, glänzend im eiskalten Sonnenlicht: schön.

Wäre es mir damals möglich gewesen, mich in einen dickbäuchigen Mann zu verlieben, belesen und sanft, der seine Vorstellung von Schönheit eher aus Renaissancegemälden denn aus der Fernsehwerbung bezog? Völlig ausgeschlossen!

Es gab andere Männer, doch sie waren alle mehr oder weniger gleich. Als ich dann den Mann kennenlernte, der schließlich mein Ehemann werden sollte, war niemand mehr erstaunt, daß er Safariführer in Afrika war. Aber einen Unterschied gab es doch. Mike, der selbst sehr schön und athletisch war, hatte einen Blick für innere Schönheit, der nur durch ein Leben weit weg von amerikanischem Kommerz und Pomp entstanden sein konnte. Er wußte gutes Essen zu schätzen, eine lebhafte Phantasie und Filme mit einem Happy-End (er nickt immer heftig, wenn die Figuren sich richtig verhalten). Er hält Sally Fields für die schönste Frau überhaupt. Als sein Trauzeuge ihm erzählte, daß er eine Junggesellenparty plane mit nackten Tanzgirls, die aus einer Torte hüpfen würden, fragte Mike: »Und was für eine Torte soll es sein?«

Ich nahm Mike mit nach Alaska, um ihm unsere Version der Kalahari zu zeigen – die Landschaft, in der ich früher als Jagdführerin unterwegs war, eine Landschaft, die ich liebengelernt habe und die für mich, wie die Wüste in Utah, zur Heimat geworden ist. Ein zweites Pärchen begleitete uns. Julia war anmutig und schnell, eine Frau, die tatsächlich mit jedem Tag, an dem sie nicht duschte, nur noch schöner wurde; ihr Ehemann war ein bißchen langsam und unbeholfen wie ich.

An dem Tag, als wir beschlossen, die steile Felsmoräne eines einsamen Berggletschers zu besteigen, stellte sich heraus, daß zwei von uns Höhenangst hatten und zwei nicht. Während Mike und Julia wie zwei Bergziegen die Moräne hinaufkletterten, blieben Ted und ich immer weiter zurück, jammerten, klammerten uns irgendwo fest, wurden abwechselnd wütend und hysterisch, brachten unsere Körper in eine unbeholfene Position nach der anderen. Ich werde oft mit meiner Höhenangst konfrontiert, und am Ende schaffe ich es immer irgendwie, Handgriff für Handgriff, bis ganz nach oben.

Doch gerade in diesen Augenblicken – wenn meine Finger sich aus einem Felsspalt lösen und nach dem nächsten greifen, wenn ich am oberen Rand eines Steilhangs mein Gewicht nach vorn auf die Skier lege, wenn die rasende

Strömung oberhalb einer Stromschnelle an der Spitze meines Schlauchbootes zerrt, wenn der Ball im hohen Bogen auf mich zugeflogen kommt –, gerade dann frage ich mich: *Warum bin ich nicht irgendwo anders und tue etwas, was ich wirklich kann, zum Beispiel schreiben oder Gemüse anbauen oder Klavier spielen?* Und die Antwort darauf lautet: Ich muß glauben, daß ich es eines Tages richtig hinkriege. Eines Tages, wenn ich mich nur ordentlich anstrenge, werde ich aussehen wie eine Frau auf dem Cover von Zeitschriften wie *Outside*, wie ein Sportstar auf ABC, für Werbezwecke zu einem Standfoto eingefroren, wie ein Plakat an der Wand einer Bar mit zu vielen Fernsehern. Und so werde ich jemandem im Gedächtnis haftenbleiben, und dieser Jemand (ein Mann, mein Vater, ich selbst) wird sagen: »Das war schön!«

Gewohnheitsmäßig fange ich an, mich zu rechtfertigen

ICH LIEGE MIT DEM GESICHT NACH UNTEN AUF EINEM Massagetisch im Kurhotel Doral in Telluride, Colorado. Ich bin hier zu Gast und komme kostenlos in den Genuß sämtlicher Annehmlichkeiten des Doral, weil der Geschäftsführer hofft, daß ich einen überschwenglichen Artikel über das Hotel schreiben werde. Weil er so großzügig ist, lasse ich etliche unaussprechliche Dinge mit meinem Körper geschehen. Ich bin gebadet und eingeölt worden, habe Rolf- und Shiatsu-Behandlungen, Gesichtsmassagen, Reflexzonenmassagen und Fangopackungen bekommen, bin gestreckt, gereckt und getrocknet worden. In den letzten drei Tagen haben mich mehr Leute nackt gesehen als in den letzten drei Jahren, und allmählich gewöhne ich mich daran, während mein Schamgefühl sich verflüchtigt. Ich schwebe jetzt duftend, geschmeidig und wie in Trance von Therapieraum zu Therapieraum. Bislang habe ich drei Hotelbademäntel, zwei Sweatshirts und meine Uhr verloren.

Es sieht mir eigentlich nicht ähnlich, meinem Körper so viel Aufmerksamkeit zukommen, diese fleischige Masse verhätscheln und verwöhnen zu lassen, die ich doch zeit meines Lebens reduzieren oder verändern oder verhüllen wollte.

Im Augenblick werde ich von einer Mitarbeiterin beknetet, auf deren Namensschildchen »Wendy« steht, und sie stellt etwas mit mir an, das sich Rosen-Methode nennt, eine lockere Kombination aus Körpermassage und Psychotherapie. Angesichts der Tatsache, daß jede Unsicherheit, die ich je mit mir rumgeschleppt habe, mit der Form meines Körpers zu tun hat, scheint mir die Rosen-Methode die ideale Behandlung für mich zu sein.

»Sie haben so starke Beine«, sagt Wendy, »aber Sie setzen sie dafür ein, den Rest Ihres Körpers aufrecht zu halten, und dafür sind sie nicht gedacht.«

Meine Beine sind kraftvoll und schön; Tänzerinnenbeine, die Beine meiner Mutter: Sie hat eine Ewigkeit darauf verwandt, geschmeidige, wohlgeformte Beinmuskeln zu entwickeln, und sie dann an mich weitergegeben wie eine Verheißung.

»Sie ziehen Ihren Körper mit den Schultern hoch«, sagt Wendy. »Sie drücken und ziehen, wo Sie eigentlich nur stützen sollten; kein Wunder, daß alles viel zu verspannt ist.«

Ich versuche, mir vorzustellen, ohne Beine zu stehen oder mich ohne Schultern aufrecht zu halten, gebe es aber rasch auf. Ich bin in Gedanken schon bei der Fußmassage der nächsten Stunde, als Wendy sagt: »Gibt es einen guten Grund dafür, warum Sie den Rest Ihres Körpers davon überzeugt haben, daß Ihre Hüften und Ihr Bauch und Ihr Becken gar nicht existieren?«

Als ich jünger war, habe ich geglaubt, daß ich glücklich sein könnte, wenn ich nur richtig dünn wäre, und ein Teil von mir glaubt das noch immer. Viele Jahre lang hätte ich praktisch alles dafür gegeben, dünn zu sein ... einen Finger, drei Zehen, ein Auge. Inzwischen finde ich es nur noch leicht verwunderlich, daß ich den überwiegenden Teil meines Lebens lieber häßlich, verunstaltet und dünn gewesen wäre als hübsch, gesund und dick.

Ich fahre mit meinem fünf Meter langen Schlauchboot bei Hochwasser über die Stromschnellen des oberen Dolores River. Mit mir im Boot sind drei schöne Texanerinnen, die einfach nicht fassen können, wie stark ich bin. Wir nähern uns einem Hindernis im Fluß, das schlicht als »die Wand« bekannt ist, eine Stelle, wo fast sämtliche Wassermassen

151

gegen einen gewaltigen Sandsteinmonolithen tosen, unter ihm hindurchrauschen und auf der anderen Seite schaumig weiß wieder zum Vorschein kommen.

An der Wand vorbeizumanövrieren, ohne dagegen zu stoßen, erfordert sehr viel Umsicht und bei diesem hohen Wasserstand fast übermenschliche Kräfte. Ich sehe, wie das Boot meines Mannes etwa hundert Meter vor mir bedrohlich nahe an die Wand gedrückt wird; ich sehe, wie einer seiner Passagiere unter dem Bugrand verschwindet und die beiden anderen hinter ihm her in den wirbelnden Fluß springen. Als sein Boot auf Sandstein trifft, höre ich Holz zersplittern, sehe ein Ruder hoch in die Luft fliegen, schmecke in meiner Kehle den jähen Adrenalinstoß.

Mein Mann ist der stärkste Mensch, den ich kenne, aber ich habe den Vorteil, daß ich die Stelle erst als zweite passieren muß. Ich rudere kräftiger als je zuvor, voll konzentriert, jeden Ruderschlag bewußt einsetzend. Eine Stimme, die ich als die meine erkenne, befiehlt meiner Crew, sich auf den Boden des Schlauchbootes zu legen, aber ich bin mir gar nicht bewußt, daß ich das tue. Jede Synapse meines Gehirns, jeder Muskel in meinem Körper ist darauf ausgerichtet, von dieser Felswand wegzukommen. Füße, Oberschenkel, Bauch, Rücken, Arme, Hände, alles arbeitet zusammen, bewegt sich gleichsam wie eine Welle, um die Ruder flußaufwärts gegen die Strömung zu wuchten. Die Wand kommt immer näher, und als ich gerade denke, daß ich nichts mehr ausrichten kann, spüre ich, wie das Boot reagiert und sich rückwärts gegen die Strömung bewegt, die uns gegen den Felsen treibt. Die Nase des Bootes küßt nur leicht die Steinwand, und ein weiterer Ruderschlag drückt uns von ihr weg und in Sicherheit.

»Verdammt«, sagt eine der Texanerinnen. »Verdammt knapp.«

Wir machen uns daran, die Passagiere des anderen Bootes zu retten.

Ich gehe die Fifth Avenue in Manhattan entlang, von Frauen mit Einkaufstüten umgeben. Entsetzt ertappe ich mich dabei, daß ich seit fünfzehn Häuserblocks zähle, wie viele Frauen eine bessere und wie viele Frauen eine schlechtere Figur als ich haben. Habe ich fünfzehn Häuserblocks gesagt? Ich meinte, fünfzehn Jahre.

Ich sitze bei meinen Eltern zu Hause am Tisch. Es sind die Sommerferien nach meinem ersten Semester, und ich habe den ersten jungen Mann, an dem mir wirklich etwas liegt, vom College mit nach Hause gebracht. Wir machen höfliche Konversation, während meine Mutter das Essen auf die Teller verteilt.

Ich bin schon so lange auf dem College, daß ich die Regeln vergessen habe, die beim gemeinsamen Abendessen in unserer Familie gelten. Ich darf weder Brot noch Nachtisch, noch eine zweite Portion essen, und bei einer besonders komplizierten Regel geht es darum, wieviel Geld das Essen gekostet hat und ob oder ob nicht von mir erwartet wird, daß ich meinen Teller leer esse.

Mein Freund erzählt eine Geschichte, die ich als lustige Geschichte kenne, aber die Pointe mißglückt ihm; es ist mir für ihn peinlich, und geistesabwesend nehme ich mir etwas nach.

»Iß nur«, blafft mein Vater mich an, »aber wundere dich nicht, wenn du so dick wirst wie eine Tonne.«

Ich starre auf den Spinat, der auf meinem Teller erkaltet.

Der Trick ist der, sich im Spiegel nur selektiv anzuschauen. Die leuchtenden Augen zu sehen, das glänzende Haar, den weichen Schnitt der Bluse, die sich am Dekolleté öffnet und einen zarten, gebräunten Brustansatz zeigt, die glatte Wölbung einer straffen, muskulösen Wade.

Mein Mann leitet hier in der Stadt ein Restaurant. Er beschäftigt fünfzehn Einundzwanzigjährige aus Kalifornien. Sie sind in allen Variationen blond, braungebrannt und bis zur Vollkommenheit durchtrainiert. Sie nennen meinen Mann Mick Dundee (nach dem Film über das menschliche Krokodil), was ich besonders scheußlich finde; sie sind die Sorte junge Frauen, die mit keinem Mann reden können, ohne ihn anzufassen. Wenn ich ins Restaurant komme, lächeln sie mich höflich an, neugierig, mit einer Mischung aus Verwunderung und Skepsis in den Augen. Mein Mann, der blond und braungebrannt und ebenfalls vollkommen durchtrainiert ist, sagt, sie machen das, weil ich eine erfolgreiche Autorin bin, aber insgeheim bin ich davon überzeugt, daß sie sich fragen, was er wohl an jemandem findet, der so einen Körper hat wie ich.

Meine schlankeste Freundin Kris sagt: »Ich weiß nicht, aber wenn das einzige, was mit dir nicht stimmt, dein Übergewicht ist, dann hast du es doch eigentlich ganz gut, finde ich.«

»Das einzige«, erwidere ich ruhig, »das einzige?«

Ich mache Helikopterskiing in Idaho mit einem Mann namens Joe, den ich aus unerfindlichen Gründen meine beeindrucken zu müssen. Kurz nach Mitternacht sind fünfzehn Zentimeter Schnee gefallen, und unter diesen fünfzehn Zentimetern ist eine dicke, von der Sonne verkrustete Schicht Harschschnee. Der Helikopter setzt uns auf der dunklen Seite der Tetons ab. Der Mann, mit dem ich hier bin, wurde in der Sun Valley Lodge geboren; er konnte schon Ski fahren, bevor er richtig laufen konnte. Wir sind weder ein Liebespaar noch eng befreundet. Im Grunde hat uns der Zufall zusammen auf diesen Berg verschlagen. Und trotzdem muß ich in seinem Beisein einfach gut Ski laufen, und dieses Bedürfnis ist so stark, daß ich fast keine Angst empfinde.

John stürzt sich in den unberührten Abhang, als träte er bloß von einem Bürgersteig, als ginge es nicht fast neunzig Grad steil hinab in die Tiefe, als würde die Sonne nicht gnadenlos auf den Hang prallen und die Lawinengefahr erhöhen, als gäbe es diese Harschschneekruste nicht, die versucht, seine Skier von unten zu packen.

Mein letzter Gedanke ist: *Je früher ich losfahre, desto weniger Zeit hat er, mich zu beobachten*, und so jage ich los, versuche einen Rhythmus zu finden, aus seinen perfekten Schwüngen Achten zu machen. Die Kruste unter dem Pulverschnee macht ein beängstigendes Geräusch, während sie zupackt und losläßt, zupackt und losläßt, aber ich schwinge weiter, denke daran, die Ski zu entlasten, die Schultern in der Fallinie zu halten, denke an die stets verläßliche Kraft in meinen Knien.

Ich fahre, ohne daß wie sonst in meinem Kopf das Katastrophenszenario abläuft, obgleich es hier wirklich allen Grund dazu gäbe. Ich fahre viel zu schnell, viel zu riskant; ich werde das, was die Skifreaks *fokussiert* nennen, glaube vorbehaltlos an die Fähigkeit meines Körpers, das Richtige zu tun, die Unvollkommenheiten des Hangs wettzumachen, das Tempo auszuschwingen. Ich fühle mich seltsam leicht und unglaublich geschmeidig, die Schwünge werden zum Takt eines Liedes, das ich meine, ewig weiterspielen zu können. Ich sause an John vorbei, der in einem kleinen Wäldchen angehalten hat, um auf mich zu warten. Die Enden meiner Ski lassen einen Bogen Pulverschnee aufspritzen, der ihn einhüllt, und als ich zehn Schwünge später zum Stehen komme, hat er den Kopf lachend zurückgeworfen und sieht aus wie ein Engel im Schnee.

»Zieh den Bauch ein«, rief meine Mutter mir von der Haustür aus jeden Morgen nach, wenn ich über den Rasen zum wartenden Schulbus ging, als ob die Fenster des Busses nicht geöffnet gewesen wären, als ob sie eigentlich auf Wiedersehen hätte sagen wollen.

Meine Freundinnen Teri und die dünne Kris und ich sitzen in einem Café und unterhalten uns. Ich erzähle ihnen von den jungen Frauen in Mikes Restaurant. Kris sagt, daß ich spinne, daß ich eine unrealistische Meinung von meinem

Äußeren habe, daß diese Frauen so was nie im Leben denken würden, wenn sie mich sehen. Terilynn, in mehrfacher Hinsicht genauso unvollkommen geformt wie ich, ist nicht ganz so überzeugt.

»Du täuschst dich«, sage ich zu Kris, »ich schätze meine eigene Attraktivität ganz vernünftig ein ... gute Beine, strahlende Augen, ein hübsches Gesicht, schönes Haar ... Auf einer Attraktivitätsskala von 1 bis 100 liege ich in den oberen Siebzigern, und mit zehn Pfund weniger etwa bei 85.«

»Und wo liege ich dann?« sagt Kris.

Sowohl Terilynn als auch ich stufen sie in den oberen Neunzigern ein, mit der Einschränkung, daß sie bei Frauen, die selbst gern so extrem dünn wären wie sie, vielleicht etwas besser abschneidet als bei Männern.

Terilynn geben wir eine Zweiundsiebzig mit Aussicht auf die oberen Achtziger, wenn sie weiter abnimmt.

Danach spinnen wir ein wenig herum und stufen berühmte Leute ein: Jodie Foster (91), Bill Clinton (84), Gérard Depardieu (89) und Madonna (bei der wir uns nicht einig werden und unsere Einschätzung von 27 bis 78 reicht).

»Wir leben in den neunziger Jahren, meine Damen«, sagt die Kellnerin, als sie die Rechnung bringt. »Angeblich zählt doch jetzt nur noch die innere Schönheit.«

Manchmal fürchte ich, daß ich nur deshalb mein halbes Leben in der freien Natur verbringe, weil es da keine Spiegel gibt.

Ich sitze auf meiner Veranda vor dem Computer, dessen Bildschirm bis auf zwei Wörter am oberen Rand leer ist: *Der Körper*. Ich bin fest entschlossen, etwas Positives zu schreiben, weil ich mir geschworen habe, in meiner zweiten Lebenshälfte weniger Zeit als in der ersten damit zu verbringen, über meine körperlichen Unvollkommenheiten nachzugrübeln. Eine knochendürre Frau kommt die Straße herauf, ausgestattet mit einem Sport-BH, Lycra-Shorts und Walkman. Ich schiele hinunter auf meine Hüften und schalte den Computer für mindestens eine Stunde aus. Die Frau schreitet mit großen selbstbewußten Schritten meine Straße hinauf, die die steilste in unserer Gebirgsstadt ist. Sie sieht aus, als würde sie dieses Tempo bis ganz hinauf und über den Berg hinweg beibehalten.

Ich wandere zum Gipfel des Mount Timpanogos, des höchsten Berges in dem Teil von Utah, wo ich wohne, 3 580 Meter über dem Meeresspiegel, 1 630 Meter über der Stelle, wo der Wanderpfad beginnt und ich vor vier Stunden meinen Wagen geparkt habe. Den Timpanogos zu besteigen ist weder beängstigend noch lebensgefährlich, es ist bloß anstrengend, ungefähr so, als würde man vom Rand des Grand Canyon aus 1 600 Höhenmeter zum Fluß *hoch*gehen.

Auf dem Timpanogos wird Sicherheit nur bei plötzlichen Sommergewittern zum Thema, wenn der Schiefer, über den man in der letzten Stunde des Aufstiegs muß, glitschig und locker wird und oberhalb der Baumgrenze Blitze einschlagen, so daß der Bergwanderer, der dort oben von einem Unwetter überrascht wird, unter Umständen stundenlang versuchen muß, dessen Zentrum zu umgehen.

Heute ist auf meiner Seite des Berges nur blauer Himmel zu sehen, nicht mal eine Kumuluswolke. Vielleicht bin ich deshalb so überrascht, als ich am Gipfel ankomme und die andere Hälfte des Himmels erblicke: Sie ist schwarz wie in einem Horrorfilm, es blitzt und donnert, strömender Regen kommt wie ein eiserner Vorhang von einem Gewitterzentrum aus auf mich zu, das nur wenige hundert Meter entfernt ist.

Zwei Möglichkeiten bieten sich mir dar: Entweder ich laufe zwei Stunden zwischen den zuckenden Blitzen hindurch zurück und gehe das Risiko ein, einen Erdrutsch auszulösen, denn der durch den Regen glitschig weiche Schiefer würde unter meinem Gewicht leicht nachgeben, oder ich springe von dem Gipfelgrat, auf dem ich stehe, in eines der Schneefelder am Rand der steileren, »unbesteigbaren« Seite des Berges. Dabei muß ich nicht unbedingt festen

157

Halt finden, bloß auf den Beinen bleiben und rund zehn Minuten und gut sechshundert Meter tief auf den Schuhsohlen über das Eisfeld bis unterhalb der Baumgrenze rutschen. Sollte ich stürzen und anfangen zu rollen, werden meine Probleme ein wenig kniffliger. Ich zurre meine Rucksackträger möglichst fest, suche mir die flachste Stelle des Hanges, über dem ich abspringen werde, und zähle bis drei.

Bei zweieinhalb wird mir klar, daß ich mir, sosehr ich mich auch bemühe, keine Situation vorstellen kann, in der ich meinen Körper im Ruhezustand mag, sondern daß es immer Situationen auf des Messers Schneide sein müssen, Momente, die Entschlossenheit und Tatkraft verlangen.

Ich liege auf einem anderen Tisch, diesmal mit dem Gesicht nach oben, und starre den Affen an, den mein Gynäkologe an die Decke geklebt hat, um den Sinn für Humor zu beweisen, den er im Rahmen seiner Arbeit häufig nicht zeigen kann. Er ist ein anständiger Mann, offen und freundlich, aber wir sind hier in Utah, wo Männern noch immer der Körper der Frau gehört, so daß die Rechnungen, die bei mir zu Hause ankommen, an einen Freund adressiert sind, von dem ich längst getrennt bin.

Wir führen unser übliches Schwangerschaftsverhütungsgespräch. Ich versuche, einen zweideutigen Witz zu machen, und er schüttelt bloß den Kopf. Ich kann mir nicht helfen, aber sobald ich eine Gynäkologenpraxis betrete, werde ich zur Komödiantin.

Ich bin zur alljährlichen Vorsorgeuntersuchung hier, und weil ich familiär belastet bin, lasse ich zum allererstenmal eine Mammographie machen. Der Arzt grübelt über etwas in meiner Akte, das ihm nicht gefällt, während die Arzthelferin mich bittet, auf die Waage zu steigen. Gewohnheitsmäßig fange ich an, mich zu rechtfertigen, obwohl die Waage etwas weniger anzeigt als letztes Jahr.

»Ich sehe hier etwas, das mir Sorgen macht«, sagt der Arzt. »Warten Sie einen Moment, ich geh mal eben ins Labor.«

»Was meint er denn wohl, wo ich in dieser Aufmachung hingehe?« sage ich zu der Arzthelferin, aber meine Stimme bricht am Ende, mein Humor ist durchsetzt mit nackter Angst. Vor nicht mal einem Monat ist meine beste Freundin an Krebs gestorben, vor nicht ganz einem Jahr meine Mutter an einem Herzanfall oder an lebenslangen Hungerkuren oder einfach nur an dem Unbehagen, das ihr alternder Körper ihr bereitete.

Schon vor der Diagnose setzt die Reue ein. Ich hätte meinen Körper mehr lieben sollen, seine Rundungen und Hautfalten und seine Weichheit, hätte üben sollen, mein Becken beim Stehen so zu halten, wie Wendy es mir gesagt hat. Doch statt dessen habe ich ihn ignoriert, den Krebs in seinen dunklen, unbewohnbaren Winkeln wachsen lassen; ich muß an die Schublade mit meinen T-Shirts für den Sommer denken, in der sich in jedem dunklen Winter die Mäuse einnisten.

Als die Arzthelferin den Raum verläßt, schiebe ich das Untersuchungshemd zur Seite und blicke an mir hinunter, auf die zu dicke Fettschicht an meinen Hüften, auf meinen Bauch, der auf besonders ärgerliche Weise vorsteht, so daß ich gelegentlich gefragt werde, ob ich schwanger bin.

Eine ebenso unbekannte wie beängstigende Woge der Liebe für meinen Körper überschwemmt mich. Zunächst habe ich Angst, es könnte eine hoffnungslose Liebe sein, wie ich sie einmal für einen Mann erst dann empfinden konnte, als er drauf und dran war, mich zu verlassen, aber diese Liebe ist eindringlicher, allumfassend; eine Liebe, die so traurig und tief und kompliziert ist, daß ich zur Abwechslung mal keine Worte dafür finde. Ich kann jetzt fast fühlen, wie der Krebs sich ausbreitet, Zelle für Zelle in den dunklen Winkeln meines Innern, und ich stehe allein vor dem Spiegel und versuche, ihn wegzulieben.

Der Arzt öffnet die Tür und lächelt entschuldigend. »Mein Fehler«, sagt er, anscheinend ohne meine Nacktheit zu bemerken. »Sie sind gesund wie ein Ochse.«

»Wie gesund ist ein Ochse?« sage ich und muß an einen

Artikel im *National Geographic* denken, in dem es um Ochsen ging, die wahnsinnig werden, weil ihnen Insekten in die Nase krabbeln, aber der Arzt ist bereits wieder verschwunden und bei der nächsten Patientin.

Ich entspanne die Beinmuskulatur und versuche zu stehen, indem ich nur mein Becken einsetze. Ich lasse die Schultern so tief wie möglich sinken und versuche gedanklich, mein Körpergewicht zu den Hüften zu verlagern (was eine ungeheure Konzentration erfordert). Ich werfe noch einen Blick in den Spiegel, bevor ich mich wieder anziehe.

Erfolg – mal anders definiert

ICH GEHE MIT MEINER FREUNDIN, DER DICHTERIN JANE Hirshfeld, am Muir Beach, zwanzig Meilen nördlich von San Francisco, spazieren. Es ist ein windiger Tag, sonnig und kalt, das Meer noch voller Erinnerungen an den Sturm letzte Nacht.

Meine Freundschaft mit Jane ist zwei Jahre und einige Dutzend Strandspaziergänge, Ausritte und Schlammbäder alt. Unsere Beziehung ist von Grund auf erfolgreich, wie, so würde *sie* es ausdrücken, die Beziehung zwischen den riesigen dunklen Felsen und den silbernen Wellen, die sie umbranden. Ich biete Jane meine wilden Geschichten von gescheiterter Liebe und Abenteuer, meine Leidenschaft und meine Spontaneität, meine Fragen, wie ich mein Leben leben soll. Sie gibt mir ihre schwer errungene Weisheit, die so reich und friedlich ist wie die Birnbäume in ihrem Garten, eine Weisheit, die sie durch jahrelange Meditation in einem großen buddhistischen Kloster gewonnen hat, eine Ruhe, die ich nur beneiden kann, wo sich doch mein Leben von einem Sturm in den nächsten wirft.

Als ich nach San Francisco zog, bin ich gleichzeitig auf etwas zu- und von etwas fortgelaufen. Fort von einem Leben, das fade und eintönig geworden war, fort von einem Ort, wo jeder, wenn ich »kreatives Schreiben« sagte, dachte, ich meinte Kalligraphie, fort von einer Wüstenlandschaft, die ich mehr liebte als jede andere zuvor. Worauf ich zulief, war nicht ganz so eindeutig: eine große Stadt, eine neue Liebe, ein Künstlermilieu, das nur in meiner Phantasie existierte, der Pazifik, Biogemüse und exotische Speisen.

Aber die Liebe ging verloren, und der Pazifik war kalt, und innerhalb von nicht ganz einem Jahr in diesem Land, wo Milch und Honig fließen, wurde ich verfolgt, verklagt, verlassen und zweimal auf der Straße ausgeraubt. Zum erstenmal in meinem Leben hatte ich Angst, spätabends nach Hause zu gehen, und ich fühlte mich einsamer denn je, so einsam, wie man es nur sein kann, wenn man allein inmitten von fünf Millionen Menschen lebt. Aufgrund ebendieser Großstadteinsamkeit machte ich mich an die schwere Aufgabe, mein Leben neu zu entwerfen, und mittlerweile vertreibt jedes Gespräch mit Jane ein paar Nebelschwaden mehr.

Heute reden wir über eine neue Definition von Erfolg. Ich erzähle ihr von meiner kindlichen Erfolgsvorstellung, die mir von meinen Eltern vermittelt wurde und bei der Country Clubs, Kleidung und Autos eine wichtige Rolle spielten. Als ich erwachsen wurde, ersetzte ich diese Liste durch eine eigene, nicht weniger willkürliche: ein Doktortitel, ein Buch mit Kurzgeschichten, ein Platz auf einer Bestsellerliste, ein Film. Aber allmählich begreife ich, daß Erfolg weniger mit dem Sammeln von Dingen zu tun hat als mit dem Sammeln von Augenblicken und daß ich ein erfolgreiches Leben habe, wenn ich ganz einfach erkenne, welche Augenblicke am kostbarsten sind, und dann schaue, wie viele davon ich zu einem Ganzen zusammenfügen kann.

Jane möchte Beispiele hören, und ich fange mit den leichtesten an. Der Tag, an dem ich vom Verlag erfahren habe, daß mein Buch veröffentlicht werden soll, und als ich im National Public Radio hörte, wie eine meiner Geschichten vorgelesen wurde. Aber auch letzten Dienstag morgen, als es zwischen meinem drei Jahre alten Pferd Deseo und mir plötzlich klick machte und er nicht wie x-mal zuvor trotzig den Kopf nach unten warf. Oder letzten Monat in Paris, als mir ausgerechnet an einem Feiertag meine Brieftasche mit Paß und sämtlichen Kreditkarten gestohlen wurde und ich vier Stunden später einen internationalen Flug hatte und die Beamten auf der Polizeiwache sich mit meinem rudimentären Französisch schwerer taten als nötig. Aber ich schaffte es rechtzeitig zum Flughafen und hatte sogar noch ein paar Minuten Zeit bis zu meinem Flug, ich hatte etwas Bargeld von der US-Botschaft und einen nagelneuen Paß in der Tasche und noch ausreichend Adrenalinreserven, um das Flugzeug hoch zu bringen ...

Dann gibt es Augenblicke, in denen die Herausforderung weniger greifbar ist, zum Beispiel am beschaulichen Ausklang des Tages, wenn man sich mit Freunden am dritten Abend eines 5-Tage-Trips Geschichten erzählt, das Geschirr ist gespült, die Zelte sind aufgebaut, jedermanns Alltag eine halbe Welt entfernt. Oder jeder Augenblick der Gespräche im Laufe eines Tages, wenn mir das gelingt, was ich mir am meisten wünsche: mit Mut und Liebe zu sprechen statt voll Unsicherheit und Furcht.

»Oder dieser Augenblick jetzt«, sage ich zu Jane, während ich zusehe, wie zwei Hunde auf dem Sand vor uns einander umkreisen. »Unser Gespräch. Dieser Strand.«

»Und was noch?« fragt Jane.

»Zum Beispiel«, sage ich, weil ich ihr Zen-Denken kenne, »daß auch die Augenblicke des Scheiterns wichtig sind. Wenn ich vom Pferd gefallen bin oder das Flugzeug verpaßt habe oder wenn ich wieder mal von Angst verzehrt werde, wenn ich an einem Sonntagmorgen ganz allein bin und es seit siebenundzwanzig Tagen ununterbrochen geregnet hat ... auch diese Augenblicke, in denen man kämpft, sind wichtig, nicht nur, weil sie für einen Gegensatz sorgen, sondern weil sie andere Muskeln beanspruchen. Durch sie spüre ich auf eine ganz andere Art, daß ich lebe.«

Jane lächelt.

»Und was noch?« fragt sie.

Ich sehe zu, wie das Meer vor uns auf den Strand rollt. Ich befrage sechs graue Möwen über uns.

»Ich weiß nicht, was noch«, sage ich.

Aber in meinem Herzen weiß ich es doch. Dieses »was noch« ist Sprache: Gedichte und Geschichten, Briefe und Drehbücher, die Art, wie sich jede bedeutsame Minute meines Lebens in die Worte überträgt, die ich schreibe, die Art, wie das, was ich schreibe, die besten Zeiten heiligt und die dunkelsten Zeiten erträglich macht. Ich schreibe jeden Augenblick, den ich lebe: wenn mein beladener Hundeschlitten über den Nordhang der Brooks Range in Alaska jagt, wenn der Mann, den ich unter Aufbringung meines ganzen Mutes endlich um ein Rendezvous bitte, mir einen Korb gibt, wenn der Priester den Boden über der Asche meiner Mutter feststampft, jeden Morgen, wenn die ersten Sonnenstrahlen auf das Wasser der San Francisco Bay fallen.

So stark wie das Bedürfnis, über die Dinge zu schreiben, die mir angst machen, ist nur der Wunsch, über die Dinge zu schreiben, die mich überraschen und erfreuen. Ich nehme, was die Welt mir in freien Versen überreicht, und gebe es in einer wie auch immer gearteten Form zurück, und nur die Sprache macht es mir möglich, den Kreis zu schließen; sie ist buchstäblich das Seil, das mich mit der Erde verbindet. Manchmal fühle ich mich wie eine Kannibalin. Manchmal wünschte ich, es gäbe fünf Minuten meines Lebens, die ich nicht schon, während sie ablaufen, neu erfinde.

»Was für ein Tier würde sein Leben in Worte verwandeln?« fragt Jane, Adrienne Rich zitierend. Jane weiß, daß Richs Gedichte für mich so wichtig sind wie sauberes Wasser, und daher lächele ich und antworte ihr mit einem Zitat: »Niemand schläft in diesem Raum ohne den Traum von einer gemeinsamen Sprache.«

Heute abend gehen wir zu einer Preisverleihung; Rich erhält den Bay Area's Cody Award für ihr literarisches Werk. In ihrem jüngsten Gedichtband, *An Atlas of The Difficult World*, findet sich ein Gedicht über Entwurzelung, in dem die Dichterin sich fast zu ihrem eigenen Erstaunen in Kalifornien wiederfindet. *An diesem Ort hast du mich nie gekannt*, heißt es in dem Gedicht, und es folgt eine Beschreibung von *kleinen Canyons, die sich durch geschwungene Hänge ziehen / knorrige Eichen an Steilwänden, die Eukalyptusallee führt / zu dem verfallenden Hof, den nebelverhüllten breitbrüstigen Rindern / auf ihren hellen Hügeln.*

Ich lese das Gedicht jeden Abend, seit ich in Kalifornien bin, fühle mich durch seine Worte und Bilder mittelbar mit diesem Ort verbunden und stelle mir den Tag vor, an dem auch ich in dieser Landschaft Trost finden werde. *Hier lebe ich nun*, erinnert mich das Gedicht allabendlich. Es ist mein ganz persönliches Gutenachtgebet.

Ich war noch nie bei einer Lesung von Adrienne Rich dabei, und so sitze ich bei der Preisverleihung neben Jane und kann vor Aufregung kaum atmen. Und als sie schließlich auf die Bühne kommt und sagt, daß sie lieber ein Gedicht vorlesen als eine Dankesrede halten möchte, spüre ich tief in mir, daß meine Gebete erhört worden sind und das Gedicht, das sie vorlesen wird, mein Lieblingsgedicht ist. Und als sie anfängt zu lesen, kenne ich die Zeilen auswendig, *Eine dunkle Frau, den Kopf gebeugt, lauscht auf etwas ...* Ich denke bei mir, das hier ist einer von diesen Augenblicken. Hier zu sitzen, direkt neben meiner lieben Freundin, zu Füßen dieser klarsichtigen Frau, und im Balsam dieser guten und aufrichtigen Worte zu baden. Ich werfe Jane einen Blick zu, um mich zu vergewissern, daß sie weiß, was mir das hier bedeutet, und noch bevor ich die Frage mit meinen Augen gestellt habe, nickt sie.

Das sind nicht die Straßen / auf denen du mich kanntest, heißt es am Schluß des Gedichts, *Aber die Frau, die ihren Wagen steuert, zu Fuß geht, achtgibt auf Leben und Tod, ist dieselbe.* In diesem Moment und auch noch eine Weile danach brauche ich sonst nichts auf der Welt.

Schwangerschaft und andere Naturkatastrophen

IM FEBRUAR 1997 STELLTE ICH FEST, DASS ICH SCHWANGER war. Der Zeitpunkt, so dachte ich, hätte günstiger nicht sein können. Ich war fünfunddreißig Jahre alt. Ich hatte ein Zuhause, einen Partner, der mich liebte, und mein zweiter Erzählband war fast fertig. Da ich fast zwanzig Jahre lang Stempel in meinem Paß und schlechte Beziehungen gesammelt hatte und meine Liste mit Abenteuern in der Wildnis mittlerweile so lang war, daß ich sie gar nicht mehr auseinanderhalten konnte, glaubte ich, daß ich soweit war, meine Skier an den Nagel zu hängen und meine Wildwasserboote und die ganze Bibliothek mit Wanderführern für die Wildnis gleich mit. Ich glaubte, daß ich soweit war, auch in dem überwiegend zwischen vier Wänden betriebenen Sport der Mutterschaft hervorragende Leistungen zu erbringen. Ich glaubte, daß ich soweit war, erwachsen zu werden.

In den ersten Wochen der Schwangerschaft war ich glücklich, oder zumindest in der Lage, es mir einzureden. Doch im zweiten Monat machte sich eine Depression in mir breit, die im dritten Monat suizidal wurde. Mein Arzt meinte, Stimmungsschwankungen seien durchaus normal, aber ich konnte ihm nicht begreiflich machen, daß da nichts schwankte. Ich war in einem so tiefen Loch, daß ich morgens nicht aus dem Bett kam, und mitunter nicht einmal am Nachmittag. Ich war an einem so dunklen Ort, daß nicht eines von den Dingen, die mich normalerweise heilen – der Anblick der Berge vor meinem Fenster oder *Caravan* von Van Morrison oder sogar die albernen Kunststückchen meines irischen Wolfshundes –, in mir die Freude am Leben wecken konnte.

166

Ab dem vierten Monat wird alles besser, sagten meine Freundinnen, aber ich konnte mir nicht mal vorstellen, wie ich den nächsten Tag überstehen sollte. Ich wachte jeden Morgen mit der zunehmenden Gewißheit auf, daß mein Leben vorbei war, daß ich zum Tode verurteilt worden war und ich, selbst wenn ich die Schwangerschaft, die Geburt und die ersten Jahre als Mutter irgendwie überstand, all das nicht mehr haben würde, was ich liebte: strapaziöse Wanderungen im Himalaya, Zelten im eiskalten Winter und die schwierigsten Wildwasserflüsse, all das, was mir so viele Jahre lang Energie verliehen und eine Identität gegeben hat. Und so oberflächlich und egoistisch sich das für alle diejenigen anhören mag, die ein aktives Leben in der freien Natur aufgegeben oder stark eingeschränkt haben, um Kinder zu kriegen, die Wahrheit ist, daß ich nicht wußte, wie ich existieren sollte ohne die prickelnde Vorfreude auf das nächste Abenteuer. Solange ich denken konnte, hatte ich mich nur dann so richtig lebendig gefühlt, wenn ich Leib und Leben auf dem Meer, in den Bergen und auf den Flüssen riskierte, und ohne die Tage und Nächte da draußen wußte ich nicht mehr, wer ich war.

Hätten diese Gedanken noch nicht ausgereicht, daß ich mich so unmütterlich und überflüssig und ganz allgemein schrecklich fühlte wie nie zuvor, so kam noch die Angst hinzu, daß mein Körper zusehends zu etwas wurde, auf das ich mich nicht verlassen und das ich auch nicht wiedererkennen konnte. *Neun Monate rauf*, hieß es in den Büchern, *neun Monate runter*, bei Frauen über dreißig wahrscheinlich noch länger, und obwohl sich eine gesunde Frau die Gewichtszunahme während der Schwangerschaft eigentlich nicht zum Vorwurf machen sollte, tat ich das, und zwar nicht zu knapp. *Eine dicke Frau ist eine dicke Frau und sonst nichts*, sagte meine Mutter jeden Morgen, wenn sie sich in ihren Hüfthalter zwängte, *egal, was sie sonst in ihrem Leben auf die Beine stellt*. Von all den irrigen Lebensregeln, die meine Mutter an mich weitergab, muß ich an diese am häufigsten denken, jedesmal

167

wenn ein Bissen die Gabel verläßt und in meinem Mund landet.

Angst machte mir nicht nur, daß mein Körper fülliger war als sonst, sondern daß er auch sozusagen über Nacht völlig nutzlos geworden war. *Du sollst doch nichts Schweres heben*, hörte ich x-mal am Tag von allen in meiner Umgebung, oder: *Verausgab dich nicht*, wenn ich wandern oder Rad fahren oder Ski laufen ging. Aber ich mußte mich verausgaben, weil ich nicht wußte, wie ich mich nicht hätte verausgaben können. In der fünften Woche schaufelte ich meine Zufahrt von einigen Zentimetern Schnee frei, hatte das ganze Wochenende Blutungen und um ein Haar eine Fehlgeburt, und der Arzt hielt mir so eine Standpauke, daß ich danach Angst hatte, überhaupt noch etwas zu tun. (Dabei hatte ich ihm noch nicht mal erzählt, daß es fünfzig Zentimeter Schnee gewesen waren und meine Zufahrt fast einen Kilometer lang ist.) Die Herausforderung schien darin zu bestehen, für fast zwei Jahre auf meine Kraft und Fitneß zu verzichten, ohne in Selbsthaß zu versinken, und es zeichnete sich rasch ab, daß ich dazu nicht imstande war.

Heute, ein halbes Jahr später, weiß ich, daß meine Gefühle in jenen ersten Monaten der Schwangerschaft weitestgehend außerhalb meiner Kontrolle lagen, daß ich mich in einem psychologisch diagnostizierbaren Zustand befand, der dadurch ausgelöst wurde, daß meine Hormone weitaus extremer als bei einer, wie die Ärzte es nennen, »normalen« Schwangerschaft Achterbahn fuhren und die verdrängten Erinnerungen einer ganzen Kindheit geballt an die Oberfläche meines Bewußtseins drangen und versuchten durchzubrechen. Ich weiß auch, daß die Feststellung, meine Angst vor der Schwangerschaft hinge damit zusammen, daß ich meine Abenteuer in entlegenen Gegenden aufgeben müßte, gleichbedeutend ist mit der Feststellung, daß ich extreme Gefahren liebe – die Stromschnellen bei Hochwasser, der Rücken eines jungen, wild galoppierenden Pferdes auf einer weiten Wiese –, weil ich mich dann aufregend lebendig fühle. Beide Feststellungen sind wahr, aber nur zum Teil. Und die tiefere Wahrheit dahinter ist ein und dieselbe.

Ich bin in einer Familie groß geworden, in der Zorn und Gewalt an der Tagesordnung waren, eine Gewalt, die so groß war, daß ich fast ständig Angst hatte. Die Gewalt in meinem Elternhaus erwuchs aus Groll: der Groll meiner Mutter, weil sie eine vielversprechende berufliche Karriere geopfert hatte, um schwanger zu werden; der Groll meines Vaters wegen vielerlei Dingen, zum Beispiel weil er sein über alles geschätztes Junggesellendasein aufgab, um meine Mom zu heiraten. Wenn die Theorie stimmt – und das glaube ich –, daß wir unsere Kindheitstraumata als Erwachsene unablässig wiederholen, bis wir sie in den Griff bekommen, dann ist das zumindest eine Erklärung dafür, warum ich immer wieder mitten in einen Tornado gerate, um drei Uhr nachts kurz vor der Unterkühlung stehe oder knapp einem Grizzlybären entwische. Es erklärt ebenfalls, warum ich so große Angst davor hatte, das alles aufzugeben.

Das einzige andere Mal, als ich schwanger war, sagte meine Mutter: *Du hast ein ganz besonderes Talent, das dich von den meisten anderen Frauen abhebt, und wenn du das alles aufgibst, um dieses Baby zu kriegen, wird es nichts mehr geben, das dich von jeder beliebigen anderen Frau auf dieser Welt unterscheidet.* Ich wußte nicht genau, worin sie mein besonderes Talent sah. Wenn sie mein schriftstellerisches Talent meinte, so hätte ich sicherlich auch mit einem Baby schreiben können. Doch das, wodurch ich mich offenbar von den meisten Menschen abhob – sogar von den meisten Schriftstellern –, war das, worüber ich schrieb: ein Marsch in 4800 Metern Höhe in Bhutan, wo ich, wie ich glaubte, einen Herzanfall hatte, das Anführen einer Jagd auf Wildschafe, die damit endete, daß eine Schlammlawine unsere Zelte und Vorräte und beinahe auch unsere Packesel in den Sagavarnitok River riß, eine Wildwasserfahrt auf dem Colorado, als er den höchsten Wasserstand seit zehn Jahren hatte und ich mein Boot in die Stromschnelle steuerte, die als »Teufelsbauch« bekannt ist.

Mit einem Kind hätte ich dergleichen nicht mehr so ohne weiteres machen können, und wenn ich über all diese Erlebnisse nicht mehr hätte schreiben können, was hätte ich dann noch gehabt? Ich wußte die Antwort darauf nicht, aber die Frage jagte mir so große Angst ein, daß ich mich für eine Abtreibung entschied, die ich in einer Klinik machen ließ, wo ich die ganze Zeit über auf ein Bild von einem Segelboot starrte. Knapp ein Jahr später war ich auf einem Segelboot, das genauso aussah, und kämpfte zwei volle Tage mitten im Golfstrom gegen den Hurrikan Gordon, hundertfünfzig Kilometer – aber es hätten auch tausend sein können – vor der Küste Floridas.

Erst jetzt, einige Jahre nach dem Tod meiner Mutter, ist mir klar, daß sie mit ihrem damaligen Rat gar nicht mich, sondern sich selbst gemeint hatte, und all das, was sie aufgegeben hatte, um mich zu bekommen. Die Abtreibung gehört zu den Dingen, die ich heute bedauere, doch wenn ich die emotionalen und physischen Abenteuer zusammenzähle, die ich seitdem hatte, so spricht doch einiges dafür, daß die Entscheidung vielleicht aufgrund falscher Überlegungen getroffen wurde, sich aber letzten Endes als richtig erwiesen hat. Und der Grund, warum ich Abenteuer suche, die ihre eigenen Naturkatastrophen gleich mitliefern, entpuppt sich als der gleiche Grund, warum ich so große Angst davor habe, ein Kind zu bekommen. Wir haben nur eine Lebensgeschichte, und die erzählen wir immer und immer wieder, in tausenderlei unterschiedlichen Verkleidungen, ob wir es nun wissen oder nicht.

Ende April hatte ich eine Fehlgeburt, und obwohl ein Teil von mir sehr traurig darüber war, reagierte ich doch vor allem mit Erleichterung, so als wäre mir noch einmal ein Aufschub gewährt worden, um die Antworten auf all die Fragen zu finden, die sich mir durch die Schwangerschaft aufgetan hatten. Kann ich meine Definition von Abenteuer dahingehend ändern, daß ich Sportarten mit einbeziehe, die etliche Schritte von realer Gefahr entfernt bleiben? Kann ich meinem Körper zugestehen, achtzehn Monate schwer und formlos zu sein, ohne daß ich vor Selbstekel und Abscheu zerfließe? Könnte die Mutterschaft sich vielleicht als noch befriedigenderes Abenteuer erweisen als die, die ich bisher erlebt habe? Werde ich meine eigenen Kindheitserlebnisse so gründlich verarbeiten können, daß ich diese Kette aus Gewalt und Groll sprenge, die meine Vergangenheit so sehr geprägt hat? Ist vielleicht trotz (oder wegen) allem, was ich hier gesagt habe, das einzige, was für mich unbestreitbar gilt, daß ich jetzt und auch in Zukunft nicht in der Lage sein werde, dem Lockruf des Abenteuers zu widerstehen?

Was ich mit einiger Überzeugung sagen kann, ist, daß ich an den Antworten arbeite und es auch weiterhin tun werde, ob ich mich nun entscheide, noch einmal schwanger zu werden oder nicht. In der Zwischenzeit plane ich ein paar weitere Abenteuer. Im Dezember reite ich mit den Gauchos durch Patagonien. Ich spiele mit dem Gedanken, noch einmal im Frühjahr mit dem Hundeschlitten über die Brooks Range in Alaska zu fahren. Ich wandere jeden Tag in den Bergen in der Nähe meines Hauses und versuche, wieder unten zu sein, bevor die Nachmittagsblitze über mir zucken, so daß sich mir die Nackenhaare sträuben, bevor einer von ihnen wenige Schritte von mir entfernt in den Boden einschlägt und ich die Beine in die Hand nehme, als würde ich vor Gott persönlich davonlaufen. Ich schaffe es nicht immer bis unter die Baumgrenze, bevor es richtig ungemütlich wird, aber ich kann das aufziehende Gewitter besser spüren. Ich höre, wie es mir im voraus sagt, mich in acht zu nehmen und Deckung zu suchen, und inzwischen richte ich mich auch immer häufiger danach.

Das Eis brechen

ES IST DER 21. MÄRZ 1998, DER TAG, DER UNTER WISSEN-schaftlern und Heiden als Frühlingsäquinoktium bekannt ist und an dem die Sonne am Erdäquator auf- und untergeht oder, genauer gesagt, an dem die Erde sich exakt senkrecht zur Sonne um die eigene Achse dreht. Heute steht die Sonne genau zwölf Stunden über dem flachen Horizont; und morgen wird sie schon ein ganz klein wenig länger dort sein.

Für jemanden wie mich, die ich an die unwandelbaren Abläufe des Universums glaube und an jahreszeitlich bedingten depressiven Verstimmungen leide, ist heute ein großer Tag. Vielleicht der größte. Am 21. Dezember empfinde ich eine gewisse Erleichterung, denn obwohl der ganze Winter noch vor mir liegt, weiß ich doch, daß die Tage von nun an, so unerträglich kurz sie auch sind, mit jedem Tag ein wenig länger werden. Am 21. September erfaßt mich die reine Panik, weil wir jetzt nach und nach in diese Dunkelheit gleiten, die für mich so etwas wie ein alljährliches Überlebenstraining ist. Nach landläufiger Meinung gilt der 21. Juni als der glücklichste Tag für Menschen, die an jahreszeitlich bedingten Verstimmungen leiden, aber in Wirklichkeit mischt sich in die Freude bereits Beklommenheit. Am 21. Juni ist zwar offizieller Sommeranfang, doch von da an wird jeder Tag ein wenig kürzer. Daher ist der 21. März der einzige wahre Freudentag ... zwölf Stunden Tageslicht und keine Gefahr in Sicht.

Im Winter stehe ich beim ersten Tageslicht auf und verbringe so viele Stunden, wie das Wetter erlaubt, im Freien, nutze jeden Lichtstrahl aus, den der knauserige Himmel durchläßt. Aber bald wird es so viel Licht geben, daß ich gar nicht weiß, was ich damit machen soll. Vielleicht schlafe ich ab und zu länger. Vielleicht mache ich nachmittags ein Nickerchen.

Meine Freundin Marilyn ist aus Boston zu Besuch – wo die Winter sehr viel dunkler sind als hier –, und wir feiern das Äquinoktium zusammen. Bislang heißt das, daß wir jeden Tag die achthundert Meter bis zu dem Bach gehen, der mein Grundstück begrenzt, und von der Brücke aus Steine aufs Eis werfen, bis sich Löcher bilden. Das Wetter ist wechselhaft, was hier in der Gegend strahlenden Sonnenschein bedeutet, der plötzlich von so dichten Schneeböen unterbrochen wird, daß man die Hand nicht mehr vor Augen sieht.

Aus dem anfänglich beiläufigen Steinewerfen ist im Laufe der letzten fünf Tage ein weitaus ernsteres Unternehmen geworden. Mittlerweile schleppen wir Felsbrocken von der Größe eines Mikrowellenherdes auf die Brücke. Außerdem machen wir abwechselnd Festigkeitsproben – eine von uns stützt sich gegen die Uferböschung und hält die andere am Arm fest, damit diese sich dann aufs Eis hinauswagen und fest mit dem Fuß auf den Rand stampfen kann.

Wir haben inzwischen mehrere Hosen und etliche Paar Schuhe verbraucht, und bei den vielen Felsbrocken, die wir diese Woche bewegt haben, fürchten wir, die Stabilität der Brücke ernstlich gefährdet zu haben. Aber das alles spielt keine Rolle. Wir sind auf einer Mission. Wir sind zwei Frauen, die an jahreszeitlich bedingten Verstimmungen leiden und alles in unserer Macht Stehende tun, damit es endlich Frühling wird.

Wenn mir jemand vor fünf Jahren, als meine beste Freundin Sally an Brustkrebs starb, gesagt hätte, es würde fünf Jahre dauern, bis ich wieder eine Frau so tief in mein Leben hineinlassen könnte, hätte ich ihn für verrückt erklärt. Ich wußte, daß Sallys Tod mich zutiefst erschüttert hatte, zumal nur acht Monate vorher meine Mutter plötzlich gestorben war und einige Monate nachher meine Ehe in die Brüche ging.

Als meine Mutter starb, sagte mein Mann Mike: »Du mußt deshalb wirklich keine Therapie machen, du kannst doch mit mir über alles sprechen.« Als Sally starb, sagte er: »Na ja, du hast lange Zeit gewußt, daß sie sterben würde; deine Trauer hast du also hinter dir, und von nun an müßte es dir eigentlich gutgehen.« So schlecht sein Ratschlag auch war, ich nahm ihn mir zu Herzen und ging alles und jedem aus dem Weg, am Ende auch ihm und jeder Frau, die möglicherweise meine Freundin hätte werden können.

In jenen Jahren schloß ich Freundschaften mit Männern, weil sie keine Brüste hatten und daher gegen Krebs immun zu sein schienen. Ich ließ unnötige Mammographien machen, gab viel zuviel Geld für die Krankenversicherung aus und wartete eigentlich nur auf die unvermeidliche Diagnose, mein Todesurteil. Meine Mutter hatte immer über meinen Vater gesagt: »Der ist so gemein, daß er uns noch alle überlebt«, und bislang hat er sie um sechs Jahre überlebt. Nun, da mein Vater die Achtzig längst überschritten hatte, glaubte ich, daß die Prophezeiung meiner Mutter das Schicksal besiegelte, das ich mir längst vorgestellt hatte. Erst Jahre später begriff ich, daß nicht unbedingt alles, was meine Mutter sagte, sich bewahrheiten mußte.

Ich war noch nie besonders gut darin, »negative Emotionen«, wie meine Mutter sie nannte, zum Ausdruck zu bringen: Traurigkeit, Wut, Frustration, Angst. In meinem Elternhaus war es meiner Mutter und mir nicht erlaubt, negative Emotionen zu haben. Dadurch, daß mein Vater sie ständig hatte, glich er unser Manko aus.

In den letzten Jahren hat sich diesbezüglich bei mir anscheinend etwas getan: Frustration ist mir nicht mehr ganz so fremd, ich hatte schon den einen oder anderen Abend voller Wut, ich arbeite wirklich hart daran, Angst in mein Repertoire aufzunehmen, aber Traurigkeit (etwas ganz anderes als Depression) entzieht sich mir nach wie vor.

Hätte ich nach Sallys Tod eine Therapie angefangen, wäre Traurigkeit vielleicht das erste Thema gewesen. Jetzt, fünf Jahre später, läßt sie noch immer auf sich warten, noch immer sagt die Stimme in meinem Kopf, die meiner Mutter oder meine eigene: *Wir dürfen niemals zugeben, wie traurig wir sind, sonst werden wir vor Kummer sterben.*

Vielleicht wäre ich als Kind tatsächlich daran gestorben, wenn ich mir erlaubt hätte, über die Dinge traurig zu sein, die mir widerfuhren oder die um mich herum passierten. Aber ich bin jetzt sechsunddreißig und führe mein eigenes Leben, und noch nie Traurigkeit empfunden zu haben ist einfach viel zu lang. Sie ist für mich keine natürliche Empfindung, und ich weiß nicht, wovor ich größere Angst habe: davor, wer ich bin, wenn sie nicht kommt, oder davor, was mit mir geschehen wird, wenn sie kommt.

Wenn eine Krebspatientin fünf Jahre lang gesund bleibt, gilt sie laut Statistik als geheilt. Ich habe diese fünf Jahre immer für eine beliebige Zahl gehalten, und es erscheint mir fast wie eine Ironie des Schicksals, daß die fünf Jahre offenbar auch für mich gegolten haben. Fünf Jahre, fast auf den Tag genau nach Sallys Tod, stellte ich die Totenwache ein, mit der ich nie hätte beginnen dürfen. Ich hörte auf mit den jährlichen Mammographien. Ich fand endlich wieder eine enge Freundin.

Obwohl wir uns so ähnlich sehen, daß wir oft für Schwestern gehalten werden, besteht zwischen Marilyns Leben und meinem ein Unterschied wie Tag und Nacht, und obwohl wir als Kinder beide die gleichen Formen von elterlicher Aggression erlebten, reagierte Marilyn darauf ganz anders als ich. Marilyn, die so praktisch ist wie der Volvo Kombi, mit dem sie ihre Kinder herumchauffiert, beschloß mit einundzwanzig, daß Kinder kriegen besser sei als studieren und alles andere besser, als zu Hause bleiben. Sie heiratete den ersten wirklich anständigen Mann, der um ihre Hand anhielt, und bekam kurz hintereinander drei Kinder; das erste, ein Sohn, war so stark behindert, daß die Ärzte sagten, er würde keine Woche überleben, und ihr den Rat gaben, sie solle sich den Kummer ersparen und ihn einfach sterben lassen.

Aber Marilyn hatte bereits sehr viel Kummer erlebt, und sie nahm ihren Neugeborenen mit nach Hause und sang ihm jeden Abend Songs von Fleetwood Mac vor – *Landslide* und *Silver Spring* –, und sie stellte noch unendlich viele andere Dinge an, die ich mir nicht mal ansatzweise vorstellen kann. Er ist jetzt zwanzig und hat dem Schicksal schon so viele Male ein Schnippchen geschlagen, daß die Ärzte sich weitere Prognosen verkneifen. Ihre Töchter sind klug und schön und kommen bald aufs Internat. Ihr zuzuhören, wie sie mit ihnen telefoniert, zählt zu den ganz wenigen Dingen, die in mir den Wunsch wecken, selber Kinder zu haben.

Marilyn findet es bei weitem nicht so verwunderlich wie ich, daß ihre Ehe seit über zwanzig Jahren hält. Sie weiß mit absoluter Sicherheit, falls ihr Mann sie verlassen würde, würde ein anderer Mann sie wollen. »Das hat nichts damit zu tun, wie wir aussehen oder was wir zu bieten haben«, sagt sie, als wäre es eine Selbstverständlichkeit. »Frauen wie du und ich strahlen Licht aus.«

Wir haben uns am Cape Cod kennengelernt und verbringen nun jeden Sommer eine Woche dort. Letzten Herbst war sie mit mir in Frankreich, und jetzt ist sie hier auf meiner Ranch in Colorado. Obwohl es ihr und ihrem Mann finanziell gutgeht, war sie, als ich sie kennenlernte, kaum aus New England rausgekommen. Heute versuche ich ständig, sie zu einer Reise zu überreden – ein Wochenende in New Orleans, Reiten in Irland –, und sie bedenkt mich bloß mit einem Blick, der besagt, daß ich nicht begreife, worum es eigentlich geht.

Ich weiß, sie hat ein wenig Angst, daß ich entsetzt Reißaus nehmen werde, wenn ich sie diesen Sommer zum erstenmal besuche und sehe, was für ein beschauliches Familienleben sie führt. Damit liegt sie genauso falsch wie ich, wenn ich versuche, sie zu irgendwelchen Fernreisen zu verführen.

Dennoch ist meine Freundschaft mit Marilyn in Frankreich fester geworden. Ich war mit einer Gruppe von Frauen dort, die schreiben und Touren unternehmen wollten. Marilyn war meine rechte Hand, sie konnte mit ihrem gemieteten Fiat auf den engen Straßen und Kurven mit meinem gemieteten Citroën mithalten, wir holten bei Sonnenaufgang zusammen Croissants und Orangensaft, und sie gab Unterricht im Kanufahren auf der Dordogne. In dem gemieteten Bauernhaus war ein Bett zu wenig, daher teilten Marilyn und ich uns das einzige französische Bett.

Wir waren auf der ganzen Reise ein Herz und eine Seele, aber wir sind beide nicht der Typ, der mit seinen Gefühlen hausieren geht. Wir krochen jeden Abend ins Bett wie zwei Trucker, beide in unseren knöchellangen Flanellnachthemden.

»Gut gefahren heute«, sagte ich, wenn ich das Licht ausmachte, und sie erwiderte: »Dito.«

Ich war nicht bei Sally, als sie starb. Es war der 8. Februar, die Zeit, wenn das Licht langsam wiederkehrt, aber so langsam, daß der 21. März einem weiter weg vorkommt, als er in Wirklichkeit ist. Ich war auf einer Lesereise und ständig in einer anderen Stadt, so daß ich mir einreden konnte, daß der Umstand, seit über einer Woche nichts von Sally gehört zu haben, mit meinem hektischen Terminplan zu tun hatte und keinen ernsthaften Grund zur Besorgnis darstellte. Als ich wieder zu Hause in Utah war, erfuhr ich, daß in dieser Woche auch sonst niemand etwas von ihr gehört hatte.

Sally war über einen Monat zuvor von zu Hause weggegangen und hatte ihren Mann Ben und ihren Sohn Eli dort allein gelassen; sie war einem Arzt gefolgt, der ihr mit einer äußerst experimentellen Behandlungsmethode Hoffnung gemacht hatte. Sie war in einem Motel in Tulsa, Oklahoma, abgestiegen, aber als ich dort anrief, erfuhr ich von der Frau an der Rezeption erst nach hartnäckigem Drängen, daß Sally seit über einer Woche nicht mehr in dem Motel wohnte und, soweit sie wußte, ins Krankenhaus gegangen war. Die

Krankenschwester der Station, auf der Sally lag, sagte, Sally würde keine Anrufe entgegennehmen. Ich bat sie, mit Sallys Zimmergenossin sprechen zu dürfen, die mir aber auch nichts Näheres sagen wollte. Schließlich rief mich eine entfernte Tante von Sally unter Tränen zurück.

»Ich mußte ihr versprechen, daß ich niemandem erzähle, was los ist«, sagte sie, »aber Sie müssen sich beeilen, wenn Sie sie noch sehen wollen. Es ist schrecklich. Sie ist ganz aufgedunsen und gelb.«

Ich rief Ben an und sagte, er solle einen Koffer packen. Dann fuhr ich zu den Skipisten und suchte Eli auf seinem Snowboard. Am Schalter der Fluggesellschaft sprach die Frau schon von Überführungskosten und Todesscheinen. »O nein, meine Mom wird nicht sterben«, sagte Eli, und auf einmal drehte sich mir alles. Sally war der ehrlichste und vitalste Mensch, den ich je gekannt hatte, aber die Krankheit hatte ihr selbst das noch genommen. Sie versteckte sich vor uns, und ein Teil von mir begriff, daß das ihr gutes Recht war; der Rest von mir hatte Mitleid mit Ben und noch mehr mit Eli und am meisten mit mir selbst.

Wir standen noch am Gate in Salt Lake City, als Bens Piepser sich meldete. Die nächsten paar Sekunden waren der unwirklichste Teil des Ganzen. Wie zuerst Ben anfing zu weinen und dann Eli, und dann kam ein Mann, nur Sekunden später, wie herbeigezaubert, ganz in Schwarz.

»Ich bin Priester«, sagte er. »Kann ich Ihnen helfen?«

Ich begleitete sie nicht. Ich blieb in Utah und paßte auf ihre Hunde und Pferde auf und holte sie vom Flughafen ab, als sie mit Sallys sterblichen Überresten zurückkamen. Ich fuhr an dem Tag Anfang Februar allein vom Flughafen nach Hause, hinein ins Dämmerlicht, und dann mußte ich mir von meinem Mann anhören, wie gut es doch sei, daß ich nicht würde trauern müssen. Ich weinte nicht, weder da noch auf der Beerdigung. Statt Trauer wallte in mir langsam und unaufhörlich Wut auf, und eine Mauer entstand, die volle fünf Jahre brauchte, um einzustürzen.

Seit Sallys Tod habe ich mehrmals über sie geschrieben,

sowohl in Kurzgeschichten als auch in Essays, aber ich hatte mich bisher nicht daran gewagt, über die Szene am Flughafen zu schreiben. Während ich an diesem Essay arbeite, werde ich meinem Therapeuten erzählen, daß ich es endlich geschafft habe, mich an die Flughafenszene zu machen, und er wird mich fragen, warum ich dafür meiner Ansicht nach so lange gebraucht habe.

Ich werde davon sprechen, wie sich ein Ereignis für immer verändert, wenn man darüber schreibt. Ganz gleich, wie sehr ich mich auch bemühe, es genau wiederzugeben, sobald es in schriftlicher Form vorliegt, ist es den Änderungen unterworfen, die ich vorgenommen habe, ob die nun geringfügig sind oder umfangreich, und ich kann mich danach nie wieder hundertprozentig auf meine Erinnerung verlassen. Ich werde ihm sagen, daß ich bestimmte Dinge an Sally einfach nicht aus der Hand geben wollte, daß selbst etwas so Persönliches wie meine eigene Schriftstellerei nicht meine Erinnerung an bestimmte Ereignisse beeinträchtigen sollte.

»Was für Dinge an Sally wollten Sie auf diese Weise bewahren?« wird er mich fragen.

Und da ich in einer Therapiesitzung sein werde, werden sich meine Gedanken natürlich wie immer überschlagen, weil ich versuche, die richtige Antwort zu finden. Der Tag am Flughafen kann es bestimmt nicht sein, werde ich denken, dieser Tag der Nachlässigkeit, des schlechten Timings und des endgültigen, unwiederbringlichen Verlustes. Sicherlich gibt es auch gute, glückliche Momente, die ich bewahren möchte, Tage, bevor und sogar nachdem sie krank geworden war, wenn wir uns nahe waren und gelacht haben und so ineinander verliebt waren, wie es zwei heterosexuelle Frauen sein können. Doch sosehr ich auch versuchen werde, einen positiven Gedanken zu fassen, mir wird einfach immer wieder die Szene am Flughafen einfallen.

»Es ist seltsam«, werde ich zögerlich sagen, »aber es kommt mir so vor, als hätte ich die ganze Zeit versucht, mir die Flughafenszene mehr als alles andere zu bewahren.«

Auf dem Gesicht meines Therapeuten wird sich das heimliche Lächeln abzeichnen, das er sich für Augenblicke unmittelbar vor einem größeren Durchbruch aufspart.

»Und was glauben Sie, warum?«

Und dann wird die Wahrheit mich überfluten, und ich werde in seinem Büro sitzen und grinsen und gar nicht mehr damit aufhören können. »Weil Traurigkeit etwas Wertvolles ist«, werde ich sagen, und sein Lächeln wird alles andere als verhalten sein. »Sie kann einen ausfüllen«, werde ich sagen und es auch so meinen, »wie das Glück, nur anders.«

Wir werden dann beide schweigend dasitzen und zusehen, wie es in meinem Kopf arbeitet.

»Es gehört einfach zum Leben dazu«, werde ich sagen, so richtig in Fahrt gekommen, Dinge aussprechend, die jede gesunde Fünfjährige weiß, und mich dabei doch gleichzeitig altklug fühlend. »Und wenn die Traurigkeit einen nicht umbringt«, werde ich sagen, »dann ist man in jeder Situation wirklich frei, dann ist kein emotionales Risiko zu groß.«

Die Hälfte der Dinge auf meiner Sorgenliste werden sich in Luft auflösen. Vielleicht sogar mehr. Ich werde das Gefühl haben, als könnte ich gleich von der Couch abheben und durch den Raum schweben.

»Vielleicht ist das jetzt ein guter Zeitpunkt, für heute Schluß zu machen«, wird er sagen, und ich werde sein Lächeln erwidern.

»Gute Idee«, werde ich sagen, »etwas Besseres kommt heute bestimmt nicht mehr.«

Die ersten Tage von Marilyns Besuch verbrachten wir in Denver, wo wir in dem historischen Oxford Hotel wohnten. Ich hatte große Pläne für uns: Massagen, schicke Restaurants, Einkaufsbummel und Pediküre.

Marilyn machte jedoch unmißverständlich klar, daß sie ihren Körper von niemandem anfassen lassen wollte, und so gingen wir einfach nur bis zur Erschöpfung im Stadtpark spazieren und unterhielten uns und gingen dann zurück ins Hotel, ließen uns vom Zimmerservice verwöhnen und sahen uns ein Fleetwood-Mac-Konzert im Fernsehen an.

Jetzt sind wir seit fünf Tagen auf der Ranch, und die Tage haben einen ganz eigenen Rhythmus angenommen. Morgens lesen wir, und wenn uns etwas einfällt, schreiben wir ein wenig. Wir gehen die Straße hinunter zum Bach wie Soldaten auf einer Mission. Dort verbringen wir den Nachmittag, werfen Steine, debattieren über den Verlauf von Haarrissen und über Strategien, werden klatschnaß. Wir gehen zufrieden nach Hause, baden nacheinander in der Wanne mit den Klauenfüßen, machen uns etwas Frisches und Köstliches zum Essen.

Seltsam dabei ist, daß wir so gut wie gar nicht mehr sprechen. Nicht, weil wir aufeinander böse sind oder weil uns der Gesprächsstoff ausgegangen ist. Nein, aus einem viel besseren Grund.

Es ist, als ob die Schneeschmelze und die länger werdenden Tage uns in ihren Bann gezogen haben. Als wären wir stillschweigend übereingekommen, die Stille zu akzeptieren, die die Berge in dieser stillen Jahreszeit verlangen. Sommer ist die Zeit für Gespräche, sagen die Berge, wenn die Vögel singen und der Bach murmelt und die Blätter an den Bäumen im Wind rascheln. Jetzt ist die Zeit, in der man schweigend zusammensitzt, spürt, wie das Eis um einen herum bricht, auf die Rückkehr der ersten Drosseln wartet, jetzt ist die Zeit zu heilen.

Morgen wird Marilyns Besuch zu Ende sein, und ich werde sie zum Flughafen bringen. Wir werden um vier Uhr morgens losfahren und unterwegs die Songs (Girl Songs, ’98) von der Kassette mitsingen, die ich aufgenommen habe. David, mein wunderbar einfühlsamer Freund, der fast die ganze Zeit auf dem Rücksitz geschlafen hat, wird gerade noch rechtzeitig aufwachen, um uns zu drängen, uns ein wenig zu artikulieren.

Wenn wir auf den Frederico Pena Boulevard fahren, die zehn Meilen lange Zufahrtsstraße zum Flughafen, werde ich die Musik leiser drehen, und David wird fragen, warum, und ich werde sagen: »Falls jemand von uns noch ein paar abschließende Worte sagen möchte.«

»Was denn zum Beispiel?« wird er sagen. »Vielleicht, wie sehr du dich gefreut hast, daß deine Freundin zu Besuch war?«

Ich werde daran denken, wie schön das Schweigen zwischen uns war. Ich werde denken, daß ich das erstemal seit Sallys Tod zehn Tage habe verstreichen lassen, ohne zu arbeiten.

»Ja«, werde ich sagen, die Augen auf einen Wagen vor uns geheftet, in dem lauter Leute mit Rastalocken sitzen, »falls wir so etwas in der Art sagen möchten.«

»Es war eine herrliche Woche«, wird Marilyn leise sagen, und ich werde ihr beipflichten, aber David wird das nicht genügen.

»Ihr seid mir vielleicht welche«, wird er sagen, »zwei Frauen, die sich so gern haben und es trotzdem nicht schaffen, ihre Gefühle zum Ausdruck zu bringen.«

Ich werde verlegen kichern, und Marilyn, die bis über beide Ohren rot angelaufen ist, wird sich nach ihm umdrehen und sagen: »Hör zu, David ... es ist wirklich alles in Ordnung mit uns.«

An diesen Moment werde ich mich erinnern, weil er so vollkommen ist. Zwei Menschen, die ich über alles liebe, sind ganz und gar sie selbst.

Und Marilyn wird recht haben. Es ist alles in Ordnung mit uns. Was immer wir am Flughafen sagen oder auch nicht sagen.

Wir haben einfach sieben Tage damit verbracht, den Frühling herbeizurufen. Von nun an werden die Tage kürzer werden.

Berichte
aus
fünf Kontinenten

Afrikanische Nächte

ICH GING NACH AFRIKA, UM DIE TIERE ZU SUCHEN. NICHT die exotischen oder seltenen – nicht die vom Aussterben bedrohten Breitmaulnashörner oder die scheuen, in den Sümpfen lebenden Sitatungas –, sondern die Tiere aus den Büchern meiner Kindheit, die, wie mein Mann, der Safariführer, sagte, leicht zu finden seien: Elefanten, Löwen, Zebras, Giraffen. Afrika, so wußte ich aus der Zeitung, befand sich in einer Krise, die Menschen waren verzweifelt und orientierungslos, aber ich hoffte, über die Armut und die politischen Zustände so weit hinwegschauen zu können, daß ich das wilde Land sah, das, wie ich wußte, allmählich verschwand, ein Teil der Welt, der so einzigartig und kostbar war, daß er die Konflikte um ihn herum nicht mehr lange würde überstehen können. Ich wollte das dunkle, ungezähmte Herz Afrikas spüren, seinen Rhythmus, bevor er für immer erlosch. Ich wollte nachts die wilden Schreie der Tiere hören. Ich wollte mir von ihnen die Schritte ihres uralten und fremdartigen Tanzes zeigen lassen.

Ich ging mit meinem Mann Michael nach Afrika. Er war dort aufgewachsen und hatte in den letzten drei Jahren, bevor ich ihn kennenlernte, in Botswana Touristengruppen auf Safaris durch das Land geführt, das er mir jetzt zeigen würde. Zwei amerikanische Freundinnen begleiteten uns, Christine und Suzanne, und Michaels Tswana-Freund und Assistent Better – das heißt, er nannte sich so, weil wir, wie er sagte, seinen richtigen Namen nie im Leben würden aussprechen können.

Wir brachen in Maun auf, der Stadt am Okawango-Delta,

die ein Zentrum des Safaritourismus in Botswana ist. Zwanzigtausend Tswana leben dort (und es werden mit rasender Geschwindigkeit immer mehr) und etwa fünfhundert weiße Ausländer – Safariführer, Piloten, Schriftsteller, Biologen – aus unterschiedlichen Ländern der sogenannten Ersten Welt.

In gewisser Weise unterscheidet sich die weiße Bevölkerung in Maun nicht von der in irgendeiner anderen Touristenstadt in den USA – sagen wir in Telluride, Colorado oder Key West. Die Weißen in Maun sind größtenteils intelligente, interessante, inzestuöse und klatschsüchtige Leute; sie hegen tiefe Verachtung für eine konventionelle Lebensart, und viele von ihnen nehmen viel zu viele Drogen. Sie besitzen weder die kreative Großherzigkeit noch die menschliche Flexibilität der Afrikaner (die, wie ich auf der Stelle feststellte, weder desorientiert noch verzweifelt waren), und aus diesem wie auch aus anderen Gründen pflegen sie keinen gesellschaftlichen Umgang mit den schwarzen Afrikanern, nicht einmal in einer Stadt wie Maun, in der man eigentlich kaum etwas anderes machen kann.

Es gibt in Maun drei Lokale, in denen nur Weiße verkehren, und gleich am ersten Abend nach unserer Ankunft gingen wir zu einem Dinner des Lion's Club im Duck Inn, wo die einzigen anwesenden Schwarzen das Essen servierten. Die Besitzerin des Duck Inn hat den ausgefallenen Namen Bernadette Peters, doch die meisten nennen sie einfach Ma Duck. Sie ist zäh und furchtlos, und das aus gutem Grund. Eines der vielen verrückten Rituale, die in den frühen Morgenstunden im Duck Inn stattfinden, ist ein Penis-Meß-Wettbewerb, bei dem alle Männer, die noch stehen können, die Hose runterlassen und sich auf den Tresen hocken, während die am wenigsten betrunkene Frau die Länge der Penisse mißt.

In Maun wimmelt es von Jägern und Safariführern, einer Sorte weißer Männer, die mir schmerzlich bekannt vorkommt und die selbst nach Cowboymaßstäben das Machogehabe ins Unermeßliche steigert. Diese Männer sind höflich, fähig und auf so subtile Art überheblich, daß man ihre Herablassung gegenüber Frauen fast mit Fürsorglichkeit oder Verantwortungsgefühl verwechseln könnte. Keiner von ihnen sieht einer Frau jemals direkt in die Augen.

»Jede Frau, die eine Safari mitmacht«, so erfuhr ich viermal während des Dinners von drei verschiedenen Safariführern, die groß, breitschultrig und leicht »arisch« aussahen, »erwartet, mindestens in einer Nacht mit dem Safariführer zu schlafen, bevor sie wieder nach Hause fährt.«

»Keine Frage«, sagte Heinrich aus Frankfurt während des Essens zu mir, wobei sein Blick von meiner Wange zum Schlüsselbein huschte, »sie meinen, das wäre im Preis enthalten.« (Ich wußte natürlich, während er das sagte, daß ich mit unserem Safariführer schlafen würde, weil er mein Mann war und auch weil er Gott sei Dank seine »Safariführer-Phase« schon größtenteils hinter sich hatte, als wir uns kennenlernten. Christine, Suzanne und ich bezeichneten fortan seine vorübergehenden Rückfälle in das Verhalten vor unserer Beziehung als das Dr. Jekyll/Mr. Guide-Syndrom.)

Die überwiegend jungen Ausländer in Maun, die nicht richtig erwünscht sind, aber auch nicht richtig zum Gehen gedrängt werden, hängen einer bestimmten Vorstellung von Afrika an, einer Philosophie vom ungezähmten Land, die schneller verblaßt, als sie sich entscheiden können, irgendwo anders hinzugehen. Bald wird die Straße von Südafrika nach Maun asphaltiert. Bald wird sich die Bevölkerung erneut verdoppeln.

Fast mein gesamtes Erwachsenenleben habe ich in Städten verbracht, wo die Leute ausschließlich darüber reden, wie es früher einmal war, und somit tat es mir nicht leid, Maun zu verlassen. Als wir in einem geliehenen 48er Landrover mit dem Namen Misery aus der Stadt fuhren, konnte ich es kaum erwarten, die Rinder und Esel und das kahl gefressene Weideland hinter mir zu lassen, ebenso wie die nervöse Spannung zwischen gelangweilten Weißen und hungrigen Schwarzen in einer Stadt, die im Begriff ist, groß zu werden. Während wir in einer Sitzordnung, die sich nicht mehr ändern sollte (Mike am Steuer, Better auf dem Beifahrersitz, Frauen *immer* hinten), über die zweispurige Piste holperten, hoffte ich, daß es in Afrika noch einen Ort gab, der unberührt, unbelastet und wild war.

Zehn Meilen hinter Maun wurden die Straßen sehr tief und zerfurcht, und ich wurde so durchgerüttelt, daß ich keinen klaren Gedanken mehr fassen konnte. Nachdem wir den größeren Teil der Tagesetappe (etwa sechzig Kilometer) zurückgelegt hatten, machten wir in einem Dorf namens Ditshipi halt, von wo aus wir mit einem Boot für vier Tage tiefer in das Delta hineinfuhren, während Better und Misery auf uns warteten.

Ditshipi ist eines von vielen Buschmanndörfern im Oka-wango-Delta, wo einige wenige Handwerker wohnen, die lange, schmale Einbäume namens *mokoros* bauen. Für dreißig *pula* am Tag (15 US-Dollar – ein guter Lohn nach Tswana-Maßstäben) bringen die Buschmänner in ihren Booten, die sie mit dünnen Gummibaumstangen vorwärts bewegen, Touristen und Führer mitsamt ihrer Ausrüstung den Santantadibe hinauf ins Herz des Deltas, wohin nicht einmal die Sandpisten führen, die ohnehin nur mit Jeeps zu befahren sind.

Im Gegensatz zu Better, der in Maun wohnt, ein Auto und einen Fernseher hat und seine Kinder in eine öffentliche Schule schickt, führen die Einbaumfahrer und ihre Familien ein von Handel, Materialismus und allem Guten und Bösen, das das Stadtleben mit sich bringen kann, noch nahezu unberührtes Leben. Der Tourismus ist der Fehler im System: Wir bringen ihnen das Geld, das sie nicht brauchten, bis wir kamen.

Mike hatte gehofft, wir würden seinen Lieblingseinbaumfahrer in Ditshipi antreffen, einen Mann, der sich John White nennt, doch im Dorf erfuhren wir, daß John White draußen war, um einen *mokoro* zu bauen. Etwa einmal im Jahr verschwinden die Männer des Dorfes in den Busch, suchen nach einem mühseligen Auswahlverfahren einen Baum aus, schlagen ihn mit einer groben Axt, stellen mit demselben Werkzeug ihr Boot her und lassen es dann wochenlang unmittelbar unter der Oberfläche des Deltawassers liegen und sich vollsaugen. Wenn sie ins Dorf zu ihren Frauen und Familien zurückkehren, dann mit einem neuen *mokoro* ... meistens. Ich verstand nicht sofort, daß »einen *mokoro* bauen« auch eine Metapher sein konnte; auf diese Weise teilte der Mann seiner Frau mit, daß er für eine Weile weggehen würde. Folglich organisieren die Buschfrauen das gesellschaftliche Leben, wenn nicht theoretisch, so doch zumindest in der Praxis, und demzufolge arbeiten die Frauen hart, sind zuverlässig, selbstbewußt, schön und geduldig wie Stein.

Unsere Einbaumfahrer hießen Robert, Master und John. In den nächsten vier Tagen würden sie unser Gepäck tragen, unser Lagerfeuer machen und dafür sorgen, daß wir den Flußpferden nicht zu nahe kamen, von denen man wußte, daß sie einen *mokoro* glatt durchbeißen konnten. Sie würden essen, was wir ihnen in den Töpfen und dann auf unseren Tellern übrigließen. Sie würden uns vom Delta einen winzigen Teil zeigen, in dem sie sich auskannten, und sie würden uns, nur ein klein wenig, die ganze Zeit über hassen.

Robert hatte bei den dreien das Sagen, und er war der Zornigste von ihnen. Er konnte ein paar Brocken Englisch – seine Lieblingsausdrücke waren »Halleluja« und »Pinkelpause«. Er verguckte sich in Christine und machte ihr aus einer Wasserlilie ein Halsband. Sie sah aus wie eine Prinzessin des Okawango, als er sie in seinem Einbaum in einer Lagune herumfuhr.

Master verstand zwar Englisch, aber er tat so, als wäre dem nicht so; er war fröhlicher als Robert und hatte ein kehliges, ansteckendes Lachen. Er zeigte mir, ohne dabei ein Wort zu sagen, welche Wasserpflanzen eßbare Wurzeln hatten, wie man aus Palmblättern Wein machte und wo man in den Akazien Honig finden konnte, der süßer und reiner war als alles, was ich bis dahin probiert hatte.

John konnte zwar am besten Tierfährten lesen, verstand jedoch am wenigsten von Weißen. Er war sehr jung, aber er konnte sehr gut mit seinem *mokoro* umgehen. Er machte für uns alle ein Musikinstrument namens *swohorohoro* aus Gummibaumstücken und einem Schilfrohr und versuchte uns beizubringen, wie man es spielte.

Zu beobachten, wie die Einbaumfahrer und Mike miteinander umgingen, ihren ausgesprochen Faulknerschen Haßliebe-Tanz vollführten, war ein wenig beunruhigend. Ich weiß, daß mein Mann kein Rassist ist, aber nachdem ich das Haus gesehen hatte, in dem er aufgewachsen ist, nachdem ich Johannesburg mit seinen unzähligen weißen Vororthäusern gesehen hatte, die alle wie Festungen anmuteten, nachdem ich den klugen Schwarzen Peter Mmutle kennengelernt hatte, der Michael mit erzogen hatte und tatsächlich König der Nord-Sotho war – über eine halbe Million Menschen – und der tatsächlich noch immer eine Fertigbauhütte in dem von einer Mauer umgebenen Garten von Michaels Schwester bewohnt, wurde mir klar, daß Mike und ich aus Ländern stammen, die unterschiedlicher waren, als ich gedacht hatte, und ich beobachtete ihn genauer als je zuvor.

»Ich glaube, Robert mag dich«, sagte ich zu Michael, was mir sowohl wahr als auch unmöglich erschien.

»Er mag mich nicht«, sagte Michael mit einer ruhigen, keinesfalls anmaßenden Stimme. »Er hält mich für Gott.«

In unserer Nähe waren die Einbaumfahrer ruhig und zurückhaltend, doch sobald sie sich unbeobachtet wähnten, wurden sie wieder zu den Jungen, die sie waren, flitzten mit ihren *mokoros* umher, sprachen mit den Pavianen, die überall um unser Camp herum waren, kletterten auf Bäume, um sich ein gemütliches Plätzchen zu suchen, wo sich ihre Silhouetten gegen den flammend roten Sonnenuntergang abzeichneten, lachten und neckten sich gegenseitig in ihrer schriftlich nicht erfaßbaren Buschmannsprache.

Am zweiten Tag im Delta sahen wir unsere ersten Elefanten. Wir saßen in den *mokoros* und fuhren flußaufwärts, als die Einbaumfahrer plötzlich in unverständliches und aufgeregtes Flüstern verfielen. Zwei große, graue Leiber balgten sich keine fünfzig Meter vor uns mitten im Fluß.

»Kämpfen sie?« flüsterte ich Mike zu.

»Nein, sie spielen«, flüsterte er zurück. Und wirklich, die Elefanten spielten so, wie wir bis zum Schluß unserer Reise noch Hunderte von Elefantenpaaren würden spielen sehen. Sie wälzten sich übereinander und umeinander herum, vollführten einen Tanz, der rhythmisch und anmutig zugleich war, trotz ihrer Masse und Größe. Sie saugten literweise Wasser mit den Rüsseln auf und besprühten sich selbst und gegenseitig, rollten sich auf den Rücken, bis nur noch die Füße aus dem Wasser ragten. Sie stießen die Köpfe gegeneinander und schlugen einander die Ohren ins Gesicht und tauchten sich gegenseitig mit Kopf und Schultern und manchmal auch mit den Vorderbeinen unter.

Als wir langsam näher kamen, konnten wir sehen, daß Mike recht hatte; sie waren nur verspielt, hatten nichts Böses oder Aggressives. Wenn bei ihrem Wassertanz noch etwas anderes als Verspieltheit mitschwang, dann wäre das richtige Wort dafür Freude oder Liebe gewesen.

Die Einbaumfahrer verloren allmählich die Geduld mit den Elefanten; es war kurz vor Sonnenuntergang, und Sonnenuntergang ist die Zeit der Flußpferde. Wir waren keine zwanzig Meter von den Elefanten entfernt, aber noch ein gutes Stück außerhalb ihres Gesichtsfeldes, und es gab keine Möglichkeit, sicher an ihnen vorbeizukommen. Robert klopfte viermal laut mit seiner Stange gegen den *mokoro*, um sie auf uns aufmerksam zu machen. Die Elefanten blickten zuerst in unsere Richtung, dann sahen sie einander an, und dann, eher enttäuscht als wütend oder verängstigt, standen sie auf und trotteten durch den Fluß von uns weg, wobei sie das Wasser zwischen uns und der untergehenden Sonne in hohen Bögen aufspritzen ließen.

Der Rhythmus des Delta steckte uns an; wir wachten

bei Tagesanbruch auf, folgten morgens den Wildfährten und machten mittags ein ausgedehntes Nickerchen. Am Nachmittag fuhren wir mit den *mokoros* weiter und bereiteten am Lagerfeuer mit zunehmend älterem Fleisch und Gemüse (das bereits eine Woche alt gewesen war, als wir es in Maun kauften) unser Abendessen zu. Die wichtigste Tätigkeit am Tag wurde bald, die Liste mit den Tieren abzuhaken, denen wir uns irgendwann tagsüber hatten nähern können, entweder zu Fuß oder auf dem Wasser: Zebras, Litschi-Wasserböcke, Weißschwanzgnus, Sattelstörche, Warzenschweine und Klunkerkraniche. Wir sahen jeden Tag weitere Elefanten. Sie liefen, schwammen, spielten, machten riesige Schlammlöcher, um sich darin zu wälzen. Nachdem unsere anfängliche Angst verflogen war, ließen wir sie bis auf wenige Schritte an uns herankommen, wobei uns ihre Kurzsichtigkeit und die Windrichtung schützten. Wenn wir ganz nahe an den Elefanten dran waren, hörten wir, wie sie sich mit kehligem Grummeln unterhielten, hörten, wie die trockenen Blätter der Lala-Palmen rasselten wie Maracás, wenn die Dickhäuter mit ihren Rüsseln die reifenden Samen abschüttelten, und wir hörten sie zu jeder Tages- und Nachtzeit einander etwas zubrüllen, wenn sie uns umringten und ignorierten, so winzig, wie wir für sie waren.

Der Staub des Delta sank in unsere Haut und verlieh uns eine merkwürdig graubraune, undefinierbare Farbe. Der Staub drang uns in die Ohren und unter die Nägel und so tief in die Poren, daß wir ihn nicht mehr loswurden, sooft wir auch im Santantadibe ein Bad nahmen, immer auf der Hut vor Flußpferden. Als wir schließlich das Delta verließen, als die *mokoros* um die letzte Flußbiegung bogen und wir am Ufer anlegten, wo Better und Misery auf uns warteten, fragte Better Mike auf Tswana, was mit den Weißen passiert sei, die er nur vier Tage zuvor hier abgesetzt hatte.

Wir hatten noch eine lange Fahrt vor uns, zwei Tage (zweihundertvierzig Kilometer), bis wir unser nächstes Ziel erreichten: den Moremi-Wildpark. Wir tranken warmes

Tonicwasser (Schutz gegen Malaria) aus der Dose, lasen aus unseren Reiseführern vor und brauchten eine Weile, bis wir den rituellen Begrüßungstanz der Safariführer verstanden. Wenn zwei Safaribusse einander begegnen (das kann zwei- bis zehnmal am Tag passieren), halten die Führer an, springen aus dem Wagen und treffen sich mitten auf der Piste, die Füße auseinander, die Hände auf dem Rücken, mit in der leichten Nachmittagsbrise flatternden Khakihemden. Worüber sie reden, während die Touristen im Bus in der Hitze schmoren, bleibt allen ein Rätsel.

»Alltagskram«, versicherte Mike mir. »Sandkuhlen, Schlammlöcher, instabile Brücken und dergleichen.« Nach zwei langen Tagen und viel zu vielen Lagebesprechungen dieser Art kamen wir sicher im Moremi-Wildpark an. Der große Unterschied zwischen den Parks in Afrika und denen in den USA ist der, daß die Touristen nicht den Wagen verlassen und herumlaufen dürfen. Der andere Unterschied ist der Grund für diese Vorschrift: Es gibt nämlich wesentlich mehr Dinge in Afrika, die einem bei lebendigem Leibe auffressen können.

Die Vorschrift, daß man den Wagen nicht verlassen darf, hat den Vorteil, daß die Tiere sich an die Fahrzeuge gewöhnt haben und sich durch sie nicht bedroht fühlen. So kann man bis auf wenige Meter an eine Löwin und ihre Jungen heranfahren, die sich gerade an einem erlegten Büffel gütlich tun, an einen Leoparden, der auf einem Baum döst, an eine Lagune voller Flußpferde. Am nächsten kommt man den Tieren wohl in einem Wagen mit Vierradantrieb. Der Nachteil besagter Vorschrift liegt auf der Hand; das Erlebnis ist in etwa so, als würde man ein größeres, wilderes Löwengehege besuchen. Und obwohl ich es schön fand, einer gesättigten Löwin Auge in Auge gegenüberzustehen, hätte ich es noch schöner gefunden, wenn ich mich ihr auf dem Bauch über heißen Wüstensand kriechend genähert hätte. Und wäre es nicht ein bißchen aufregender gewesen, wenn die klitzekleine Möglichkeit bestanden hätte, daß sie plötzlich aufspringt, um mich zu fressen?

Für diejenigen von uns, die zumindest die Vorstellung von Gefahr brauchen, um auf ihre Kosten zu kommen, besteht in den Parks glücklicherweise das Verbot, zwischen Sonnenuntergang und -aufgang mit dem Wagen herumzufahren. Ich glaube, daß es diesem Verbot (obwohl es umstritten ist und vielleicht abgeschafft wird) zu verdanken ist, daß die Wildnis des Busches noch teilweise erhalten bleibt. Am Tag gehört Afrika den Touristen; nach Einbruch der Dunkelheit fordern die Tiere den Busch zurück.

Nachts schliefen wir auf dem Dach von Misery unter den unzähligen uns unbekannten Sternen der südlichen Hemisphäre. Wir gingen jeden Abend kurz nach Einbruch der Dunkelheit zu Bett, und dann lag ich wach und wartete, daß irgend etwas passierte. Zunächst erklangen die Geräusche der Nacht: die Grillen und Kröten, die Hyänen und ihr elektronisch klingendes *Wwhhuuuup, Wwhhuuuup*, das *Wuu-huuu, Wuu-huuu* des riesigen Uhus, das plötzliche Kreischen und ständige Geschnatter des Pavians, hin und wieder das wütende Trompeten eines Elefanten und später in der Nacht schließlich das Grollen eines näher kommenden Löwen. Ich lag da, wach und reglos im Dunkeln, während eine Meerkatze in unseren Wagen sprang, um nach Orangen zu suchen, während zwei Hyänen im schwächer werdenden Schein unseres Lagerfeuers miteinander rauften, mit einem Kichern, das verrückter klang als bei irgendeinem Menschen. Ich kämpfte, solange ich konnte, gegen den Schlaf an, nicht so sehr, weil ich mich fürchtete (obwohl das der Fall war), sondern weil ich Angst hatte, etwas zu verpassen.

Später in der Nacht wachte ich manchmal auf und sah unmittelbar jenseits der Bäume um unseren Lagerplatz herum große dunkle Gestalten, einen Konvoi von Nilpferden, die aus dem Fluß kamen und auf das Grasland gingen, wo sie bis kurz vor Tagesanbruch weiden würden. Stunden später berührte Mike mich am Arm und flüsterte: »Ganz ruhig«, und ein richtig stolzer Löwe bewegte sich durch das Lager, auf leisen Sohlen, folgte dem Fluß und den Büffeln, ohne sich auch nur im geringsten durch die Fahrzeuge und Zelte und den Geruch von Menschen beirren zu lassen. Wieder döste ich ein, und Frankolinhühner fingen an zu kreischen, die Paviane erschienen zum Frühstück wieder im Lager, das Licht glimmte am östlichen Horizont auf, und das südliche Ende der Milchstraße verblaßte. Dann hieß es aufstehen, in den Wagen und hinaus in die anderthalbtausend Quadratkilometer des Parks, in der Hoffnung, irgendein Tier zu erblicken, das wir noch nicht gesehen hatten, irgendein Tier, das aller Wahrscheinlichkeit nach fast die ganze dunkle Nacht direkt vor unserer Nase verbracht hatte.

Eines Morgens hatten wir das Glück, einem Rudel afrikanischer Wildhunde zu begegnen, acht jungen ausgewachsenen Tieren mit einem ganzen Haufen Welpen. Wildhunde, die mit ihren langen Beinen, großen Ohren und scheckigem Fell weniger wiegen als ein durchschnittlicher Border Collie, sind klug, verspielt und für ein friedliches Gemeinschaftsleben besser geeignet als ihre afrikanischen (oder amerikanischen) menschlichen Pendants. Der nur noch kleine Bestand an Wildhunden in Afrika, die aufgrund einer falschen Einschätzung durch den Menschen viel stärker verfolgt werden als der amerikanische Wolf, verringert sich weiterhin rasch. Wie mir erzählt wurde, sind Wildhunde bei der Jagd gut organisiert, und wenn man ihnen dabei zusieht, kann man beobachten, daß sie miteinander kommunizieren, sich gegenseitig Positionen zuweisen und Zeichen geben. Ist die Beute einmal erlegt, wird nicht darum gekämpft oder gestritten, sondern sie bitten einander um Nahrung und erhalten sie dann auch.

Die Hunde, die wir sahen, jagten Wasserböcke: dicke, struppige Antilopen mit weißen Flecken auf dem Hinterteil, mindestens viermal größer und schwerer als die Wildhunde. Die Hunde bellten einander Befehle zu, stellten sich in einer Reihe am Flußufer auf, und die Weibchen gaben den Welpen jaulend zu verstehen, daß sie sich nicht von der Stelle rühren sollten. Nacheinander setzten sich die Erwachsenen in Bewegung, sprangen geräuschlos in den kleinen Fluß und wieder heraus, näherten sich leicht-füßig ihrer Beute. Die Wasserböcke waren nervös, merk-ten, daß sie umzingelt waren. Sie entschieden sich für eine Richtung und stürmten los. Nach einem kurzen Durch-einander mit trommelnden Hufen und schnellen Pfoten gelang allen Wasserböcken die Flucht, was uns ebenso ver-blüffte wie die Hunde.

Als wir uns nach dem Grund für die gescheiterte Jagd umsahen, bemerkten wir, daß ein junger Hund sich nicht über den Fluß getraut hatte. Er lief auf unserer Seite des Ufers auf und ab, während die übrigen ihm still von der anderen Seite aus zusahen.

»Jetzt ist er Krokodilfutter«, sagte Mike, »und er weiß es. Je länger er wartet, desto schlechter stehen seine Chancen.«

Der Tumult, den die Jagd verursacht hatte, würde die Krokodile anlocken, und obwohl der Hund nur einen Satz ins Wasser machen mußte, konnte es sein, daß dieser eine Satz ihn in Krokodilfutter verwandelte. Der Hund lief auf und ab und winselte seinen Gefährten zu, die ihm schließ-lich offenbar verziehen, daß er ihnen die Jagd ruiniert hatte, denn sie gingen zur schmalsten Stelle des Flusses, hockten sich hin, legten die Köpfe auf die Vorderpfoten und jaulten ihm Mut zu. Froh, daß man ihm verziehen hatte, und von seinen Kameraden ermutigt, machte der kleine Hund zwei Anläufe und sprang dann so schnell in den Fluß und wieder heraus, daß es aussah, als wäre er von der Wasseroberfläche abgeprallt. Aus den drei Fahrzeugen, von denen aus das kleine Drama beobachtet wurde, ertönte Jubelgeschrei.

»Seht euch an, wie sie sich freuen«, sagte Mike. Alle aus dem Rudel kamen, um den kleinen Hund zu begrüßen, be-schnüffelten und leckten ihn ab und gaben leise gurgelnde Laute von sich, bereiteten dem gescheiterten Jäger, der nur kurze Zeit fort gewesen war, einen überschwenglichen Empfang. Die Welpen sprangen in die Luft und tanzten im Kreis um die Füße des zurückgekehrten Jägers herum, der wiederum um die Füße der älteren, erfahreneren Hunde tanzte, die ihm geholfen hatten. Sie hatten keine Beute erlegt, sie hatten keinen Festschmaus zum Feiern, aber die Hunde tanzten vor Freude, daß sie wieder heil und gesund vereint waren, und wir sahen ihnen nach, als sie glücklich zurück in das hohe, trockene Gras trabten, wobei ihre Füße den Boden nicht zu berühren schienen.

Der Fluß Kwai ist die nördliche Grenze des Wildparks, und die Stadt Kwai liegt direkt auf der anderen Seite. Wir gingen einmal über die Brücke, um Perlen und Körbe bei den Frauen zu kaufen, die sich in einer staubigen grauen Grünanlage vor ihren Hütten aus Schlamm und Coladosen versammeln und flechten und nähen und singen und lachen. Diese Frauen, denen die Traurigkeit in tiefen Falten im Gesicht geschrieben steht, strahlen dennoch eine überbordende Freude aus, die sogar die Kamera tragenden weißen Touristen ansteckt, denen sie ihre Perlen für einen lächerlich geringen Preis verkaufen.

»Meine Großmutter sagt, du darfst ein Foto von ihr machen, wenn du willst«, sagte ein neun oder zehn Jahre altes Mädchen in einem hübschen blauen Kleid zu mir und zeigte auf eine Frau von etwa vierzig, die gerade helles und dunkles Schilfrohr zum Rand eines Korbes zusammenflocht.

Als ich die Großmutter fotografierte, lächelte sie nicht, doch jetzt, wo ich das Bild betrachte, sehe ich, daß ihre Augen warm sind, und sie hält mir ihren angefangenen Korb entgegen wie eine Gabe. »Jetzt gehe ich mit dir nach Hause, Ma«, sagte sie, und ich begriff sofort, daß sie recht hatte, und ich fragte mich, was sie sich wohl vorgestellt hatte, als sie mich ansah und die Worte »nach Hause« sagte.

Vom Moremi-Park aus fuhren wir zum Chobe-Nationalpark, um weitere Tage mit vielen Tieren und kühle, rauhe Nächte zu erleben. Unsere Checkliste wurde länger und eindrucksvoller: Leopard, Zobel, Singhabicht, Pferdeantilope, Grünscheitelracke, Strauß, Trappe, Steinantilope, Ralle, Falbkatze, Oryx, Riedbock, Moorantilope, Schraubenantilope. Better versuchte tapfer, uns die Tswana-Namen beizubringen – Giraffe, *thutlwa*; Flußpferd, *kubu*; Pavian, *tshwene*; Wildhund, *letlhalerwa* –, und wir verbogen uns nach Kräften den Mund, um die fremden Buchstabenkombinationen auszusprechen. Nach vierzehn Tagen hatten wir alle Tiere gesehen, die wir benennen konnten, bis auf eins: Nur der Gepard (auf Tswana *lengau*) weigerte sich, uns sein Gesicht zu zeigen.

Im Laufe unserer Safari waren wir nach und nach nördlich von Maun zu der noch kleineren Stadt Kasane gekommen, aber nachdem wir so viele Tage nichts als Sonne, Sand und Tiere erlebt hatten, war die Zivilisation, selbst in einem so begrenzten Maße, für uns ein größerer Schock, als wir uns vorgestellt hatten. Mit einemmal hatten wir wieder eine Badewanne, fließendes Wasser, Betten, Lampen, eine Kneipe mit einem Plakat, auf dem unglaublicherweise stand: »Heute abend Live-Musik.«

Wir wurden sauber, aber dieses sauber war nur relativ. Daß der Schmutz sich, wie wir gesagt hatten, für den Rest unseres Lebens in unsere Haut eingegraben hatte, war nicht gänzlich falsch. Wir waren neunzig Prozent sauberer, als wir es vor dem Duschen gewesen waren, was mindestens neunzig Prozent schmutziger war, als wir es in unserem normalen Leben gewöhnt waren.

Um unseren Organismus nicht völlig zu schockieren, indem wir uns in einem Restaurant (es gab eins in der Stadt) bedienen ließen, und um einen Teil der Vorräte aufzubrauchen, die wir zuviel eingekauft hatten und am Ende verschenken würden, fuhren wir Misery zum Lagerplatz der Stadt, um eine letzte Mahlzeit im Freien zuzubereiten: frische (das heißt vor unseren Augen frisch geschlachtete) Hühner, Kürbis, relativ frischer Salat (Kopfsalat braucht nur fünf Tage bis Kasane) und sämtliche Instanttüten Kartoffelbrei, die ich im Wagen finden konnte.

Bevor wir mit dem Essen fertig waren, hörten wir, daß die Musik in der Kneipe anfing, eine gar nicht mal so schlechte Version des Paul-Simon-Songs *You can call me Al*. Wir machten rasch den Abwasch, mit dem Luxus von fließendem Wasser, und gingen in Richtung Musik.

Im Gegensatz zum Duck Inn in Maun war die Gästeschar hier bunt zusammengewürfelt, und ich bekam meinen ersten richtigen Eindruck von dem Kaleidoskop, aus dem Afrika besteht, von der afrikanischen Gesellschaft, deren Existenz jene vier Meter hohen Gartenmauern in Johannesburg vergeblich zu leugnen suchen.

Da war zum Beispiel ein ostindischer Safariführer, der von seinen häufiger vorkommenden, helleren Kollegen die Brust-raus-Haltung übernommen hatte. Oder die zwei Exbesitzer der Bar, Jagdbrüder, die so große Ähnlichkeit mit den Umpa-Lumpas aus Roald Dahls *Charlie und die Schokoladenfabrik* hatten, daß ich mich nicht mehr an ihre richtigen Namen erinnern kann. Eine Gruppe aus Europa, überwiegend junge Frauen in T-Shirts und Sandalen, die mit einem dieser großen Überlandbusse unterwegs waren, mit denen man ganz Afrika in achtunddreißig Tagen bereisen kann. Eine Gruppe älterer schwarzer Männer, die ziemlich unauffällig in einer Ecke Karten spielten. Ein Jude aus Amerika, der in Salt Lake City zur Schule gegangen war und mit mir über die Mormonen, Atomtests und AIDS sprechen wollte. Zwei britische Paare, todschick in Khakikleidung und Kniestrümpfen, die in der noblen Chobe Game Lodge wohnten (wo einst Liz Taylor und Richard Burton abgestiegen waren) und die in die Chabe Safari Lodge gekommen waren, um sich anzusehen, wie die weniger Betuchten leben. Zwei junge Tswana, die bereits betrunken waren und sich allzu großartig amüsierten, und ein Tswana-Rausschmeißer, der sie nicht aus den Augen ließ.

Doch die größte Aufmerksamkeit erregten zwei schöne Tswana-Frauen, die bei weitem am besten gekleidet waren und bei weitem am besten tanzen konnten, wie sie mit ineinander verschlungenen Armen und wirbelnden Röcken bei jedem Stück bewiesen, das Danny, der Musiker aus Kapstadt mit der sanften Stimme, spielte.

An jenem Abend wurde sehr viel Alkohol getrunken, und

es wurden viele Songs gespielt, die uns, wie wir gedacht hatten, eigentlich zu den Ohren raushingen, von *American Pie* bis *Sometimes When We Touch*, von *Sweet Baby James* bis *I'm Proud to be an Okie from Muskokee* sowie drei Versionen von Eddy Grants Anti-Apartheid-Song *Gimmie Hope Jo'hanna(sburg)*, und niemand setzte sich länger hin, als er unbedingt brauchte, um wieder zu Atem zu kommen. Siebzehnmal kündigte Danny im Laufe der Nacht an, daß er jetzt aber wirklich das letzte Stück spielen würde, und jedesmal, wenn der Hut herumging, damit er weiterspielte, warfen alle etwas hinein.

Die jungen Deutschen führten einen ziemlich wilden Tanz auf, die jungen Schwarzen, die es den ganzen Abend schafften, nicht hinausgeschmissen zu werden, tanzten zu jeder Musik einen langsamen Reggae, die Briten einen Cha-Cha-Cha, die afrikanischen Umpa-Lumpa-Brüder tanzten Kindertänze und die beiden schönen schwarzen Frauen ließen uns übrige ziemlich unbeholfen aussehen, denn sie tanzten die ganze Nacht ohne Unterlaß zu der inneren Musik ihres Körpers, im Geist mit einem anderen verspielteren Gott verbunden.

Und als schließlich alles vorüber war, als wir außer Atem zurückgingen, berauscht von dieser späten, unerwarteten Kostprobe des richtigen Afrika, kam Christine einen Schritt vom Gehweg ab und lief direkt in ein Flußpferd hinein, das aus dem Fluß Chobe gekommen war, um das süße grüne Gras auf dem Rasen der Chobe Lodge zu fressen.

»Das ist Esmeralda«, rief die Geschäftsführerin Pat Tugwell aus ihrem Schlafzimmerfenster. »Wir haben ein Abkommen getroffen. Sie frißt niemanden, wenn man ihr nicht in die Quere kommt.«

Und Christine und ich kreischten lachend auf, wollten uns nicht eingestehen, wie gefährlich die Begegnung für uns hätte werden können. Wir hatten den Rhythmus von Afrika in uns. Endlich lernten wir, wie man richtig tanzt.

Wellen in allen Herbstfarben

ICH HÄTTE VON VORNHEREIN WISSEN MÜSSEN, DASS ICH mich in die Ardèche verlieben würde, mit ihren grünen schroffen Hügeln und den bernsteinfarbenen Weingärten, mit den kristallklaren, lachenden Flüssen, die durch die Dörfer mit den ziegelgedeckten Bruchsteinhäusern sprudeln und rauschen, und auch in die offenherzigen und liebenswürdigen Bewohner dieser relativ unbekannten Region Frankreichs, die der Zeit hinterherhinkt, von überall nur nach langer Fahrt zu erreichen und stets auf Gedeih und Verderb dem Wetter ausgeliefert ist. Ich hätte wissen müssen, daß ich mich schon allein deshalb in sie verlieben würde, weil ich im September dort war und ich einfach nicht anders kann, als eine Gegend in mein Herz zu schließen, in der ich die tiefe und vergängliche Süße eines sterbenden Sommers miterlebe.

Die Ardèche, die zwischen dem Loire-Gebiet im Norden und der Provence im Süden, zwischen den Ufern der Rhône im Osten und den Cevennen im Westen eingebettet ist, zählt zu den Regionen Frankreichs, über die am wenigsten geredet wird, die am preiswertesten sind und von den wenigsten Touristen besucht werden. Es ist eine Landschaft, die auf den ersten Blick über keine Superlative zu verfügen scheint, mit mäßig hohen Bergen und nicht übermäßig tiefen Schluchten, mit mittelgroßen Dörfern voller freundlicher Menschen, die einen recht guten Wein und Ziegenkäse und eine derart fette und salzige Wurst herstellen, daß man beim Kauen förmlich spürt, wie sich die eigene Lebenszeit um Jahre verkürzt. Es ist eine Landschaft mit

Tälern, die kein Ende zu nehmen scheinen, voller Ziegen und Kühe und dem einen oder anderen Bauernhaus, und Straßen, die von Menschen gebaut wurden, die meinen, Autofahren sollte Leistungssport sein, und die nicht wollen, daß man je über den dritten Gang hinauskommt.

Die Berge und die hochgelegenen Dörfer der Ardèche lenken zwar den Blick gen Himmel, doch im Grunde sind es die Flüsse, die die Landschaft beherrschen, das Land und das Leben der Bewohner formen, die bestimmen, wo die Franzosen ihre abenteuerlich kurvenreichen Straßen bauen. Die grüne Ardèche sprudelt aus Kalkstein hervor, der etwas blauere Eyrieux aus Granit, die mächtige Loire aus vulkanischem Basalt. Und jeder dieser größeren Flüsse wird von zehn kleineren Flüssen gespeist, die wiederum jeweils von fünf Flüßchen gespeist werden.

Die Ardèche macht vielleicht den Anschein, keinerlei Superlative aufweisen zu können, doch nur bis die Sonne über diesen Flußtälern aufgeht, bis sie die orangefarbenen Dächer beleuchtet und die grünen Felder zwischen Reihen aus sauberen weißen Steinen schimmern, denn dann begreift man, daß man einem authentischen, unprätentiösen Kern Frankreichs noch nie so nah war. Die Franzosen kommen nämlich in die Ardèche, wenn sie zurück zur Natur wollen, wenn sie die Buchläden und Cafés hinter sich lassen und einen Tag lang mit einem Kajak durch unsäglich schöne Schluchten fahren wollen, wenn sie sich einen Rucksack umschnallen und drei Tage lang durch eine zerklüftete Gebirgslandschaft wandern wollen.

Mein Besuch der Ardèche beginnt in der Stadt Vals-les-Bains, die etwa in der Mitte der Region liegt. Meinen Jetlag überwinde ich im Hôtel d'Europe, das einfach und sauber und preiswert ist, und die Besitzer, Renée und Albert Mazet, sind ungemein freundlich und geben sich alle Mühe, einer allein reisenden Touristin zu helfen, die ein langsames, holpriges Französisch spricht.

Es ist ein lebendiges Städtchen, vor allem am Markttag (Samstag), wenn die Straßen für den Verkehr gesperrt werden und die Händler ihre Stände aufbauen und sämtliche Produkte der Region zum Verkauf anbieten, von Obst und Gemüse bis hin zu einer unendlichen Vielfalt an Wurst und Käse, handgestrickten Schals, Musikkassetten, Honig, Obstsäften, Jeans und Trauben in allen Farben.

Vals-les-Bains ist sozusagen eine Scheidelinie in der Ardèche, der Ort, wo sich die Region geographisch, klimatisch, philosophisch und geistig in zwei Hälften spaltet. Im Norden schneiden die gewundenen Flüsse schmale Täler, und die Städtchen sind praktisch aus den steilen dunklen Wänden herausgehauen. Der Winter ist eine ständig drohende Gefahr, die Winde auf den Bergkämmen sind scharf und erbarmungslos. Jedes Dorf wird von einer katholischen Kirche überragt, und die Berghänge sind mit Kruzifixen übersät, von denen jedes einen noch gequälteren Jesus zeigt als das vorherige.

In der südlichen Ardèche gibt es keine Kruzifixe, und vor lauter Weinbergen und Cafés findet man die Kirchen (protestantische) nicht. Von Vals-les-Bains aus wogt das Land nach Süden in Wellen in allen Herbstfarben, rundliche Bauern bringen mit ihren Traktoren, deren Anhänger mit Trauben beladen sind, den Verkehr fast zum Erliegen, der Geruch nach Olivenöl und Knoblauch hängt so schwer in der Dorfluft wie die Religion; in der Spätnachmittagssonne hat man das Gefühl, der Winter wäre noch eine Ewigkeit weit weg.

Weil mir Wein und Knoblauch mehr zusagen als die Verdammnis und plötzliche Schneestürme, beschließe ich, zuerst die südlichen Dörfer zu erkunden: Les Vans, Joyeuse, Augièze, die alle jahrhundertealt sind und irgendwo zwischen planloser Restaurierung und der Gelassenheit des Verfalls schweben. Diese Dörfer sind von einer stillen, für amerikanische Augen verblüffenden Schönheit: ein einzelner Blumenkasten voll mit ausschließlich roten Blumen, das cremige Braun einer Fensterscheibe, das sich von dem hellen Stein der Wände abhebt, eine Reihe lilafarbener Büsche mit einer Wäscheleine davor voll schwarzer und weißer Wäschestücke.

Das Schild auf dem Weg ins Dorf Largentière verkündet: 1000 JAHRE GESCHICHTE, und eine weißhaarige Frau, die ihren Albino-Afghanen am Ortseingang Gassi führt, sieht so alt aus, als hätte sie die ganzen tausend Jahre miterlebt. Wie in allen Städtchen in der Ardèche sprudelt auch durch das Zentrum von Largentière ein klarer, kalter Fluß, der dem Ort eine Energie, eine Vitalität verleiht, die die ruhigen Sträßchen, die zuweilen für ein einziges Fahrzeug zu eng sind, Lügen strafen.

Obwohl Largentière so alt und verschlafen ist, gibt es Anzeichen dafür, daß hinter diesen Häuserwänden junge Leute lauern: ein schwarzer Hund mit einem roten Halstuch, eine Strumpfhose in psychedelischen Farben an einer Wäscheleine. Und so wundere ich mich nicht, als ich in eine schmale Gasse einbiege und aus einem offenen, aber vergitterten Fenster Van Morrison höre, und als ich einen verstohlenen Blick hineinwerfe, reicht mir ein Franzose um die Dreißig mit verrücktem schwarzem Haar und einer einzigen zusammengedrehten Dreadlock dunkelrote Trauben durch die Gitterstäbe.

Die Haupttouristenattraktion in der südlichen Hälfte der Ardèche sind die Gorges de l'Ardèche, eine Schlucht des Flusses Ardèche mit dreihundert Meter hohen weißen Granitwänden, die sich aus der mit Weingärten bedeckten Landschaft erheben und die Ufer des Flusses über eine Länge von fast fünfzig Kilometern hinweg säumen. Die schmale Flußstraße steigt steil die erste Granitplatte hinauf und bleibt dann auf dieser Höhe, so daß sie den Autotouristen nur flüchtige Eindrücke von dem winzigen, grünen Fluß unten in der Tiefe gewährt und die Wanderer und Kajakfahrer, die jedes Jahr in Scharen kommen, die wilde Schlucht für sich allein haben.

An dem Morgen, an dem ich an der Schlucht ankomme, ist die Septemberluft frostig, und es herrscht ein zäher, tief hängender Nebel, so daß mir die Vorstellung, in einem Plastikboot zu sitzen, dessen Boden knapp unterhalb der Wasserlinie liegt, nicht gerade behagt. Also greife ich statt dessen nach meinen Wanderschuhen. Die Franzosen legen ihre Pfade fast genauso an wie ihre Straßen, nach dem Motto, wozu braucht man Serpentinen, wenn der direkte Weg kürzer ist, eine Einstellung, die zwar ihre Reize hat, aber nicht sehr weitsichtig ist und plötzliche Überschwemmungen und Erosion außer acht läßt. Das viele Treibgut an den Flußbiegungen – umgestürzte Bäume, zerbrochene Kanus und verlorene Wasserflaschen – verrät mir, daß im Frühjahr zumindest dieser ruhige kleine Fluß wild wird.

Ich klettere zu einer Stelle, die über einer tiefen Flußwindung liegt, so daß ich auf drei Seiten von der Schlucht umgeben bin. Der frühmorgendliche Nebel lichtet sich allmählich. Dreißig Meter unter mir springt ein Fisch, und nicht weit vom Ufer rauscht Wasser über einen Felsen. Drei Kajakfahrer paddeln geräuschlos vorbei; einer öffnet seine Jacke, als er nach der Flußbiegung in die Sonne kommt. Es gibt in den Gorges de l'Ardèche keine nennenswerten Stromschnellen, aber die Strömung ist stark genug, um dem Anfänger einen Nervenkitzel zu bescheren und dem erfahrenen Kajakfahrer eine lange, angenehme Fahrt durch eine überwiegend wilde Schlucht zu bieten.

Der Ort, von dem aus man in die Schlucht gelangt, heißt Vallon-Pont-d'Arc, ein Städtchen, das nach all den ruhigen Dörfern aus dem 15. Jahrhundert, die ich erkundet habe, ein wenig wie Gatlinburg in Tennessee anmutet. Es gibt in Vallon-Pont-d'Arc keine Edelhotels. Campingplätze finden sich reichlich entlang des Flusses, und bei mindestens drei Dutzend Stellen kann man praktisch alles mieten, was das Herz begehrt – Mountainbikes, Kajaks, Kanus, Angelausrüstung, Pferde.

In einem Café am Flußufer in der Nähe von Vallon-Pont-d'Arc gibt sich ein Franzose in einer ramponierten Paddeljacke die allergrößte Mühe, mir zu erklären, daß die Gorges de l'Ardèche zwar als der Grand Canyon der Ardèche gelten, die Gorges du Tarn im angrenzenden Departement Lozère allerdings als der Grand Canyon von ganz Frankreich, und ich müßte sie mir unbedingt ansehen, bevor ich wieder nach Hause fahre.

Trotz eines aufziehenden Unwetters befolge ich seinen Rat und fahre durch die westliche Ardèche immer höher in die farndurchwachsenen Wälder der Cevennen. Ich komme durch die Bergdörfer Villefort und Le Pont-de-Montvert und muß der Versuchung widerstehen, mich in eines der warmen Straßencafés zu setzen, vor denen Rucksäcke liegen und Mountainbikes abgestellt sind.

Hinter Le Pont-de-Montvert, wo die Straße sich am Tarn entlangschlängelt, der hier nur ein Forellenbach mit starkem Gefälle ist, hänge ich plötzlich hinter einem Jeep, der einfach nicht auf seiner Spur bleiben kann. Der Fahrer hat den Oberkörper weit zum Fenster rausgestreckt, weil er versucht, hinab in die Schlucht zu sehen. Der Beifahrer hat eine Hand am Lenkrad, aber auch er kann nicht widerstehen, einen Blick zu wagen. Jedesmal, wenn ein Auto auf der engen zweispurigen Straße entgegenkommt, werden die beiden durch Hupen und Fluchen auf französisch zu einem riskanten Schlenker gezwungen.

Ich erkenne darin sofort das weltweit verbreitete Verhalten von Flußratten, und dann sehe ich auch schon die beiden Kajaks, die in dem offenen Laderaum des Jeeps verstaut sind. Die Straße führt ein Stück vom Fluß weg, und ich nutze die Gelegenheit zum Überholen. Ich signalisiere ihnen in der Zeichensprache der Kajakfahrer, daß alles okay ist (beide Daumen hoch), und sie hupen und winken.

Ich biege auf eine Straße, die vom Tarn weg und hinauf um den Hang des Mont Lozère herum zu einem kleinen Wasserfall bei Runes führt. Der Westhang des Mont Lozère war vor langer Zeit bewaldet. Heute sieht man dort nur noch goldene grasbewachsene Terrassen, weiße Felsen, großäugige Milchkühe mit Glocken um den Hals und endlose Felder mit lila Heidekraut. Es hat angefangen zu hageln, und das so heftig, daß ich mir langsam Sorgen mache, ob ich meinen Mietwagen auch ausreichend versichert habe, doch dann komme ich an einem Bauern vorbei, der über achtzig sein muß und mit schwarzer Baskenmütze und Stock mit goldener Spitze seine beiden Jagdhunde spazierenführt.

Um diese Höfe und Dörfer herum liegt der Parc National des Cévennes, in dem man endlose Wanderungen machen kann. Braune Schilder weisen direkt in den Wald oder eine Kammlinie hinauf oder zwischen den Steinumfriedungen von zwei Feldern hindurch. Ich entscheide mich für den Waldweg, und bereits nach einigen hundert Metern umgibt mich die Sanftheit und reglose Stille von Farn und Schierling. In drei Stunden Wanderung wird die Stille nur zweimal durchbrochen, einmal von einem deutschen Paar und seinem Border Collie namens Tasha, das andere Mal von einem Bauern und seinem Esel, und ich muß bei ihrem Anblick an Cervantes denken, der von seinen Abenteuerfahrten in den Cevennen zurückkehrt. Über eine gewundene Straße, die kaum mehr ist als ein Feldweg, nähere ich mich wieder dem Tarn, und schon bald sehe ich die vielfarbigen Wände aus Sandstein und Granit, die die Gorges du Tarn bilden.

Weder die Gorges de l'Ardèche noch die Gorges du Tarn sind auch nur annähernd vergleichbar mit dem Grand Canyon, aber ich gebe gern zu, daß mich, als ich am Rand der Gorges du Tarn stehe, eine Ehrfurcht erfüllt, wie ich sie sonst nur vom Grand Canyon her kenne. Ich verspüre das atemlose Staunen, das immer dann entsteht, wenn das menschliche Auge mehr vertikalen Raum vor sich sieht, als es auf einmal erfassen kann. Die Franzosen bezeichnen diesen letzten Schritt über die Schönheit hinaus mit einem Wort, das passender nicht sein könnte: *sublime*, und der *Point sublime* ist der beste Standort, um die Majestät der Gorges du Tarn zu erfassen.

Doch hier gibt es auch die Möglichkeit, mit dem Auto in die Schlucht hinabzufahren, sich um die Wände der graugeäderten Klippen herumzuschlängeln, die mit Hängekiefern und Schierlingstannen bewachsen sind. In die Felswände sind Steinhäuser hineingebaut, die so alt sind, daß kaum zu erkennen ist, wo der Fels aufhört und die Mauern der Häuser anfangen.

Ich übernachte tief unten in der Schlucht im Château de la Caze, einem Märchenschloß, wie ich es mir nicht schöner vorstellen könnte, das in ein Vier-Sterne-Hotel umgewandelt worden ist. Die Zimmer im Château haben Namen, keine Nummern, und die alte Frau, die das Hotel leitet, ist nicht gerade begeistert, als ich nach Einbruch der Dunkelheit in Turnschuhen und allein ankomme. Man zahlt für die Gelegenheit, in einem Märchen zu wohnen, nicht nur mit Geld (das Château war von allen Hotels, in denen ich in der Region abgestiegen bin, am teuersten), sondern auch, indem man sich den Launen von Madame unterwirft und denen ihres treuen Begleiters, des warzigsten und räudigsten deutschen Schäferhundes, der mir je untergekommen ist. Aber daß es das wert ist, wird mir klar, als ich durch die steinernen Korridore gehe, die von fünfhundert Jahren voller Geheimnisse glatt und ausgetreten sind, die Tür zu meinem Turmbalkon aufstoße und mir unten auf dem Rasen gewappnete Minnesänger vorstelle, in mein Himmelbett steige, mich in Spitzenlaken hülle, die älter sind als ich, und von vergangenen Kulturen und Jahrhunderten träume.

Mein Zimmer hat den Namen Anne, und bevor ich einschlafe, muß ich an all die Annes der Geschichte denken und daran, wie viele von ihnen tragische Gestalten waren. Mitten in der Nacht wache ich mit hohem Fieber auf, und mein Herz rast so schnell, daß ich im Dunkeln daliege und mir Sätze auf französisch zurechtlege, falls ich Hilfe brauche. »Wie weit ist es zum nächsten Krankenkaus? Rufen Sie bitte einen Krankenwagen!«

Am Morgen geht es mir wieder viel besser, und ich fahre zurück in die Ardèche über die Höhenstraße, die Corniche des Cévennes, die einen wunderschönen Blick über die ganze Region bietet. Ich halte an einem Aussichtspunkt und gehe ein Stückchen. Ich bin hier in fast 1500 Meter Höhe, und die kühle Luft bringt mehr als bloß eine Ahnung des nahenden Winters. Ein gutaussehender Mann im Tweedblazer und mit einem Strauß Heidekraut im Arm begrüßt mich auf dem Pfad.

»*Bonjour, Madame*«, sagt er. »*Il fait froid ici.*«

»*Oui*«, sage ich. »*Il fait froid.*«

Er lächelt und geht weiter. Als ich zum Auto zurückkehre, steckt ein Sträußchen Heidekraut unter dem Scheibenwischer. Das finde ich so faszinierend an den Franzosen; gerade noch rümpfen sie die Nase über deine Turnschuhe, und im nächsten Moment schenken sie dir Trauben oder Blumen.

Im Ardèche-Tal hat das kalte Wetter inzwischen ein hektisches Treiben ausgelöst. Bauern scheuchen mit ihren Hunden Schafe die Hügel hinab, und die Männer, die mit ihren Traktoren Trauben transportieren, scheinen entdeckt zu haben, daß es noch einen höheren Gang gibt.

Nachdem ich den Nachmittag über in einem Weinkeller nach dem anderen gekostet habe, was die Weingärten der Ardèche zu bieten haben (einige passable Cabernets und mindestens ein ausgezeichneter Merlot), lasse ich das Weinland hinter mir und mache mich auf den Weg in die nördliche Ardèche, wo ich nach scheinbar stundenlanger Fahrt im Hôtel du Midi im Städtchen Lamastre ankomme. Es ist mittlerweile dunkel und nebelig, und es regnet. Ich bin müde und die viele Fahrerei leid, so daß ich beschließe, ein paar Tage zu bleiben und mich verwöhnen zu lassen. Das Hôtel du Midi bezaubert mich auf der Stelle mit seinen farbenprächtigen Blumenkästen und dem fröhlichen gelben Anstrich. Der Koch, Bernard Perrier, gilt als der beste in der Region. Doch eigentlich ist es Bernards Frau Marie-George, die mich mit ihrem verschmitzten Lächeln über mein miserables Französisch, ihrer spontanen Herzlichkeit und Großzügigkeit überzeugt, daß ich meine letzten vier Tage in Frankreich genau am richtigen Ort verbringe.

»Haben Sie einen Fahrstuhl?« frage ich Pascal, einen von den beiden attraktiven Hausdienern und Mädchen für alles.

»Nein«, sagt er grinsend, »Sie haben mich, und ich bin sehr stark.«

»Also schön«, sage ich. »*Allons.*«

Das Zimmer ist elegant und rustikal zugleich, mit Antiquitäten, aber sparsam und einfach möbliert: ein Kirschholzschreibtisch mit geschwungenen Beinen, eine geklöppelte Spitzentagesdecke, eine glänzende Messinglampe. Das Badezimmer ist geräumiger als jedes Hotelzimmer, das ich bisher hatte, und in der Mitte steht die wohl größte Badewanne, die ich je gesehen habe. Im Geiste liege ich schon drin, als Pascal fragt, ob ich für acht Uhr einen Tisch reservieren möchte.

»Halb neun, bitte«, sage ich.

»*Merci, à tout à l'heure*«, sagt er, und dann auf englisch mit starkem französischem Akzent und kalifornischem Beiklang, »*see ya later.*«

Ich bin so entzückt, daß mir die Worte fehlen. Es ist das erstemal seit sieben Tagen, daß jemand Englisch mit mir spricht.

Bernard Perriers Küche ist schlicht und ergreifend die beste, die ich je gekostet habe. Von den *amuse-gueules*, sautierte Pilze aus der Gegend oder Sellerie und Lachspüree, über das traditionelle Gericht des Hauses, gebackenes Hühnchen in Schweinemagen, und ein einfaches Rinderfilet mit Artischocken bis hin zu dem Soufflé glacé, das zwanzig Zentimeter hoch ist, kommt nichts aus Bernard Perriers Küche, das nicht geradezu himmlisch ist.

Nach dem ersten Abend schaue ich nicht mal mehr auf die Speisekarte. Marie-George wählt für mich die Gänge aus. Pascal empfiehlt einen passenden Wein. Nach vier Abenden werde ich fast alles gekostet haben, was Bernard zubereitet, und ich werde es mir in allen Einzelheiten von Marie-George erläutert haben lassen, und das in einer Mischung aus Französisch und Zeichensprache, wobei sie, wenn sie Honig meint, ihre schlanken Hände um den Kopf schwirren läßt und Hörner und Schlappohren darstellt, wenn sie mir den Unterschied zwischen Rind und Lamm klarmachen will. Wenn ich meinen Verdauungsspaziergang mache, läßt sie mich nicht ohne Schirm nach draußen. Beim

Frühstück bringt sie mir die französischen Namen der Blumen bei, mit denen sie mein Zimmer schmückt.

Ich verbringe vier wundervolle Tage in Marie-Georges Obhut. Jeden Morgen nach dem Frühstück mache ich mich in eine andere Richtung auf den Weg, um die wilde Umgebung von Lamastre zu erkunden, und wandere über die endlosen Pfade, die den Kammlinien und Flüssen folgen und die Dörfer mit den Gipfeln verbinden. Bänder aus Sonnenlicht und Wolkenschatten bewegen sich unglaublich rasch über diese Berge, und irgendwo am Himmel ist fast immer ein Regenbogen zu sehen. An fast allen Tagen quillt der Nebel so schnell und dick wie fließendes Wasser über die Berge. Ich werde naß und dreckig, und ich friere, doch es macht mir Freude, weiß ich doch, daß mich am Abend Bernards Lammfleisch und Marie-Georges Federkissen und ein einstündiges Bad in der riesigen Wanne erwarten. Es entgeht mir nicht, daß ich mich langsam einer ultimativen Definition des Wortes »Urlaub« nähere.

An meinem letzten Tag in der Ardèche beschließe ich, den Mont Mézenc zu besteigen, den höchsten Berg der Gegend. Von seinem Gipfel wandert mein Blick zunächst zu den mit subalpinen Tannen bestandenen Hängen, dann hinunter zu dem terrassierten Tafelland über die verstreuten Dörfer des Haut Vivarais – das nächste ist Chaudeyrolles – zu den dahinter liegenden Gorges der Flüsse Eysse, Eyireux bis hin zu dem größeren Ort Saint Agrève am Horizont. Nach Süden hin erstrecken sich endlos die Cevennen; ich sehe den Mont Lozère, wo ich noch vor wenigen Tagen war, bewaldete Hügel und Täler mit Weiden, hier und da ein einzelnes Bauernhaus, das an einem Hang klebt, auf den dann und wann die Sonne fällt. Weit, weit im Osten kann ich den Rand des Hochplateaus sehen, das Loch, in dem, wie ich weiß, das Weingebiet der Rhône liegt; hinter der Rhône eine weitere Erhebung, die Ausläufer der Alpen, und dahinter der Mont Blanc, der etwa dreimal so hoch ist wie die Stelle, wo ich mich befinde, aber er ist von Wolken umhüllt, so daß ich nur seinen unteren Teil sehen und erahnen kann, wo er sich erhebt.

Es heißt, man reist nach Frankreich, um sich zu verlieben, und genauso war es bei mir; zuerst in Pascals diabolischen Esprit, dann in Bernard Perriers köstliche Gerichte und schließlich in Marie-Georges Freundlichkeit, mit der sie die Sprachbarriere zwischen uns durchbrach, ohne ihre Professionalität aufzugeben, wodurch ich mich im Hôtel du Midi mehr zu Hause fühlte als je zuvor irgendwo im Ausland. Als ich mich in das Hôtel du Midi verliebt hatte, hatte ich mich auch in Lamastre verliebt, wie es sich so an den Hang klammert wie ein trauriges und intelligentes Kind.

Natürlich habe ich mich vor allem in das Land verliebt. Und als ich zum letztenmal die zerklüfteten Berge hinauffuhr, vorbei an den sterbenden Gemüsegärten und den Ziegenherden, die mir so schnell vertraut geworden waren, überkam mich eine so große Melancholie, wie man es nach einem zehntägigen Urlaub nicht vermuten würde. Und als ich den Gipfel des Berges erreichte, der mich aus der Ardèche hinausbringen würde, hinunter ins Flachland und auf die Landstraße, zum Flughafen und schließlich nach Hause, wurde mir klar, daß das Laub an den Hängen vollständig gelb geworden war, daß während meiner Zeit in der Ardèche aus dem Sommer Herbst geworden war.

Ich hielt am Straßenrand an, um ein letztes Mal über die endlosen grünen Täler zu blicken. Erst als die Sonne hinter einer Wolke verschwand und der Regen erneut einsetzte, war ich imstande, mich wirklich zu verabschieden.

Die Seele der Anden

ICH SITZE MIT MEINER FREUNDIN CHRISTINE AUF DEM Dach eines Toyota-Jeeps, der über eine steinerne Piste in Boliviens tropischem Yungas-Tal holpert. Das Yungas-Tal ist drei Stunden mit dem Auto und ein ganzes topographisches Universum von La Paz entfernt, Boliviens trockener, baumloser Hauptstadt. Es ist Nacht im Dschungel, und die dreihundert Meter tiefen Wasserfälle, die um uns herum die Klippen hinabstürzen, hören wir eher, als daß wir sie sehen, wir spüren das Sprühwasser, während der Jeep an ihnen vorbeirollt, wir hören die nächtlichen Klänge der Tropen, die wilde Musik farbenprächtiger Vögel.

Zwischen uns sitzt Marcelo Alarcon, unser bolivianischer Führer; er ist charmant, ein wenig schelmisch, spricht erstaunlich viele Sprachen und ist besser gekleidet als jeder Mann, mit dem Christine oder ich je ausgegangen sind. Marcelo ist gemischter Abstammung, halb Aimará und halb Ketschua – die beiden Hochlandindianerstämme, die über siebzig Prozent der bolivianischen Bevölkerung ausmachen. Unser Fahrer Ramone ist *mestizo* – gemischten Blutes, irgendeine nicht näher bestimmbare Verbindung zwischen den Ureinwohnern und den *creolo*, wie die europäischen Weißen genannt werden. Ramone arbeitet auch noch als Sänger in einer Mariachi-Band. Er spricht Spanisch, Aimará, Ketschua und ein wenig Französisch. Im Moment singt er auf italienisch zur Musik von der Kassette: Pavarotti und dann Carreras.

Marcelo, Christine und ich teilen uns eine Flasche Cuervo Gold und eine Zitrone. Die Sterne sind hell und erscheinen

213

mir näher, als ich sie je gesehen habe, obwohl sämtliche Sternzeichen auf dem Kopf stehen.

»Ich frage mich, ob eine Zitrone eine dick- oder eine dünnschalige Frucht ist«, sagt Christine. In unserer Reiselektüre wurde unter anderem davor gewarnt, dünnschalige Früchte zu essen.

Marcelo winkt ab. »In Amerika müßt ihr vielleicht darauf achten, was in Büchern steht. In Bolivien müßt ihr nur auf die Sterne achten.«

An diesem dunklen Tropenhimmel wechselt Regulus, der hellste Stern im Löwen, von Blau zu Rot zu Weiß und wieder zu Blau, und ich kann mit bloßem Auge die Form des Orionnebels erkennen.

»Wenn ihr in Amerika betet«, sagt Marcelo und legt die Handflächen aneinander, »haltet ihr die Hände so, als würdet ihr glauben, daß ihr die Welt damit umschließt. Wenn wir beten, öffnen wir die Hände zur Welt« – er breitet die Arme aus, die Handflächen nach oben –, »und zwar so.«

Es ist unsere erste Südamerikareise. Wir haben uns für Bolivien entschieden, weil hier angeblich relativ sichere und stabile Verhältnisse herrschen, weil man hier noch immer auf echte Andenkultur treffen kann, weil es von allen südamerikanischen Ländern das Land ist, über das unsere Freunde am wenigsten wußten.

Durch einen leichten Tequilanebel hören wir das Kreischen wieder völlig anderer Dschungelvögel. Marcelo bringt uns zu Patricio, einem langhaarigen, knochendürren Franzosen, der Paris vor siebzehn Jahren verließ, um acht Tage Urlaub zu machen, und sein Rückflugticket nicht mehr benutzte. Er baut Kaffee und Bananen an und züchtet peruanische Paso-Pferde auf einem Berg nicht weit von Coroico, einer Stadt im Yungas-Tal. Außerdem betreibt er zusammen mit seiner vietnamesischen Frau Dani einen Reitstall mit einem Café. Sie servieren angeblich den besten Kaffee in ganz Bolivien: Schon nach einer Tasse ist man für ein paar Tage hellwach.

Patricio, der noch temperamentvoller ist als seine heißblüti-
gen Pferde, macht mit uns einen Ausritt; schnell und wag-
halsig preschen wir durch die Dschungellandschaft, und
anschließend sitzen wir auf seiner Veranda und unterhalten
uns über Dschungelpolitik, Drogenbekämpfung und das
Leben im Paradies.

»Ich sitze mit nacktem Oberkörper auf meiner Veranda in
der Hitze des Dschungels«, sagt er, »und die Berge sind das
ganze Jahr über schneebedeckt.«

Der Blick von seiner Veranda ist schier überwältigend:
Bananenpalmen und ein Wirrwarr aus leuchtendroten Blumen säumen den Rio Chario unter uns. Hinter dem Fluß
leuchten anmutige grüne Bergkämme über der Landschaft
wie chinesische Schriftzeichen und überschatten die Täler
dazwischen, die tief und noch von einem etwas zarteren
Grün sind. Oberhalb der entferntesten Kämme und zeitwei-
lig von Wolken umhüllt stehen die dunklen Vulkanfelsen
und funkelnden Eisfelder der Cordillera Real.

»Ihr Amerikaner denkt, ihr seid frei«, sagt er, »aber in
Bolivien gibt es mehr Tiere als Menschen. Das nenne ich
Freiheit.« Ein Schatten huscht über sein Gesicht. »Im Augenblick töten sie alle Pumas. Und wahrscheinlich gibt es nur
noch weniger als fünfzig Brillenbären.« Er schlägt sich fest
mit der Hand gegen die Stirn, ist einen Augenblick lang wieder ganz Pariser. »Ich liebe den Dschungel«, sagt er, »aber
ich muß immerzu weinen.«

Als wir abfahren, schenkt Patricio uns einen Sack mit
Danis selbstgezogenen Kaffeebohnen. Er sagt: »Vergeßt
nicht, mein Haus hat keine Türen.«

Auf der langen unbefestigten Straße, die aus dem üppi-
gen Yungas-Tal hinaus über die Cordillera Real und hinab
auf das Altiplano führt, stehen Hunde Wache wie Kassierer
von Mautgebühren und hoffen auf Brot- und Hähnchen-
reste. Es gibt auch eine menschliche Ampel – ein Mann, so
erfahren wir von Marcelo, der an der unübersichtlichen
Kreuzung, an der er jetzt immer steht, bei einem Autounfall
seine ganze Familie verloren hat.

»Seit drei Jahren steht er nun schon jeden Tag hier«, sagt Marcelo, »und wahrscheinlich wird er es für den Rest seines Lebens tun.«

Wir beobachten, wie der Mann in beide Richtungen blickt und die rote Flagge senkt, die grüne hebt. Ramone kurbelt das Fenster hinunter und schenkt ihm *grenadillas* (Passionsfrüchte) von gestern; er salutiert dem Fahrzeug, und wir rauschen davon.

Als wir den 5 100 Meter hohen La-Cumbre-Paß überqueren, verlassen wir die Tropen so rasch, als wären sie eine Filmkulisse gewesen, und kommen in eine fast surrealistische Mondlandschaft. Lamaherden ziehen über das kahle Altiplano, und es heult ein kalter Wind, und das mitten im südamerikanischen Hochsommer. Wütende Wolken umklammern die hohen Bergspitzen und verhüllen sie. Lehmhütten sind über die Landschaft verstreut, so wahllos wie Felsbrocken nach einem Steinschlag. Als wir die Außenbezirke von Boliviens größter Stadt erreichen, ist die Vegetation völlig verschwunden.

La Paz liegt etwa 3 600 Meter hoch und hat über eine Million Einwohner. Es ist auf dem Grunde eines zerklüfteten, baumlosen Cañons erbaut: das Industrieviertel und die reichen Vororte liegen ganz unten im Talkessel. Je ärmer man in La Paz ist, desto höher wohnt man. Die Häuser und Hütten an den Berghängen sind übereinander gebaut, und die Straßen ziehen sich kreuz und quer über die steilen Cañonwände.

Christine und ich steigen im Hotel Plaza ab, ein Musterbeispiel für die Effizienz der sogenannten Ersten Welt. Es liegt an der Hauptverkehrsstraße namens Prado, wenige Gehminuten von den Märkten und Restaurants und der Plaza San Francisco entfernt, die mit ihrer blutigen und dramatischen Geschichte allgemein als das Zentrum der Stadt gilt. Vom verglasten Utama-Restaurant und der Bar im achtzehnten Stock des Plaza hat man einen atemberaubenden Ausblick auf die Stadt. Während des Abendessens bricht die Dunkelheit herein, und wir fühlen uns wie auf Wolken, schließlich schweben wir praktisch inmitten der Stadt: ein riesiger Kessel aus funkelnden Lichtern.

Am nächsten Tag steigen wir die mit Kopfsteinen gepflasterte Sagarnaga-Straße oberhalb der Plaza San Francisco zu den großen offenen Märkten hinauf, die den Sinnen einiges abverlangen: Berge von Gemüse und mächtige, aufgehängte Rümpfe von ausgeweideten Rindern und Schweinen; Hühner, von denen einige frei herumlaufen, andere dagegen schon tot sind und stinken; zweihundert unterschiedliche Sorten gefriergetrocknete Kartoffeln und Berge an Gewürzen. Es gibt Lamaföten, die angeblich Glück bringen, und geklaute Kassettenrecorder und Uhren; winzige Sardinen aus dem Titicacasee brutzeln in heißem gewürztem Öl; schäumende Orangenbrause mit schrumpeligen Früchten auf dem Boden des Glases; mindestens zehn Sorten Chilipaste; und frischgebackene Fleisch-Gemüse-Pasteten, genannt *saltenas*. Es gibt Panflöten, Gitarren und Charangos – kleine Gitarren, die aus den Panzern von Gürteltieren gemacht werden; antikes Silber und alte Glasperlen; handgewebte Ponchos und farbenprächtige Decken; frische Schnittblumen und riesige Flächen mit ausgelegten Kokablättern; und Menschen, Menschen, Menschen, Tausende, die alle gleichzeitig reden und krächzen und brüllen.

Die Händlerinnen, überwiegend Aimará- und Ketschua-Frauen, sitzen wie farbenprächtige Königinnen zwischen ihren Säcken mit Waren. Ihre Röcke, *polleras* genannt, sind kurz und bestehen aus mehreren bunten Stoffstreifen, und ihre *ahuayos*, die Taschen, die sie sich über die Schulter hängen, um ihre Einkäufe und Babys zu tragen, sind noch farbenfroher. Ihre Haare sind zu zwei langen Zöpfen geflochten und werden unten von einer Wollquaste, genannt *pocacha*, zusammengehalten, und auf dem Kopf tragen sie alle eine seltsam anmutende dunkelgrüne, braune oder schwarze Melone.

Christine und ich kosten alles, bei dem wir uns trauen: *saltenas*, *empanadas*, Maiskolben, Hühnersuppe. Wir kaufen Pullover und Socken und Perlen und Amulette, die uns, wie die Hexen beteuern, Gesundheit und Liebe bescheren werden. Erschöpft von der Höhenluft und benommen von den Gerüchen der geschlachteten Tiere und des Cayennepfeffers taumeln wir über den Prado zurück zum Plaza, wo wir Kokatee (der gegen die Höhenkrankheit helfen soll) trinken und ein Nickerchen machen.

Am nächsten Morgen brechen wir ganz früh nach Chaclytaya auf, dem höchsten Skigebiet der Welt, etwa neunzig Minuten von La Paz im Herzen der Cordillera Real gelegen. Christine und ich haben uns mehrere Kleidungsschichten übergezogen, weil wir nicht wissen, wie es ist, mitten im Sommer in 5 400 Metern Höhe Ski zu fahren.

»Meinst du, beim Skiverleih nehmen sie die VisaCard?« fragt Christine mich, als wir mit unserem Wagen über das Kopfsteinpflaster der Vorstädte von La Paz holpern. Die hohen Berge sind wieder von Wolken verhüllt, und Marcelo grummelt verärgert vor sich hin, weil wir keine Aussicht haben werden.

Nach einer Stunde Fahrt, kurz bevor die Straße schmaler und richtig steil wird, kommen zwei Ketschua-Männer aus einer Hütte gelaufen und schreien uns etwas zu. Marcelo ruft Ramone zu, er soll anhalten; er öffnet die Tür, und die beiden Männer steigen ein.

»Die beiden machen den Skifahrern Tee«, sagt Marcelo. »Wenn wir Kokatee wollen, müssen wir sie mitnehmen.«

Christine und ich sehen uns an. »Wahrscheinlich nimmt der Skiverleih nicht die VisaCard«, sage ich.

Die Straße wird noch schmaler, noch schlechter und ist schließlich mit einer Schicht ungeschmolzenem Schnee bedeckt. Die Räder des Jeeps drehen durch, er verliert an Fahrt, rutscht zur Seite und schlingert einige Male fast über den unbefestigten Rand.

Als wir im »Skigebiet« ankommen, verbündet sich unser Froh-noch-am-Leben-zu-sein-Adrenalin mit der Höhenkrankheit, so daß wir es von der komischen Seite nehmen, daß es hier keine Hütte, keinen Lift, keine Skiläufer gibt, nur einen Holzverschlag und ein dickes Drahtseil, das, wenn es in Betrieb ist, vermutlich als primitives Schlepptau dient, obwohl mir schon vom bloßen Hinsehen die Hände weh tun.

»Heute ist nichts mit Skifahren«, sagt Marcelo lächelnd. »Sollen wir statt dessen auf den Berg steigen?« Wir sind von der Höhe so mitgenommen, daß wir gar nicht merken, wie absurd der Gedanke ist.

Marcelo läuft den Hang hoch und wirkt mit seinem Ledermantel und seiner Ray-Bans-Sonnenbrille wie eine modebewußte Bergziege. Christine und ich setzen einen Fuß vor den anderen, mit pochendem Herzen und schmerzenden Schultern, und der Kopf dröhnt uns in der dünnen Luft so, als würde unser Gehirn nicht mehr richtig in den Schädel passen. Die Namen der Berggipfel rundherum, die wir nicht sehen können, drehen sich mir im Kopf: Condoriri, Ancohuma, Huayna Potosi. Als wir nach über einer Stunde oben ankommen, hat Marcelo bereits einen Schneemann gebaut und schleudert Schneebälle in die Tiefe.

»Wenn ich hier in den Bergen stehe und in Richtung Meer schaue, denke ich an meine Vorfahren«, sagt er. »Diese Berge« – er breitet die Arme aus, um die ganze Cordillera-Kette zu umfassen – »sind ihr Geschenk für mich. Ihr müßt unbedingt ihre Gipfel sehen, bevor ihr Bolivien wieder verlaßt«, sagt er. »Ich werde tun, was ich kann, um die Wolken zu vertreiben.«

Am Abend in La Paz nimmt Marcelo uns mit ins Pena Naira, wo wir traditionelle Gerichte essen und bolivianische Musik hören. Wir essen Rindergeschnetzeltes mit Zwiebeln, Tomaten und Salsa auf einem Berg von Reis und Kartoffeln und trinken das schaumige, leichte Bier namens Pacena. Fünf frischgesichtige Jungs singen, als würde ihr Leben davon abhängen, und spielen auf verschiedenen Instrumenten: Gitarren, Charangos, Panflöten, Rasseln aus Schafshufen, eine große, grobe Trommel. Der Panflötenspieler bläst mit jedem Atemstoß seine sanften Töne in die Luft. Er sieht ein wenig wie Bono von U2 aus, und ich versuche, ihn mir auf MTV vorzustellen. Marcelo sagt uns, daß all die Lieder Liebeslieder sind, und als ich ihn frage, ob es dabei um die Liebe zu einer Frau oder zu dem Land geht, sagt er: »Wie du dir sicher denken kannst, ist das ein und dasselbe.«

Am nächsten Tag fahren wir über das Altiplano zum Titicacasee, der rund 3 800 Meter über dem Meeresspiegel liegt und der größte schiffbare Hochlandsee der Erde ist. Unterwegs bringt uns Marcelo bei, »Wie geht es dir?« auf aimará zu sagen – *kamisaki* – und *waliki*, was »Es geht mir gut« bedeutet. Im bolivianischen Sommer sind jeden Nachmittag Gewitterwolken am Himmel, und wir sehen zu, wie sich die gewaltigen amboßförmigen Wolken über dem kristallklaren und saphirblauen See auftürmen. Der See erstreckt sich über 190 Kilometer und reicht im Nordwesten bis nach Peru hinein, aber wir fahren mit einem Tragflächenboot nur bis zur »Insel der Sonne«, wo wir aus allen drei Speirohren eines uralten Brunnens trinken: das Salzige, das Süße und das Geschmacklose. Marcelo sagt, daß uns dadurch ewige Jugend verliehen wird.

Die ersten Bewohner der Insel waren Angehörige der Tiahuanaco-Huari-Kultur, eines Volkes aus der Zeit vor den Inkas, das auf dem bolivianischen Altiplano von 500 bis 900 n. Chr. starke religiöse, kulturelle und politische Gemeinschaften bildete. Sie glaubten, die Insel sei der wahre Geburtsort der Sonne, und sie legten die komplizierten Terrassen an, die noch heute jedes Stückchen Land um den See bedecken wie das Gitterwerk eines verrückten Kartographen. Sie errichteten ihre Tempel im nahegelegenen Tiahuanaco, und wir fahren dorthin, um sie zu besichtigen, um mit den Händen über die vollkommen gebauten Wände zu streichen, die aus unglaublich schweren, über unvorstellbare Entfernungen hergeschafften Steinen gehauen wurden. Wir legen das Ohr an ein Loch in der Wand, durch das man über eine Entfernung von hundert Metern das leiseste Flüstern hören kann. Wir gehen durch einen unterirdischen Tempel, in dessen Wände alle möglichen menschlichen Gesichter gemeißelt sind.

Am nächsten Morgen trennen wir uns von Marcelo und fliegen nach Süden an den vier wolkenverhangenen Gipfeln des gewaltigen Illimani vorbei, des 6 882 Meter hohen Berges, der über La Paz wacht. Wir hatten gehofft, das Flugzeug würde uns rechtzeitig über die Wolken bringen, so daß wir den vergletscherten Gipfel des Illimani sehen könnten, aber der Pilot fliegt tief, und so sehen wir nur den mächtigen unteren Teil aus Granit, der uns eine Ahnung von der Majestät vermittelt, die da in die Wolken ragt.

Nach der Landung werden wir von einem Wagen abgeholt, mit dem wir eine Tour durch den Teil von Bolivien machen, der als »die Täler« bekannt ist, rote Sandsteincañons, die von breiten, schlammigen Flüssen gegraben wurden; unser Ziel ist die Bergbaustadt Potosí.

»Ich bin das reiche Potosí«, lautete einst das Motto der höchstgelegenen (3 976 m) Stadt der Welt, »der Schatz der Erde und der Neid der Könige.« Bis heute glauben die meisten Einwohner von Potosí felsenfest an die Legende der Stadt, nach der es im Jahre 1544, als Diego Huallapa sein Lagerfeuer so heiß machte, daß aus dem Boden geschmolzenes Silber lief, so viel Silber im Berg gab, daß man damit eine silberne Brücke von Potosí nach Barcelona hätte bauen können, und noch mehr Silber, um es über die Brücke zu tragen.

In den zweihundert Jahren nach der Entdeckung des Silbervorkommens wurde Potosí zur größten Stadt Lateinamerikas, und schätzungsweise acht Millionen Afrikaner und Indianer starben an den entsetzlichen Arbeitsbedingungen in den Minen. Es handelt sich um eine reale Version von Joseph Conrads *Nostromo*: eine zerfallende Stadt vor einem großen, ausgehöhlten Berg. Vor hundert Jahren versiegten die Silberadern, und man verlegte sich auf den Abbau von Zinn. Als der Zinnpreis so tief fiel, daß die Regierung nur noch einen notdürftigen Abbau finanzieren konnte, schlossen sich die Bergarbeiter zusammen, gründeten Kooperativen und gruben fortan ihre eigenen Gruben. Christine und ich stehen vor einer dieser Gruben, einer Bergwerkskooperative namens Santa Rita.

Juan Carlos Gonzalez ist an diesem Tag unser Führer. Er hat uns zu einem Straßenmarkt gebracht, wo wir Geschenke für die Bergleute gekauft haben: Zigaretten, Schnaps, Kokablätter, Dynamitstangen, bunte Fähnchen und Papierblumen, Opfergaben für die Mine. Die Bergleute starren uns an. Ihr dichtes schwarzes Haar hängt ihnen bis in die Augen, sie tragen Filzhüte, zerlumpte Kleidung und Schuhe. Die meisten von ihnen werden mit vierzig an Staublunge sterben. Wenn es hochkommt, verdienen sie achtzig Dollar im Monat.

In einer Lehmhütte am Eingang der Mine rührt eine Frau in einem Eintopf, und ihre sechs Kinder nähern sich uns schüchtern, in der Hoffnung, Bonbons oder Kaugummi zu bekommen. Juan Carlos gibt uns Gummijacken und Helme. In den Brennbehältern von drei alten Laternen mischt er Kalziumkarbonat mit Wasser und fummelt dann so lange an den Luftventilen herum, bis sie summen und winzige Flammen speien.

»Wenn die Laternen ausgehen«, sagt er in langsamem, perfektem Spanisch, »nehmen Sie die Beine in die Hand. Das bedeutet, es ist keine Luft mehr in der Mine.«

Um in die Mine zu gelangen, müssen Christine und ich uns extrem bücken, und um uns darin fortzubewegen, müssen wir häufig auf allen vieren kriechen.

»Die Bergleute glauben, daß es Unglück bringt, wenn eine Frau in der Mine ist«, sagt Juan Carlos. »Wenn eine Frau dem Eingang zu nahe kommt, geben viele Bergleute die Mine auf und suchen sich eine neue.«

Er sieht den Blick, den ich Christine zuwerfe, und fügt hinzu: »Natürlich zählen Sie beide nicht, weil die Männer wissen, daß Sie unsere Religion belächeln.« Er sagt das offen heraus, ohne Bewertung und ohne Vorwurf.

Nachdem wir einige hundert Meter gekrochen sind, kommen wir zur »Kapelle«, einem kleinen Raum, der in den Felsen gegraben ist und in dem die Bergleute Jesus Christus anbeten. Wir sitzen auf Steinen, während Juan Carlos uns zeigt, wie man die Kokablätter kaut. Sie schmecken nach

Lehm und erzeugen viel zuviel Speichel, und ich muß mich beherrschen, daß ich nicht würge.

»In der Mine«, sagt Juan Carlos, »beten wir zu Jesus Christus, damit er uns beschützt, wir beten zum Teufel, damit er uns Reichtümer bringt, und wir beten zu Baccha Mamma (Mutter Erde) um alles, auch um unser Leben.«

Wir verlassen die kleine Kapelle und kriechen weiter; die Mine ist inzwischen so eng, daß ich nicht aufschauen kann, ohne mir den Kopf zu stoßen, selbst auf allen vieren, und wenn ich es tue, fallen hinter mir Steine und Erde herab.

»Was würde jetzt passieren«, sagt Christine hinter mir, »wenn das hier ein Film wäre und wir Indiana Jones?«

»Wir müssen nach oben«, sagt Juan Carlos, »um den Teufel zu sehen – Tio nennen wir ihn – und ihm unseren Respekt zu erweisen.«

Eine wackelige Leiter führt an der Wand vor uns nach oben und verschwindet in einen noch dunkleren Raum.

Juan Carlos atmet tief durch die Nase ein. »Riechen Sie das Gas?« fragt er. »Arsen, Selen.« Meine Laterne ist zu dicht an Christines Hand, in der sie die Papierfähnchen hält, und plötzlich fangen diese Feuer und erleuchten die dunklen Wände um uns herum.

Tios Kammer ist größer als die Kammer Jesu, und Tio selbst ist noch farbenprächtiger. Er ist aus einer Art Gips, braun bemalt mit funkelnden roten Augen und langen bunten Fingernägeln; zwischen nikotinverfärbten Fingern steckt eine halb abgebrannte selbstgedrehte Zigarette. Das Podest, auf dem er sitzt, ist mit Opfergaben bedeckt: Flaschen mit Alkohol, Kokablätter, Zigarettenschachteln, Puppen; der Boden und die Wände des Raumes sind mit, wie ich vermute, Lamablut getränkt.

Juan Carlos zieht eine Marlboro aus der Tasche, steckt sie Tio in den Mund und zündet sie an.

»Der Teufel mag lieber Marlboro als bolivianische Zigaretten«, sagt er. »Weil sie länger brennen.«

Nach Tios Kammer wird die Mine noch enger, und zu allem Übel kommt sie mir hier auch noch hohl vor. Ich höre jedesmal einen seltsamen leeren Hall unter mir, wenn mein Knie den Boden berührt. An einer etwas breiteren Stelle halten wir an, um zu verschnaufen, und ich frage Juan Carlos, was unter uns ist.

»Leere«, sagt er lächelnd. »Im 16. Jahrhundert waren in dieser Mine fünftausend Stollen in Betrieb. Heute sind es noch dreihundert. Es gibt keine Karte. Wir graben einfach weiter.« Er tritt mit dem Schuh ein Loch in den Boden, wirft einen Stein hinein, und wir lauschen eine Weile, bis wir den Aufprall hören. »Wenn es in Potosí jemals ein Erdbeben gibt«, sagt er, die Hände zusammenschlagend, »dann kracht der ganze Berg ein wie ein Pfannkuchen.«

Wir betrachten die grob gehauenen Wände um uns herum, die durchhängenden Stützbalken, das Loch im Boden, das Juan Carlos mit seinem Schuh gemacht hat. »Ich denke, wir können es uns in etwa vorstellen«, sagt Christine. »Danke.«

Auf dem Weg nach draußen kommen wir an Bergleuten vorbei, die in die Mine gehen oder sie verlassen, manche schleppen 50-Kilo-Säcke Steine auf dem Rücken. Bei jedem Bergarbeiter, dem wir begegnen, spielt sich das gleiche Prozedere ab. Wir bieten ihm Alkohol an. Er schüttet etwas davon auf den Boden für Baccha Mamma. Er trinkt. Wir schütten etwas auf den Boden. Wir trinken. Wir bieten ihm Kokablätter an. Er streut welche auf den Boden, nimmt einige, wir tun es ihm gleich. Er steckt die Zigaretten, die wir ihm geben, in seinen Hut. Er wünscht uns einen guten Tag und geht weiter.

Als ich vor uns Tageslicht sehe, frage ich Juan Carlos, ob die Bergleute für Baccha Mamma einen Tempel haben, den wir noch nicht gesehen haben.

Juan Carlos lacht bloß. »Baccha Mamma ist überall. Wir verehren sie jede Minute, die wir am Leben sind.«

Draußen angelangt, atmen wir gierig die frische Luft ein und wischen uns gegenseitig den verkrusteten Schmutz aus dem Gesicht. Die Bergleute möchten, daß wir mit ihnen etwas trinken, und wir tun es.

»Weißt du, wenn wir hier in Amerika wären, wäre auf dem Zeug, das wir trinken, ein Totenkopf mit zwei gekreuzten Knochen drunter«, sagt Christine, nimmt einen großen Schluck und reicht mir die Flasche.

Am nächsten Tag fliegen wir nach Osten ins tropische Tiefland und in die prosperierende Stadt Santa Cruz. Hier ist das »andere« Bolivien, das Wetter ist warm, die Frauen sind schön, und das Leben ist ein ewiger Karneval. Wir wohnen im Hotel Los Tajebos, das an Acapulco in den späten siebziger Jahren erinnert: tropische Vögel und eine schlechte Mariachi-Band am Pool und Brunch am Sonntagmorgen. Wir essen importierte m&m's aus der Minibar und genießen die Klimaanlage, solange sie funktioniert.

Unsere Fremdenführerin in Santa Cruz ist eine nüchterne Frau namens Mercedes. Sie macht eine Stadtbesichtigung mit uns und meint, wir würden das Wort *gracias* aussprechen wie der bolivianische Präsident Jamie Paz Zamora, der in den USA aufgewachsen und zur Schule gegangen ist. »Manche Leute nennen ihn *Fifty Cents*«, sagt sie. »Manche Leute sagen, daß er lügt.«

Mercedes geht mit uns in den Zoo und zeigt uns eine Statue von Noel Kempf Mercado, dem Gründer des Zoos, der im Dschungel erschossen wurde, als er auf der Suche nach seltenen Schmetterlingen zufällig auf eine illegale Kokainfabrik stieß. »Seht mal«, sagt sie und zeigt auf eine farbenprächtige Schlange, die zusammengerollt direkt hinter dem feinmaschigen Draht vor Christines Füßen liegt. »Die nennt man *Ten Minutes*. Man kann sich denken, wieso.«

Sogar das Essen ist anders in Santa Cruz, und zum Lunch lassen wir drei uns einen Flußfisch munden, der *surubi* genannt wird, roh, aber in Zitrone mariniert à la Seviche. Anschließend fahren wir nach El Fuerte, einem archäologischen Ausgrabungsort in der Nähe der Cordillera Oriental; hier soll um 1500 v. Chr., also lange vor den Inkas, ein Hochzeitstempel gestanden haben. Mercedes zeigt uns die uralten Umrisse von Pumas und Schlangen, die vierundzwanzigsitzigen Altare, wo Gruppenhochzeiten abgehalten wurden.

»Die dreieckigen Sitze waren für die Frauen«, sagt Mercedes, »die quadratischen für die Männer. Wir wissen das daher, weil der Sitz in der Mitte, wo der Hohepriester gesessen haben muß, quadratisch ist.«

»Und wenn es Hohepriesterinnen waren?« fragt Christine.

»Dann waren das damals bessere Zeiten als heute«, sagt Mercedes.

Wir stehen am Fuße der Ruine und nehmen zwei parallele Rillen im Granit in Augenschein, die über das ganze Bauwerk verlaufen und in den Himmel zu schießen scheinen.

»Erich von Däniken war hier und hat behauptet, das wäre eine Abschußrampe für Raumschiffe gewesen«, sagt Mercedes und zieht eine Augenbraue hoch. »Seitdem tummeln sich hier die Touristen.« Ich traue mich nicht, ihr gegenüber zuzugeben, daß ich mir vorstellen kann, wie er darauf gekommen ist.

Wir fliegen zurück nach La Paz, um noch zwei ruhige Tage mit Museumsbesuchen und Kirchenbesichtigungen zu verbringen, eine letzte Chance für den Illimani, aus den Wolken hervorzukommen. Doch bei unserer Ankunft teilt Marcelo uns mit, daß er ein paar Fäden gezogen hat und wir seinen Heimatort Oruro besuchen werden, drei Autostunden südöstlich von La Paz, weil dort gerade der beste Karneval von Bolivien begonnen hat, und diese Gelegenheit zu verpassen hieße die Götter herausfordern. Wir haben längst aufgegeben, Marcelo zu widersprechen, also duschen wir und steigen ein letztes Mal in Ramones Jeep.

Marcelo hat uns erzählt, was für Menschenmassen den Karneval besuchen werden; er hat uns von den Masken und Kostümen erzählt, die so kunstvoll sind, daß ein Tänzer mitunter ein ganzes Jahresgehalt dafür ausgibt, um an der Parade teilzunehmen. Er hat uns von den Tänzen erzählt, den Tausenden von Männern und Frauen jeden Alters, die alle im selben Rhythmus springen und herumwirbeln, manchmal zu Hunderten in einer wellenähnlichen Bewegung, und das mindestens zehn Stunden lang auf der dreizehn Kilometer langen Strecke des Karnevalszuges.

Wovon er uns nichts erzählt hat, sind die wassergefüllten Ballons, die Kinder zu Tausenden an die Zuschauer verkaufen, und auch die zweitbeliebteste Waffe, Sprühdosen mit klebrigem weißem Schaum, hat er uns verschwiegen. Es dauert nicht lange, bis wir merken, daß die einzige Verteidigung ein massiver Angriff ist, und bald – ich habe die Hände voll mit Ballons und Sprühdosen – sind alle in meinem Gesichtsfeld, ob Mann, Frau oder Kind, bis auf die Haut durchnäßt. Der Spaß, den die Bolivianer beim Karneval haben, hat etwas derart Unverfälschtes, wie ich es bis dahin noch nie erlebt habe. Und ich drehe mich gerade noch rechtzeitig um, um zu sehen, wie ein Mann, der mindestens achtzig ist, einen Eimer voller Seifenwasser über Christine ausgießt.

Es ist unser letzter Abend in Bolivien. Wir fahren vom Karneval zurück über das Altiplano, naß, klebrig, trunken von Musik und Pacena und Tanz. Marcelo und Ramone singen ein Lied auf ketschua, das sie auswendig können. Marcelo hat mir gesagt, was der Text bedeutet: »Die Luft ist frei, das Wasser ist frei, wieso glaubt der Creolo, daß ihm das Land gehört?« Es wird langsam dunkel, und durch das Autofenster auf meiner Seite kann ich den Oriongürtel ausmachen, auf den Kopf gestellt und an einem völlig falschen Platz. Die Lichter der Vorstädte von La Paz sind am Horizont zu sehen, doch der eigentliche Lichterkessel der Stadt wird so lange verborgen bleiben, bis wir seinen Rand erreichen.

Marcelo nimmt mir den Stift aus der Hand und schreibt ein langes Ketschua-Wort in mein Tagebuch: *Arusquipaso-pxanana-kasakipunirakisspawa.*

Er sagt: »Auf ketschua läßt sich alles mit diesem einen Wort mitteilen.«

Christine schnappt plötzlich nach Luft, und zuerst denke ich, sie staunt über den Dreiviertelmond, der gerade am östlichen Horizont aufgegangen ist, aber als ich ihrem Blick folge, sehe ich die vier Gipfel des Illimani, zerklüftet, erhaben, bis in die Höhe von 6 882 Metern, endlich wolkenfrei im verblassenden Licht.

Acht Tage in der Brooks Range mit April und den Jungs

ES IST SIEBEN UHR MORGENS AM OSTERSONNTAG, ALS WIR in Fairbanks, Alaska, mit einer neunsitzigen Maschine zu einem Charterflug starten und unser Pilot Fred Kurs Richtung Norden nimmt. Zu der Brooks Range, zum Tal des Sagavanirktok River, zu einem kleinen Flugplatz dreihundert Kilometer nördlich des Polarkreises, wo es noch tiefster Winter ist, wo wir die nächsten acht Tage mit Hundeschlitten unterwegs sein werden.

Es ist ein strahlendblauer Morgen, und wir fliegen tief, zunächst über den gewaltigen Yukon River, dann den kleineren Koyukuk, dann nach oben und zwischen den Gipfeln der Brooks Range hindurch, mit Blick auf das »Tor zur Arktis«, und über das Chandalar Shelf. Noch weiter im Norden liegen der Atigun-Paß, unser Korridor zur *anderen* Seite der Brooks Range, und das eisige, baumlose Tiefland von Alaskas nördlicher Küstenebene.

Ich reise mit meinen Freunden Roy und Janet, den beiden Menschen, denen ich es in erster Linie verdanke, daß ich den Winter in San Francisco überstanden habe, der einfach zu einsam und zu verregnet war. Unberührte Gegenden haben mich schon immer geheilt. Doch das Rezept, das ich mir immer wieder ausgestellt habe – aufregende Abenteuer kombiniert mit dramatischen Landschaften –, hat diesmal eine Feuerprobe zu bestehen. Es ist Ostersonntag, und ich wünsche mir gleichsam eine Auferstehung. Ich möchte aus dem Tief des schwierigsten Winters meines Lebens herauskommen und über die arktische Tundra segeln wie ein klarsichtiger Engel.

»Ein hübsches Plätzchen für einen Ostersonntag«, sagt Fred genau in dem Moment, wo ich das Gefühl habe, die Spitzen unserer Tragflächen fegen gleich den Schnee von den Felswänden auf beiden Seiten des Atigun-Passes, und ich stimme ihm zu. Ich sehe den Schatten, den unsere Maschine auf eine gewaltige Schneewächte wirft, kleiner als ein Staubkörnchen.

»Nicht gerade ein berauschender Paß, was?« sagt er, als sich die Landschaft unter uns öffnet und die verschneite Ebene nach Norden hin zum zugefrorenen arktischen Ozean abfällt. Wir sehen einen flachen Schneestreifen, der als Landebahn dient, und daneben zwei Pick-ups in Miniaturformat, von denen einer mit den Kisten beladen ist, in denen die Huskys verstaut sind.

»Man könnte meinen, daß Menschen hier oben nichts zu suchen haben«, sagt Fred, »wenn das Land sie so klein wirken läßt.«

Als wir aus der Maschine steigen, fährt uns der arktische Wind eiskalt in Nase und Augen. Wir lernen Brandon kennen, unseren Ausrüster, der etwas Wölfisches an sich hat und recht gut aussieht. Er erzählt bereits Geschichten aus der Wildnis, bevor wir uns richtig begrüßt haben, mit einer Energie, die sagt: »Dieser Mann wurde dazu geboren, sein Leben in der freien Natur zu verbringen.«

Bill Mackey, unser Hundebetreuer, begrüßt uns nur schüchtern. Er ist selbst eher Schlittenhund denn Mann und wirkt wie jemand aus einem fremden Land, aus einem anderen Jahrhundert. Er ist ruhig und höflich und hat Augen, denen nichts entgeht, die eine innere Anständigkeit offenbaren, das Wissen, was es bedeutet, gut zu leben. Sein Bruder Dave und sein Vater Dick waren beide schon Sieger beim Iditarod, dem berühmten Hundeschlittenrennen von Anchorage nach Nome, und wenn Bill daran teilnimmt, schneidet auch er immer recht gut ab. Er kümmert sich um die sechsunddreißig Hunde, die unsere Schlitten ziehen werden, als sei dies das Iditarod. Zweiundsiebzig Augen sind ständig gebannt auf ihn gerichtet, als würde er jeden

Moment Knochen verteilen. Die Hunde wedeln alle gleichzeitig mit dem Schwanz, sobald er auch nur in ihre Richtung schaut, und sie stellen sich so aufrecht wie möglich hin, wenn er an ihnen vorbeigeht, in der Hoffnung, daß er ihnen kurz über die Schulter streichelt.

Während Brandon und Bill die Schlitten klarmachen, durchwühlen wir übrigen mit rasch eiskalten Fingern unsere Rucksäcke, und im Nu haben wir mehr Schichten Kleidung am Körper als je zuvor in unserem Leben. Oben trage ich ein Capilen-Unterhemd, ein langärmeliges Velours-T-Shirt, einen Velourspullover, darüber noch einen, eine Daunenweste, einen Goretex-Anorak und schließlich einen Parka mit einer großen, pelzumrandeten Kapuze. Unten Capilen, Velours, Velours, Velours und Goretex. An den Händen Seidenhandschuhe, Wollhandschuhe und zum Schluß Daunen-Leder-Fäustlinge. Auf dem Kopf eine Mütze mit Nackenschutz, eine Gesichtsmaske und eine Bombermütze mit Seitenflügeln, die man unter dem Kinn zuschnallt. Mein Rucksack ist fast leer, und der Umfang der Ausrüstung, die ich am Leibe trage, wird nur noch durch ihren Wert übertroffen. Ich lehne an einem Pick-up dreihundert Kilometer nördlich des Polarkreises und bin noch nie in meinem Leben so teuer gekleidet gewesen.

Brandon fragt uns, ob wir volle Wasserflaschen mitgebracht haben, und als wir dies verneinen, erteilt uns sein Gesichtsausdruck eine kleine Lektion darin, welchen Respekt wir dem Fleckchen Erde zu zollen haben, auf dem wir uns befinden. Wir haben zwar daran gedacht, die Kälte auszutricksen, indem wir Bleistifte statt Kugelschreiber und jede Menge Ersatzbatterien für unsere Kameras mitgebracht haben, doch etwas so Simples wie nichtgefrorenes Wasser ist uns nicht in den Sinn gekommen.

»Schon gut«, sagt Brandon. »Wir machen heute abend im Lager Wasser, gleich als erstes, wenn die Zelte stehen und wir den Ofen am Brennen haben.«

Bill hat inzwischen die Hunde in Teams aufgeteilt und vor die Schlitten gespannt, an denen sie jetzt kräftig zerren.

Aber die Schlitten sind mit schnell lösbaren Riemen an der Stoßstange der Pick-ups festgebunden und mit großen Metallhaken im Schnee verankert. In wenigen Augenblicken werden wir die Fahrzeuge zurücklassen und uns für acht Tage einer Landschaft überantworten, in der es schon ein großes Unterfangen ist, einen Schluck Wasser zuzubereiten. Die Kälte kriecht mir bereits in die Finger und Zehen.

Bill zeigt mir, wie die Bremse am Schlitten funktioniert und wo ich Hände und Füße hintun soll.

»April, Blue, Paint, Blackie, Silo«, sagt er, auf die einzelnen Hunde zeigend. »Wenn ihre Aufmerksamkeit nachläßt, ist es ratsam, sie mit Namen zu rufen.«

»Wenn ihre Aufmerksamkeit nachläßt?« sage ich.

»April ist die Leithündin. Sie hat viel Dorfhundblut in sich, viel von den Eskimohunden. Das macht sie sehr clever und ein wenig dickköpfig. Wenn Karibus vorbeikommen, kann es sein, daß sie ausschert.« Er beschreibt einen Bogen mit der Hand. »Dann müssen Sie ihr vielleicht ein wenig auf die Sprünge helfen ...«

So viel hat Bill den ganzen Tag noch nicht gesprochen.

»Fertig?« fragt er, und bevor ich nicken kann, hat er schon die Riemen gelöst, und wir fliegen dahin, als wären wir mit einemmal schwerelos. Der Schlitten, bis oben hin mit Schlafsäcken, Campingausrüstung und Hundefutter beladen, gleitet über den Schnee, als wäre er mit Federn gefüllt. Ich lerne rasch, daß ich mein Gewicht wie beim Wasserski verlagern, mich in die Kurve legen und mich rechtzeitig auf Unebenheiten einstellen muß, wie ich auf den langen Abfahrten abbremse, damit ich Blackie und Silo nicht überrolle.

Die Hunde laufen, was sie können, zerren an ihrem Geschirr, die Schwänze wedeln im Takt mit jedem Schritt. Hin und wieder wirft April mir über die Schulter einen prüfenden Blick zu, und ich versuche, den Schlitten so zu steuern, daß sie mit mir zufrieden ist. Als ich so viel Selbstvertrauen habe, mich umzublicken, sehe ich Janet mit ihren Hunden auf mich zurasen, das gleiche eisige und überraschte Lächeln im Gesicht wie ich.

Um uns herum sind nur noch unterschiedliche Abstufungen von Weiß zu sehen: der blauweiße Himmel, die reinweiße Tundra, die fernen schneeigen Berggipfel, die irgendwie noch weißer sind. Wenn ich als Kind mal mit dem Flugzeug unterwegs war, wäre ich am liebsten aus dem Fenster geklettert und in das flaumige Weiß gesprungen. Das einzige, was noch schöner gewesen wäre, wenn ich es mir damals hätte vorstellen können, wäre eine Schlittenfahrt gewesen, mit einem Rudel kluger und fröhlicher Hunde, die mich durch dieses Wunderland ziehen.

»Tritt auf die Bremse, feste!« ertönt Bills Stimme von vorn, und ich werde abrupt in die Gegenwart zurückgerissen, so daß ich gerade noch sehe, wie sein Schlitten über den Rand eines Canyons verschwindet. Sekunden später fliegen wir wirklich, und zwar einen Hang hinunter, der so lang und steil ist, daß ich schon auf Skiern Respekt davor hätte. Mit größter Mühe halte ich bei dem Tempo den Schlitten hinter den Hunden und mich selbst aufrecht, während der Schlitten über Buckel und Schneewehen schlingert und springt. Dann wird der Boden flacher, ich wage aufzuschauen und sehe, daß wir in einen gewaltigen Canyon gekommen sind, der mit dem gewundenen Band eines zugefrorenen Flusses geschmückt ist, von schmalen und dramatischen Seitenschluchten unterbrochen und nach Süden hin von einem Ring tief gezackter Gipfel gekrönt wird.

Wir halten am Fuße des Hanges an, atemlos, erstaunt über uns selbst, daß wir nicht gestürzt sind, und noch erstaunter über das, was uns umgibt: Endlosigkeit im weichen Licht der Sonne. Ein kalter Wind bläst flußaufwärts vom Polarmeer her und schneidet wie ein Springmesser durch unsere Kleiderschichten.

»Wir schlagen das Lager auf, wenn wir am Fluß sind«, sagt Bill. Und die Hunde springen beim Klang seiner Stimme in Habachtstellung.

Unsere Zelte werden arktische Öfen genannt. Sie sind groß und gut isoliert und vom Hersteller mit einem winzigen Ofen ausgestattet. Da es hier keine Bäume gibt, haben wir genügend Duraflame-Scheite mitgenommen, daß wir pro Nacht einen verbrennen können. Wir folgen Brandons Anweisung und sägen unseren Scheit in drei Stücke; ein Drittel zünden wir um halb zehn an, ein Drittel um Mitternacht und das letzte Drittel um sechs Uhr morgens. Obwohl die Scheite ein wenig toxisch riechen, sind sie ein wahres Wunder. Wir können im Zelt sitzen, und es reicht, wenn wir zwei Schichten Kleidung anhaben statt fünf.

Am nächsten Morgen verlassen wir unser Lager am Fluß und fahren mit den leeren Schlitten über die Sagavarniktok-Ebene zur Atigun-Schlucht. Die leichteren Schlitten gleiten nun noch müheloser über den Schnee, und ich bin meinen Hunden auf Gedeih und Verderb ausgeliefert, weil meine Bremse fast keine Wirkung zeigt. Als Hundeschlittenfahrer machen wir uns inzwischen recht gut, und Bill achtet nicht mehr so genau darauf, wie das Gelände beschaffen ist. Nachdem wir etwa eine Stunde unterwegs sind, holpern wir über Tundragrasbüschel, fahren Flußböschungen rauf und runter und sind alle mindestens einmal vom Schlitten gefallen.

Wir lernen schnell die wichtigste Regel beim Hundeschlittenfahren: Niemals den Schlitten davonfahren lassen. Dabei geht es darum, im Fallen mit irgendeinem Teil unseres dick vermummten Körpers nach den Kufen zu hangeln, uns schleifen zu lassen, wobei der Schnee unseren Parka füllt, unsere Kamera unter uns über den Boden holpert, bis wir wieder ein Bein auf die Kufe bekommen oder uns mit den Armen wieder hinten auf den Schlitten ziehen können.

Sobald wir in der Atigun-Schlucht sind, legt sich der Wind, und wir kommen schneller voran. Eine kleine Herde Karibus kommt neugierig den Hügel hinab, um uns zu begrüßen. Als sie uns wittern, machen sie einen Satz in die Luft und springen davon.

»Wenn wir Glück haben, sehen wir hier im Canyon Dall-Schafe«, sagt Bill, und keine fünf Minuten später sehe ich tatsächlich welche: elf Böcke wie winzige Nadelspitzen am Horizont, aber unverkennbar. Daß ich es bin, die die Schafe zuerst sichtet, macht mich stolzer, als wenn ich einen Bestseller gelandet hätte, und den Rest des Tages wende ich die Augen nicht mehr von den Hängen ab.

Wir sehen alles in allem fünfundzwanzig Schafe und ein paar Vielfraßfährten und eine ganze Schar Schneehühner, die alle auf einmal die Flucht ergreifen, noch immer in ihrem weißen Winterkleid, mit nur einem Hauch Braun an den Schwanzspitzen. Wir fahren so hoch hinauf, daß wir die Pipeline sehen können, die sich surrealistisch am Horizont entlangschlängelt auf ihrem Weg zu den Ölfeldern in Prudhoe Bay.

Wir sind schon fast wieder am Eingang der Schlucht, als mich irgend etwas veranlaßt aufzublicken und ich »den großen Burschen im braunen Anzug« erspähe, wie Brandon ihn nennt. Ein ausgewachsener Grizzlybär, stattliche zwei Meter vierzig groß und bestimmt dreihundertfünfzig Kilo schwer, der leichtfüßig mit uns Schritt hält, nur eine Ebene über uns am Steilhang der Schlucht. Das Adrenalin schießt durch meinen Körper, und ich rufe Bill, winke Janet mit den Armen, verliere meinen Schlitten, lasse meine Kamera fallen und lande hüfttief im Schnee. Trotzdem beobachte ich weiter, wie der Bär oben über den Hang trabt. Die blonden Spitzen seines dunklen Fells schimmern im Sonnenlicht, und der Rhythmus seiner federnden Gangart löst in meinem Kopf ein Mantra aus: *Das Leben ist schön, das Leben ist schön.* Wir beobachten, wie er den nächst höheren Absatz der Canyonwand erklimmt, dann ein Eisfeld quert und über dem Rand des Canyons verschwindet.

Schon jetzt betrachte ich die Hunde als meine eigenen. April ist mein hochbegabtes Kind, herrisch, widerspenstig, ein wenig hochnäsig. Blue ist der Melancholiker, der Poet, und seine Augen haben die Farbe von Gletscherwasser im Juni. Silo ist mein Raufbold, der ständig Streit mit Blackie anfängt, dem Unauffälligen, der sich ganz darauf konzentriert, Hundestärke in Kilometer mit dem Schlitten zu verwandeln. Und Paint ... Paint ist mein Liebling, ein Zufallsinzuchtprodukt. Er ist süß und liebenswert und strohdumm. Morgens, wenn wir aufbrechen wollen, bellt er so begeistert, daß er sich überschlägt und sich hoffnungslos in seinem Geschirr verheddert und unser Schlitten immer als letzter startet.

Am dritten Tag ist es wärmer, und auf dem Flußeis sind ein paar Zentimeter mehr Wasser, das zwischen den Beinen der Hunde platscht. Das Eis stöhnt und knarrt unter dem Gewicht des Schlittens, und April verlangsamt ein wenig das Tempo, läuft vorsichtig über Boden, von dem sie nicht weiß, ob er stabil ist. Paint kapiert mal wieder nichts und rennt ständig in sie hinein, ein Verhalten, das April mit ein paar Bissen in seine Ohren züchtigt.

Bislang waren die Flüsse frostweiß und kristallen, doch heute sehen wir zum erstenmal einen blauen Hauch unter der Eisfläche. An einer Stelle hat das Wasser das Eis hochgedrückt, so daß es in Form eines Iglus aufgeworfen ist, viereinhalb Meter hoch und schimmernd. Ich frage mich, wie weit wir wohl davon entfernt sind, und halte nach einem Anhaltspunkt Ausschau.

»Es wird Frühling«, sagt Bill nur, als wir daran vorbeikommen.

Als wir unterhalb eines Berggipfels namens Cloud kehrtmachen, um zum Lager zurückzukehren, fahren wir mit den Schlitten eine Acht, was ein wahrhaft schöner Anblick ist: die leuchtenden Farben unserer Goretexkleidung, die sich überschneidenden Schlittenspuren, die dünne Linie der Hunde, die gegen das unendlich weite, strahlende Weiß nach Hause streben.

Dann entdeckt April einen Karibukadaver und stürzt darauf zu, der Rest des Gespanns dicht hinter ihr. Sie verheddern sich derart ineinander, daß ich Blue losmachen muß, bevor ich sie entwirren kann, und Blue, ein Entfesselungskünstler, entwindet sich meinen Händen. Ich hechte hinter ihm her und kriege ihn zu fassen, lande aber dabei mit dem Gesicht im Karibukadaver. Paint findet das Spiel wunderbar und springt mit voller Wucht auf mich drauf, Silo dicht hinter ihm. Wir sind ein einziges Knäuel, meine

Hunde und ich, und Brandon muß uns retten. Ich höre, wie Roy hinter mir vor Vergnügen lacht. Oben auf einem Hügel in der Nähe wartet Bill und sieht uns zu, elegant, selbst wenn sein Schlitten stillsteht. Sein leicht geneigter Kopf verrät mehr als nur Belustigung; selbst aus dieser Entfernung sieht er, was seine Hunde mir geben. Kurz darauf sind wir wieder unterwegs. April grinst mich über die Schulter an. Ich möchte, daß diese Reise nie zu Ende geht.

Abends sitzen wir im Kochzelt und erzählen uns Geschichten. Brandon hat schöne Unterarme und verrückte Augen, und er ist der beste Geschichtenerzähler, den ich kenne, aber Roy und ich versuchen abwechselnd, ihm das Wasser abzugraben. Ich habe das nötige Repertoire und Roy die nötige Unverschämtheit, aber Brandon kann mit einer Besetzung von Alaska-Ureinwohnern aufwarten sowie besseren Soundeffekten als die Universal Studios, und er hat die Neigung, aus einer Tageswanderung ein lebensbedrohliches Ereignis zu machen. Die einzige Unterbrechung während unserer Geschichten ist das Bellen der Hunde, wenn Bill sie füttert, und wir erzählen erst weiter, nachdem aus sechsunddreißig heulenden Kehlen der Dankeschor erklungen ist.

Am vierten Tag brechen wir das Lager ab und fahren weiter das Tal hoch. Dabei passieren wir die Stelle, wo sich der Canyon zu einem Spalt verengt, durch den sich der gesamte Sagavanirktok River seinen Weg suchen muß. Jenseits davon liegt eine ganz andersartige Landschaft mit steileren Schluchtwänden und höheren Gipfeln. Stundenlang fahren wir über Eis, das jetzt noch nasser und mit einer dünnen Kruste bedeckt ist, die unter den Hundepfoten in blütenblattförmige Stückchen zerbricht, so daß die Schlitten eine hauchzarte Spur hinterlassen.

Ich bin dieser Landschaft dafür dankbar, daß sie meine ganze Aufmerksamkeit verlangt und mich immer wieder zwingt, meine Gedankenwelten zu verlassen und mich nur ihr zu widmen, und daß ich mich, sobald ich das tue, unmöglich einsam fühlen kann.

Es wird wärmer und wärmer, und schließlich ziehen wir unsere Parkas aus und tauschen unsere Mützen gegen Stirnbänder. Der Boden riecht plötzlich nach Frühling, und das Eis wird noch blauer. Als wir uns schließlich einen Lagerplatz suchen, trage ich nur noch drei Kleidungsschichten am Körper, und nachdem wir das Zelt aufgeschlagen haben, legen wir uns davor aufs Eis und genießen die atemberaubende 360-Grad-Aussicht auf unser abenteuerliches Leben. Wir könnten genausogut im Club Med sein, so warm ist die Sonne auf unseren Gesichtern.

Die nächsten zwei Tage erkunden wir die hohen Täler des Sagavanirktok, beobachten Karibuherden, die für den Sommer gen Norden ziehen, sehen zu, wie der Schnee schmilzt, wie der Fluß so blau wird wie Blues Augen.

»Wenn wir nicht sofort sehen, daß wir wegkommen, müssen wir den Sommer über hierbleiben«, sagt Bill am nächsten Morgen, und wie sich herausstellt, hat er recht. Auf der Rückfahrt durch das Tal steht das Wasser bereits zwanzig Zentimeter tief auf dem Eis, das so dünn ist, daß es knistert. April läuft langsamer, bleibt manchmal fast stehen, und meine Beinmuskeln verspannen sich, weil ich befürchte, daß wir jeden Moment einbrechen. Während wir auf dem Hinweg an fünfzig Eisverwerfungen vorbeigekommen sind, sind es jetzt fünfhundert, und auf der Südflanke selbst des höchsten Gipfels ist der Schnee fast verschwunden. Als wir zu der Engstelle im Canyon kommen, rauscht das Wasser über die Eisfläche und um die Felsbrocken herum, und ich steuere den Schlitten zwischen ihnen hindurch wie ein Boot auf einem Fluß. April und die Jungs sind bis zum Bauch im Wasser und schwimmen nach Hause.

Als wir unser erstes Basislager erreichen, hat der Fluß sich vom Eis befreit und strömt hinter dem Zelt vorbei. An diesem Abend werden wir zum erstenmal keinen Schnee schmelzen müssen, um Trinkwasser zu bekommen; zum erstenmal werden wir draußen zu Abend essen. Als ich April das Geschirr abnehme, läßt sie mich ihren Bauch streicheln, bis die Sonne ihn getrocknet hat, und schlummert unter meiner Hand ein. Als ich aufschaue, bemerke ich, daß Bill uns beobachtet, den gleichen Braver-Hund-Blick in den Augen.

Brandon hat sich sein Bravourstück für heute aufgespart, unseren letzten gemeinsamen Abend, und er erzählt, wie seine Frau ihm während der Flitterwochen mit einer .22er in den Hals geschossen hat. Wir schauen zu, wie die Sonne nicht auf den Horizont zuwandert, sondern an ihm entlangzieht; seit einigen Nächten ist es nicht mehr ganz dunkel geworden. Die sinkende Temperatur will uns schlafen schicken, doch dann kommt das Nordlicht hervor, und wir laufen auf der Stelle, um uns warm zu halten, während wir den Nordlichtern zusehen, die über den Himmel tanzen und deren fließendes, grünliches Leuchten im Zwielicht noch gespenstischer wirkt.

Als die Lightshow vorüber ist, nimmt Bill mich beiseite. »Falls du dir irgendwann mal ein eigenes Hundegespann anschaffen möchtest«, sagt er, »dann melde dich bei mir«, und ich nicke und schüttele ihm die Hand.

Es ist nur ein Signal, von einem braven Hund zum anderen, aber sein Angebot wirkt auf mich wie gute Medizin, und als ich mich schlafen lege, träume ich von sechs kleinen Aprils, die mir gehören.

Am nächsten Morgen heißt es nur noch die Sachen packen und die lange Rückfahrt mit dem mühsamen Aufstieg aus dem Canyon antreten. Langsam erklimmen wir den steilen Hang, unsere Schlitten sind plötzlich plump und schwer, und wir laufen hinter den Hunden her, damit sie nicht so schwer ziehen müssen. Die Landschaft, die am Ostersonntag noch vollkommen weiß war, ist jetzt voller Farben, die braune Tundra, die schwarzen Berggipfel, der gewundene Fluß saphirblau in der Sonne. Doch als wir den Rand des Canyons erreichen, stellen wir fest, daß oben noch immer viel Schnee liegt, und sobald der Boden eben wird, jagen die Hunde wieder dahin.

In diesem Augenblick empfinde ich nur zweierlei: den kalten Wind im Gesicht und überschäumendes Glück. Ich bewege mich vom Licht ins Licht, über eine Fläche hinweg, die reiner ist als Luft und freundlicher als Wasser. Ich bin dankbar für den göttlichen Schimmer der Gipfel, die sich gegen die Sonne abheben, und der überhängenden Schneewächten und für den Wind, der um sie herum heult. Für das Knacken des Eises unter den weichen Hundepfoten und für das Wasser, das unterm Eis gurgelt. Für den fedrigen, smaragdgrünen Geistertanz der Nordlichter im ewigen Dämmerlicht eines Abends in Alaska. Für die Art, wie April sich, wenn ich sie morgens anschirre, freudig dem Geschirr und meiner Hand entgegenstreckt.

In Bhutan kann keiner
berühmt werden

ES GIBT EINEN BERG, DEN DIE BHUTANER JHOMOLHARI nennen; er ist 7468 Meter hoch und markiert die Grenze zwischen dem Königreich Bhutan und Tibet. Der Berg ist nach der Berggöttin Jhomo benannt, und er ist noch ein wenig heiliger als die anderen Berge in Bhutan. Es ist nicht erlaubt, den Berg zu besteigen, aber es gibt eine 9-Tage-Wanderung von der Stadt Paro aus, drei Tage bis zu einem Basiscamp in fast viertausend Metern Höhe am Fuße der Berggöttin und dann über einen gut 4800 Meter hohen Paß zu einem entlegenen Kloster namens Lingshi. Von dort geht es erneut über einen 4800 Meter hohen Paß nach Thimphu, der Hauptstadt von Bhutan, und über die stürmische Flußstraße zurück nach Paro, dem Ausgangspunkt der Wanderung.

Im Reiseführer steht, daß sich das Bergwandern im Königreich Bhutan vom Bergwandern in anderen Teilen des Himalaya unterscheidet. Da steht: *Es gibt hier keine leichten Trekkingrouten*; da steht, daß das Klima sehr viel windiger, kälter und feuchter ist als in Nepal und daß die Routen mindestens neunhundert Meter höher anfangen. Da steht, daß es keinerlei Unterkunftsmöglichkeiten gibt und daß die Routen nicht markiert sind, daß die Pfade durch enge Täler und steile Schluchten führen und flache Streckenabschnitte so selten sind, daß man, wenn man netto sechs- oder neunhundert Höhenmeter zurückgelegt hat, in Wirklichkeit zweitausend Höhenmeter oder mehr hinauf- und hinuntergestiegen ist. Da steht, daß es praktisch unmöglich ist, im Notfall zu einem Arzt oder Krankenhaus transportiert zu werden, und daß man sich gegebenenfalls mit Blutegeln behelfen sollte.

Aber da steht auch: *Wer durch ein wildes, unberührtes Land wandern möchte, über Routen, auf denen man mit großer Wahrscheinlichkeit keinem Touristen begegnen wird* ... Da steht: *Wer ein wahrer Abenteurer ist* ...

Ich versuche mittlerweile, etwas anderes zu sein als eine wahre Abenteurerin, mich mehr wie eine Erwachsene zu verhalten und meine Träume von Gegenden wie der Antarktis und der Mongolei aufzugeben, oder mich, wenn ich sie schon nicht ganz aufgebe, wenigstens für Abenteuer zu entscheiden, die ungefährlicher sind, kalkulierbarer, Abenteuer, die mich nicht in Situationen bringen, in denen es um Leben und Tod geht. Das hat damit zu tun, daß ich die Dreißig überschritten habe. Das hat mit den Leuten zu tun, die ich auf meinen Reisen im Ausland kennengelernt habe, die mir geistlos und hohl vorgekommen sind – die im Grunde nur die Summe ihrer Abenteuer sind, die sie jeder noch so flüchtigen Bekanntschaft liebend gern nacherzählen. Es hat mit der Befürchtung zu tun, daß ich wie sie am Ende meines Lebens nichts anderes vorzuweisen habe als eine Schublade voller abgelaufener Pässe mit richtig eindrucksvollen Stempeln. Es hat damit zu tun, daß ich allmählich den Wert meines Lebens schätzenlerne.

Ich habe mir schon so viele Knochen gebrochen, bin schon so häufig in irgendwelchen fernen Ländern so krank gewesen, daß ich nur noch sterben wollte, habe schon so oft gedacht, *na ja, es gibt schlimmere Todesarten*, wenn sich irgendwo eine Lawine löste oder mein Boot von einer Welle verschlungen wurde, daß diese lebensbedrohlichen Augenblicke kaum noch die Kraft haben, mich zu erschüttern.

Da wären wir also wieder mal, sagt die Stimme in mir, wenn ich an einer dreihundert Meter hohen Felswand an einem Seil hänge oder neben einem gekenterten Boot in einer reißenden Stromschnelle um mein Leben schwimme, und selbst in einem solchen Moment der Panik klingt die Stimme ein wenig gelangweilt. *Jetzt bist du verliebt*, sagt sie, *jetzt hast du eine Hypothek aufgenommen. Du hast Pferde und Hunde, die du füttern mußt, und du hast mittlerweile Freunde – richtige Freunde –, die sehr, sehr traurig wären, wenn du nicht wieder nach Hause kämst.* Die Stimme klingt gelangweilt in den härtesten Situationen, auf den schwierigsten Strecken, in der gefährlichsten Jahreszeit. Die Stimme möchte das Tempo meiner Abenteuer verlangsamen. *Bist du nicht schon immer gerne gewandert?* fragt sie, und so kam ich auf den Gedanken mit Bhutan.

Es gab mal eine Zeit in meinem Leben, als ich dachte, Wandern wäre kein richtiges Abenteuer, als das Wort »Abenteuer« bedeuten mußte, daß ich mir irgendwelche teuren Geräte umschnallte oder in sie einstieg (Abfahrtsskier, Inlineskates, Kajaks) und unglaublich schnell fuhr. Ja, schneller als alle anderen. Alles, was nicht gefährlich und wettkampfbetont war, war für mich kein Sport. Das hätte ich zwar nie laut ausgesprochen, aber ich glaubte fest daran, und ich war wütend auf mich, wenn ich mich auch nur insgeheim vor der Gefahr fürchtete oder wenn ich nicht bei einem von mir selbst erfundenen Wettkampf den ersten Platz schaffte.

All das versuche ich abzulegen, meine Sucht nach Gefahr und mein absurdes Konkurrenzdenken, aber es ist nach wie vor in mir. Und ich glaube nicht, daß ich die vielen anderen Aspekte des Reisens aufgeben *möchte* – meine Entdeckerfreude, meine tiefe Sehnsucht nach dem Unbekannten und Unerwarteten, das zu jeder Reise dazugehört, meine Begeisterung beim Anblick unaussprechlicher Schriftzüge auf der Nase eines ausländischen Flugzeugs oder wenn mein Paß nach frischer Tinte riecht.

Aus all den genannten Gründen erscheint mir Bhutan als das ideale Reiseziel. Ein so unbekanntes Land wie kaum ein anderes auf der Welt. Ein Land, in dem nur organisierte Reisen zugelassen sind (wer auf eigene Faust reisen will, wird gar nicht erst aus dem Flugzeug gelassen), was den Faktor Lebensgefahr erheblich reduzieren wird – ich kann mich nicht in größere Schwierigkeiten bringen, als es der Bergführer erlaubt. Eine Wanderreise, auf der ich mir beweisen

kann, daß Wandern ein Sport ist, vielleicht die ursprünglichste Sportart überhaupt war, bevor wir uns alle durch den
Geschwindigkeitsrausch und den Willen zum Sieg verführen ließen.

Einen Fuß vor den anderen, bis hinauf zum höchsten
Punkt des Bergpasses und wieder hinunter. Das hat etwas
Unverfälschtes, ich werde nicht durch Ausrüstung und
Regeln und Hilfsmittel behindert, bin nicht auf Lifts oder
Räder angewiesen, noch nicht mal auf Flußströmungen; es
gilt nur das simple Gesetz der Schwerkraft, das für oder
gegen mich arbeitet, nur mein Verstand und mein Körper
diktieren, ob ich das Tempo erhöhe oder verlangsame. Ich
habe immer gesagt, daß sechs Kilometer pro Stunde genau
richtig sind, um eine Landschaft zu sehen, und jetzt werde
ich Gelegenheit haben, den Beweis für meine eigenen Worte
anzutreten.

Ich rede mir ein, daß sich die Beziehung zu meinem Partner daran messen lassen muß, wie gut sie meine Reise nach
Bhutan übersteht, daß meine Hunde ohne mich klarkom-
men und daß meine Freunde mich unter anderem auch deshalb mögen, weil ich ihnen Karten aus Ländern schicke, die
sie erst im Atlas nachschlagen müssen. Ich rede mir ein, daß
ich mich auf dieses Abenteuer gefahrlos einlassen kann,
daß ich mich gegen alles impfen lassen werde, den größten
Erste-Hilfe-Kasten der Welt mitnehmen und alles zu meinen Gunsten lenken kann. All meine alten Bedürfnisse ver-
tröste ich mit Hinweis auf die mörderischen Steigungen
und auf die Blutegel, die der Reiseführer versprochen hat.
Ich sage mir, daß ich für den niedrigen Schwierigkeitsgrad
einer Wanderung doch dadurch entschädigt werde, daß sie
in einer äußerst entlegenen Gegend stattfindet.

Vor allen Dingen denke ich dauernd an den Sonnenuntergang im Himalaya, daran, daß ich in einem Gebirge mit
über siebentausend Meter hohen Gipfeln wandern werde,
daß ich die einzige Touristin aus dem Westen sein werden, die an einem buddhistischen Fest in einem Bergkloster
teilnehmen wird, das älter ist als alles, was ich bislang ken-

nengelernt habe. Ich denke daran, wie magisch das Wort
»Bhutan« in meinem Munde klingt.

Die gesamte Luftflotte von Bhutan besteht aus zwei Jets des
Typs British Aerospace 146 mit je zweiundzwanzig Sitzplät-
zen. Es gibt einen fröhlichen Piloten aus New York, Captain
George genannt, der eine Handvoll bhutanesischer Piloten
ausbildet, so daß er in ein paar Jahren, wie er selbst sagt,
überflüssig sein wird. Druk Air (*druk* bedeutet Drache und
ist das Nationalsymbol) fliegt mittwochs, freitags und sonn-
tags von Bangkok nach Paro und an den anderen Tagen von
Paro nach Bangkok, es sei denn, eine der Maschinen ist
kaputt oder das Wetter ist schlecht, und wenn dem so ist,
weiß kein Mensch, wann man ins Land kommt oder raus.

Am Tag meiner Ankunft ist es bewölkt, und vom Himalaya ist nichts zu sehen, doch als wir durch die unterste Wol-
kenschicht stoßen, bemerke ich, daß wir durch eine zerklüftete, steilwandige Schlucht hindurchfliegen. Captain
George sagt über Lautsprecher: »Ladies und Gentlemen, in
wenigen Minuten werden Sie das Gefühl haben, daß ich auf
der Südseite der Schlucht die Wipfel einiger Bäume abrasie-
ren werde, aber wir fliegen jeden Tag so, es besteht also kein
Grund zur Beunruhigung.« Ich denke: *Wer kommt bloß auf die
Idee, am Grund einer Schlucht einen Flughafen zu bauen*, und
dann schwant mir, daß das vielleicht die größte flache Stelle
in ganz Bhutan ist, und plötzlich habe ich das Gefühl, daß
ich im Himalaya bin, auch wenn ich noch nichts davon
gesehen habe.

Mein Bergführer holt mich am Flughafen ab. Er heißt
Karma. Er hat sanfte Hände und ein schüchternes Lächeln,
und er ist so gesprächig, daß wir in dem Monat, den wir
zusammen verbringen, dicke Freunde werden. Karma trägt
wie alle Männer in Bhutan einen *gho*, die obligatorische
Nationalkleidung mit Kniestrümpfen und schwarzen Sport-
schuhen, so daß er von hinten aussieht wie das Mitglied
eines Uniteams im Damenfeldhockey.

In den nächsten dreißig Tagen werden Karma und ich

über Gott und die Welt reden, zum Beispiel über arrangierte Ehen, Bill Clinton, Rassenspannungen, Sex bei eingeschaltetem Licht, die Ursprünge des Buddhismus und darüber, wie Männer in Ländern am Meer es schaffen, eine Erektion am Strand zu verbergen. Einige Monate zuvor war Karma das Opfer einer arrangierten Ehe; seine Freundin, mit der er fünf Jahre zusammengewesen war, wurde gezwungen, einen Mann zu heiraten, der in seinem Leben wohl mehr Geld verdienen wird als Karma. »Es kam ihr nicht ganz ungelegen«, sagt Karma, und in seiner Stimme schwingt weniger Verbitterung als vielmehr Traurigkeit.

Karma und ich fahren vom Flughafen direkt zum Paro Dzong, das Festung und Kloster zugleich ist, gewaltig und weiß mit kunstvollen Schnitzereien und bemalten Pfeilern. Karma erhält von einem Mönch die Sondererlaubnis, mit mir einen der Beträume zu betreten, und wir ziehen unsere Schuhe aus und gehen hinein. Die Wände sind über und über mit Wandgemälden in sanften Blau-, Rosa- und Gelbtönen geschmückt. Von der Decke hängen Seidenstreifen in allen Primärfarben, und der Boden ist aus warmem Hartholz mit Rissen, die vier Jahrhunderte alt sind. Ich bräuchte mehr als einen Tag, um alle Details der kunstvollen Ausgestaltung allein dieses Raumes wahrzunehmen.

Das Licht der Nachmittagssonne flutet durch die Fenster und erhellt den Altar, auf den jeden Morgen eine Schüssel mit Wasser für Buddha gestellt wird, die jeden Abend vor dem Gebet wieder ausgeschüttet werden muß. Karma erzählt mir flüsternd, wie der Buddhismus nach Bhutan gekommen ist, und ich kann mir vorstellen, wie hundert Mönche in ihren roten Gewändern hier das Abendgebet sprechen, und ich denke: *Wenn das meine Beträume gewesen wären, wäre ich auch religiös.*

Tshe dato, tshe chima. Was du jetzt tust, wird dir später vergolten – was wir Karma nennen –, ist die Philosophie, nach der die Bhutaner leben. Sie leben daher voll Ehrlichkeit und Güte, in einem ständigen Zustand der Dankbarkeit für das, was sie haben. Karma erklärt mir ohne die geringste

Anmaßung, daß die Bhutaner aus diesem Grunde keine Therapeuten und Anwälte brauchen. »Wir lassen uns Zeit«, sagt er. »Es braucht Zeit, um das, was wir haben, würdigen zu können.« Wohin wir auch kommen, niemand ist in Eile, und noch erstaunlicher ist, daß ich zwar Hunderte von Babys sehe, aber nicht eines von ihnen weinen höre.

»In Bhutan kann keiner berühmt werden«, sagt Karma. »Ich denke, das macht es für alle leichter.«

Karma bringt mir bei, wie man in seiner Sprache hallo sagt – *Koo zoo sam po-la* (das *la* fügt man hinzu, wenn man Respekt bekunden möchte) –, und danke heißt: *Ga den che.* Allmählich finde ich alles tiefsinnig, was er sagt, und abends bleibe ich lange auf, um mir seine Worte in Erinnerung zu rufen und sie aufzuschreiben. An einem Abend schreibe ich in mein Tagebuch: »Suppe ist Pflicht«, wobei ich nicht unbedingt glaube, daß er von der Reiseverpflegung gesprochen hat.

In Thimphu – mit 13000 Einwohnern die größte Stadt Bhutans – gibt es zwei menschliche Ampeln, die einzigen Ampeln überhaupt in diesem Land. Mitten auf einer Kreuzung steht in einem Häuschen ein militärisch uniformierter junger Mann mit weißen Handschuhen, eine silberne Trillerpfeife um den Hals, und dirigiert schwungvoll den gelegentlich aus allen vier Richtungen anrollenden Verkehr. In seinen Bewegungen ist er eher Maschine als Mensch, eher Performancekünstler als Staatsdiener. »Eine Zeitlang hatten wir elektrische Ampeln«, sagt Karma, »aber wir haben sie wieder entfernen lassen, weil wir gemerkt haben, daß die Leute manchmal grundlos anhalten mußten.«

Wohin wir auch gehen, überall sind Gebetsfahnen zu sehen; zu Tausenden schmücken sie Städte und Häuser, Bergpässe und Felder: Sie sind an handgefertigten Stangen befestigt, die drei, sechs, manchmal dreißig Meter in den Himmel ragen. Weiß für Luft, Gelb für Äther, Rot für Feuer, Grün für Erde, Blau für Wasser: immer in dieser Reihenfolge für eine sichere Reise und Glück. In einem Laden in Thimphu kaufe ich mir eigene Gebetsfahnen, um sie auf dem Yele

La, dem höheren der beiden Pässe auf unserer Route, aufzuhängen, falls ich es bis oben schaffe.

In den ersten beiden Wochen in Bhutan besuche ich mit Karma Klöster, gewöhne mich an die Höhe, das Essen und das Wasser, versuche, mich dem gemächlicheren Rhythmus der Bhutaner anzupassen, mich aber körperlich weiter so sehr zu fordern, daß ich für den Jhomolhari fit bleibe.

Manche von den Klöstern kleben schwindelerregend an Felswänden; eines steht über einem tosenden Fluß. Wir besuchen die jährlichen Feste in Thimphu und Jakar und erleben stundenlange Tänze mit, Männer in bunten Gewändern und mit Dämonen- und Hirschköpfen, Frauen in traditionellen Kleidern, die *kira* genannt werden, und alle wiederholen sie über Stunden hinweg die gleichen Schritte, führen Dramen auf, die fast so alt sind wie die Zeit selbst.

Ich staune, wie oft diese Menschen einander berühren; Kinder, Teenager, alte Frauen, alle umarmen einander, wenn sie stehen oder gehen, und ich kann in ihren Gesichtern sehen, daß sie darauf vertrauen, einander halten zu können.

Wir übernachten auf der Reise in bhutanischen Gasthäusern, die wie die meisten Häuser hier groß und farbenfroh und wunderschön dekoriert sind. Mein Zimmer in einem der Häuser hat zwei Betten, einen Tisch und eine herrlich geschnitzte und bemalte Bank. Die Wände sind vom Boden an mit waagerechten Streifen in allen möglichen Farben bemalt: orange, hellgrün, dunkelgrün, orange-gelb gemustert, dunkelblau, hellblau, hellgelb, dann rot, grün, orange, gelb und wieder blau, und die stumpfen Enden der Dachbalken sind mit Drachen und Blumen und Blitzen bemalt.

Ich frage mich, wie viele Wochen es gedauert haben muß, nur diesen einen Raum auszumalen, wie viele Tage, die Stange für eine Gebetsfahne mit Schnitzereien zu verzieren, wie viele Jahre, bloß eines der kunstvollen Wandgemälde in den Klöstern zu schaffen, und frage mich, ob auch das vielleicht ein Grund ist, warum es in Bhutan weder Anwälte noch Therapeuten gibt.

Es gibt keinen elektrischen Strom in den Häusern, in den

meisten Tälern, die tief und schön und von Kiefernwäldern umgeben sind. Es gibt auch kein fließendes Wasser, nur Kerzenlicht und Ruhe. Bei Sonnenuntergang sitzen wir auf handgewebten Decken, die auf Hartholzbänken ausgebreitet sind, trinken Tee und Reiswein und sehen zu, wie vor dem Fenster die Dunkelheit herabsinkt.

Es gibt in diesem Land einige wenige Verhaltensregeln, und obwohl Karma beinahe zu höflich ist, mich darauf hinzuweisen, wenn ich etwas falsch mache, bin ich inzwischen dahintergekommen, daß ich, wenn er einen Satz mit »eigentlich« beginnt, mal wieder in irgendein Fettnäpfchen getreten bin. Ich lerne, um heilige oder geweihte Dinge immer nur im Uhrzeigersinn herumzugehen. Ich lerne, niemals mit dem Finger, sondern nur mit der ganzen Hand auf etwas zu zeigen. Da meine Füße der unheiligste Teil meines Körpers sind, darf ich niemandem meine Sohlen zeigen, und deshalb muß ich, wenn ich auf dem Boden sitze, was häufig der Fall ist, die Beine unter mich klemmen. Ich darf niemals einen Tempel mit hochgekrempelten Ärmeln betreten, und weil ich eine Frau bin, muß ich ständig knöchellange Röcke tragen, selbst beim Wandern. Wenn ich ein Geschenk überreiche oder entgegennehme, dann stets mit beiden Händen.

In der Stadt Tongsa werden wir zu einem der höchsten Rituale eingeladen, das im innersten Tempel des Klosters abgehalten wird, mit fast zwei Meter langen Blashörnern und *ngas* genannten Trommeln und Meermuscheln, durch die geblasen wird, und unzähligen brennenden Kerzen, wohin das Auge schaut. Die alten Mönche singen, während die jungen in den hinteren Reihen mühelos in Trance fallen und die noch jüngeren in den vorderen Reihen mich kichernd und mit großen Augen anstarren.

Im buddhistischen Tempel Kurjey, den nur Könige und Königinnen besuchen dürfen, bin ich von der Schönheit der riesigen Statuen derart überwältigt, daß ich Karma bitte, mir zu zeigen, wie man betet, was er bereitwillig tut. Alles dreimal: die Hände über den Kopf, dann auf den

Mund, dann aufs Herz, dann die Hände auf den Boden, die Knie auf den Boden, den Kopf auf den Boden und wieder aufstehen, mindestens dreimal; nach oben hin gibt es keine Grenze.

Im drittältesten Tempel von Bhutan lasse ich mir von den Mönchen einen Kettenpanzer, den ein Mönch namens Pema Lingpa im 13. Jahrhundert hergestellt hat, auf den Rücken legen, und obwohl er bestimmt gut zwanzig Kilo wiegt, umkreise ich damit dreimal den Tempel. Wenn ich das mache, so sagen sie, werden mir meine Wünsche erfüllt.

Später fragt Karma mich, was ich mir gewünscht habe, und ich sage es ihm: daß ich die Wanderung gesund und munter überstehe, daß ich alles lerne, was Bhutan mich zu lehren hat, daß ich heil zu meinen Hunden, meinen Freunden und meinem Liebsten zurückkehre, daß ich sie alle gesund auf der anderen Seite der Erde wiedersehe.

Auf unserer Reise von einem Fest zum anderen höre ich so viele Geschichten über Buddha und andere erleuchtete Figuren aus der Geschichte der Religion, daß sie irgendwann alle miteinander verschmelzen. Ein Zen-Meister verwandelte sich in einen Tiger, ein anderer las jedes Buch, das jemals geschrieben wurde, wieder ein anderer konnte mit seinen Liedern das Herz aller Hunde für sich gewinnen.

Die eindrucksvollste Geschichte von allen – diejenige, die alle anderen überragen soll – ist die Geschichte von Gautama, des ersten Buddha, der in der Kindheit von seinem Vater, dem König, in völliger Abgeschiedenheit gehalten wurde. Der König glaubte, es wäre für seinen Sohn (das Resultat einer unbefleckten Empfängnis während eines Traums der Königin von einem weißen Elefanten) am besten, wenn er ihn von all dem Kummer und Leid in der Welt fernhielt. Doch eines Abends schlich sich der zukünftige Buddha aus dem Palast und streifte durch die Straßen des Königreichs. Da er überall Leid, Altersgebrechen, Krankheit und Tod sah, wollte er wissen, was die Ursache dafür war und was dagegen unternommen werden konnte.

Also stahl er sich eines Nachts aus dem Haus seines Vaters, auf einem Pferd, dessen Hufe nicht den Boden berührten.

Fortan lebte er als armer Mann und erbettelte sich das Notdürftigste zum Überleben. Als der zum Buddha Ausersehene nach vielen Jahren der Entbehrungen, des Lernens, des Übens und der Meditation schließlich erleuchtet wurde, beugte er sich hinab und berührte den Boden vor sich, weil er wollte, daß die Erde Zeugin dieses Augenblicks wurde. Wir sehen ihn heute oft auf diese Weise dargestellt, im Lotussitz, eine Hand auf dem Schoß oder um seine Bettelschüssel, während die andere nach unten greift und den Boden berührt.

An diese Geschichte erinnere ich mich am klarsten, nicht nur weil sie mein eigenes Reiseverlangen zu rechtfertigen schien, sondern auch weil ich immer nur an irgendwelchen schönen Orten dieser Erde – und oft in unmittelbarer Reaktion auf diese Schönheit – einen winzigen Anflug von Erleuchtung erreicht habe.

Jhomolhari-Wanderung: Erster Tag
Paro Druk
2200 Meter

Es ist sechs Uhr morgens im Paro Druk Hotel, wo es das einzige Doppelbett in ganz Bhutan gibt. (Als Karma es sah, meinte er nur: »In dem Bett kannst du in jeder Richtung schlafen.«) Die übrigen Teilnehmer der Trekkingtour sind gestern angekommen und schlafen in anderen Zimmern: Beth, die Marathonläuferin aus Manhattan, und ihr frisch angetrauter Mann Doug; Frank und Carly, Weltenbummler aus dem Norden des Staates New York; und Sanjay Saxena, unser indisch-amerikanischer Bergführer aus San Francisco, der Karma zur Seite stehen wird.

Beths Rucksack ist nicht eingetroffen, weshalb sie vor Panik in Tränen ausbrach, und Ted sagte in Karmas Beisein, wie froh er sei, daß wir einen amerikanischen Bergführer dabeihaben. Carly hat uns erzählt, sie habe Frank nur unter der Bedingung geheiratet, daß er hundertzwanzig Tage im

Jahr nicht zu Hause wäre; und wir dachten, sie meinte *höchstens*, aber wie sich herausstellte, meinte sie *mindestens*. Dennoch scheinen wir alles in allem eine ganz nette Gruppe zu sein.

Trotz des Doppelbettes kann ich nicht schlafen. Das Wetter ist schrecklich, hier unten Regen, im Hochland schneit es fast ununterbrochen, und Karma erzählte uns, daß die Wandergruppe im letzten Jahr vier Tage lang festsaß und dann wegen Tiefschnee umkehren mußte. Ich bin zwar schon einmal neun Tage lang bei schlechtem Wetter gewandert, aber noch nie in einem Land, in dem es keinen einzigen Hubschrauber gibt, und noch nie auch nur annähernd in fast fünftausend Metern Höhe. Ich bin jetzt seit zwei Wochen im Himalaya, und noch immer hat es keinen Tag gegeben, der klar genug war, daß man die hohen Gipfel hätte sehen können.

Vor meinem Zimmer geht ein barfüßiger Mönch über den Flur, singt und schwenkt eine quietschende Weihrauchkugel. Er wird durch das ganze schlafende Hotel gehen und es segnen, so wie in einem Sheraton Hotel nachts Putzkolonnen staubsaugen.

Erster Tag (später)
Shana
2 890 Meter

Die heutige Etappe war leicht; wir sind das sanft ansteigende Flußtal des Paro hochgegangen, durch Dörfer mit höchstens zwei, drei Häusern und über Bauernhöfe, wo die Männer mit Ochsen die Felder pflügen und die Frauen mit selbstgemachten Besen Weizen dreschen. Chilis in strahlenden Farben waren auf jedem Dach zum Trocknen ausgelegt, leuchtendes Rot und Grün auf dem stahlgrauen Schiefer. Auch unsere Pferdeführer sind zu Fuß neben ihren Tieren hergegangen, und ein alter Mann, dessen Funktion mir nicht ganz klar ist und der aussieht wie Charlie Chan, hatte einen Regenschirm dabei. Die Pferde waren schwer beladen mit Klapptischen und Propangasflaschen und unserer lächerlich umfangreichen Ausrüstung.

Wir hielten an einem Bauernhof, um Erbsen fürs Abendessen zu pflücken, und Ted kaufte ein paar halbwüchsigen Jungs auf dem Pfad zwei Fasane ab. Später kamen Karma und ich durch ein Dorf, wo fünf Geschwister von vier bis acht Jahren in einem kleinen religiösen Schrein spielten, der *stupa* genannt wird. Sie waren wunderschön, sogar nach bhutanischen Maßstäben, und Karma überredete sie, für uns ein Lied zu singen. Der Sonnenuntergang, der *stupa*, die Kinder, die wie helle Glocken sangen, und das alles mitten auf einer schlammigen Kuhweide. Ich begriff plötzlich, warum ich bisher noch kein Kind hatte weinen hören und nur selten einen Erwachsenen mit finsterer Miene gesehen hatte.

Die Pfade sind bis auf den Yak-Mist sauber und frei von Unrat. Die Reiseveranstalter legen allergrößten Wert darauf, daß während der Wanderungen kein Abfall liegenbleibt und kein Feuer gemacht wird, damit die Trekkingpfade nicht so ruiniert werden wie im benachbarten Nepal. König Jigme Singye Wangchuk (den die Bhutaner einfach Seine Majestät nennen) wird der berühmte Ausspruch nachgesagt: »Ich möchte nicht das Bruttosozialprodukt erhöhen, ich möchte das Bruttoglücksgefühl meiner Untertanen erhöhen.« Er sagt, Geld macht die Menschen verrückt, ganz gleich, wieviel man hat, und das einzige, was zählt, ist Glück. Er hat im ganzen Land das Abholzen der Wälder und den Tagebau untersagt und eine tägliche Touristengebühr (zweihundert Dollar pro Person) eingeführt, die die wirtschaftlichen Verluste mehr als abdeckt. Er hat die Zahl der Touristen pro Jahr streng begrenzt, wehrt sich vehement dagegen, daß das Fernsehen in Bhutan seinen Einzug hält, und hat einen sogenannten Tag des Baumes ins Leben gerufen, an dem jeder Bürger einen Baum pflanzen soll.

Unser Koch mit dem Spitznamen Cocktu ist ein richtiger Zauberer, angesichts der beschränkten Möglichkeiten, mit denen er sich behelfen muß. Jedes Gericht, das er uns serviert, ob nun Wildpilze oder Hähnchen oder Gemüse, ist mit einem Radieschen oder einer Gurke dekoriert, immer in Form eines Halbmondes oder einer Rose geschnitten. Die Grundnahrungsmittel sind genau nach meinem Geschmack; fast immer gibt es *ama datsi*, Chili und Käse, *kawwa datsi*, Chili und Kartoffeln, oder *shamoo datsi*, Chili und Pilze, alles so scharf, daß es knapp an der Schmerzgrenze liegt. Ich glaube, den Chilis ist es zu verdanken, daß ich den ständigen Kampf zwischen den guten und schlechten Bazillen in meinem Magen bislang gewonnen habe, aber ich fürchte, ich gerate allmählich in die Defensive. Cocktu und seine Helfer schlagen sich mit Husten herum, der sich ganz nach einer Bronchitis anhört, also wird es uns wohl auch bald erwischen.

Es regnet ununterbrochen, und das schon fast den ganzen Tag, und heute abend, allein in meinem Zelt, bin ich hin- und hergerissen zwischen der Angst, daß ich zu krank werde, um es zweimal in drei Tagen auf 4880 Meter Höhe zu schaffen, und der Hoffnung, daß ich so krank werde, daß ich aufgeben und umkehren kann, ohne mein Gesicht zu verlieren.

Beths Rucksack holte uns heute per Yak ein, was sie überglücklich machte und uns alle beeindruckte. Sie und ich haben uns ein wenig angefreundet und stehen in einem leichten Konkurrenzverhältnis zueinander, doch es mag sein, daß sich das Konkurrenzdenken wie gewöhnlich nur in meinem Kopf abspielt. Wir sind beide besser in Form als die anderen Amerikaner, einschließlich Sanjay, was ihm etwas Unbehagen bereitet und ihn auch ein wenig ärgert. Alle Bhutaner können zweimal so weit gehen wie wir, und das in weniger als der Hälfte der Zeit. Frank ist zwar gut in Form, aber er hört nie zu, wenn Anweisungen erteilt werden, und er scheint mich nicht besonders zu mögen. Bei diesem Wetter wäre wirklich jeder gereizt. Karma hat uns gewarnt, daß die Etappe morgen um einiges härter wird als die heutige.

Zweiter Tag
Soi Thangthanka
3 580 Meter

Okay. Stellen Sie sich einen Dschungel vor, stellen Sie ihn sich dann in 3350 Metern Höhe vor, dann lassen Sie es drei Tage lang regnen, bevor Sie sich auf den Weg dorthin machen, so daß der Pfad achtzig Prozent der Zeit knietief mit Schlamm bedeckt ist. Dann stellen Sie sich Steine vor, große, grüne, glitschige, moosbedeckte Steine, die einfach zu weit auseinander liegen, um von einem zum anderen zu springen, dann stellen Sie sich vor, daß es den ganzen Tag ohne Unterbrechung wie aus Eimern schüttet, als wären im Himmel sämtliche Schleusen kaputt. Dann stellen Sie sich vor, daß Sie morgens in aller Frühe völlig erschöpft sind und bei dem Versuch, von einem der moosbedeckten Steine zum anderen zu springen, ausrutschen und mit der Kamera in der einen Hand und der Wasserflasche in der anderen nach vorn fallen. Stellen Sie sich vor, wie die Beule an Ihrem Schienbein dort, wo es auf Granit geschlagen ist, augenblicklich zur Größe einer Zitrone anschwillt, und dann stellen Sie sich vor, wie das Blut sich mit dem Regen und dem Schlamm und dem Yak-Dung vermischt und Sie mit Ihrem schlammdurchtränkten Halstuch versuchen, die Wunde sauber zu wischen. Dann stellen Sie sich vor, daß Sie noch zwanzig Kilometer oder mehr weitermarschieren, an den Felshängen hoch, die so steil sind, daß Sie unterwegs kleine Schlammlawinen lostreten, und dann stellen Sie sich nur so zum Spaß vor, daß Sie das alles in einem knöchellangen Rock absolvieren.

So war unser Tag, wobei wir wegen der tiefhängenden Wolken nicht einmal die Berge sahen. Bestimmt ist jedem von uns in seiner kleinen verregneten Welt klargeworden, daß wir, falls das Wetter so bleibt, diesen verdammten Marsch auf 4 880 Meter Höhe zweimal hinter uns bringen könnten, ohne den Berg zu sehen, den zu sehen wir ja eigentlich hier sind.

Die Buddhisten würden sagen, daß wir nun Gelegenheit haben, uns im Loslassen zu üben. Für mich ist es bloß eine weitere Gelegenheit zu beweisen, daß ich angesichts widriger Umstände zu Hochform auflaufe. Ich bin absurderweise richtig gut darin, und je schlimmer die Verhältnisse, desto besser scheine ich zu werden. Zwei Tage hintereinander war ich nun als erste im Camp, ganz kurz vor Beth und Doug. Beim Abendessen sagte Karma mir, daß alle Mitarbeiter darüber staunen, was ich für eine Ausdauer habe, und wie immer hat mich das überglücklich gemacht. Viel glücklicher, als ich sein sollte, ich weiß.

Frank dagegen ist heute in Tibet gelandet, nachdem Karma und Sanjay uns mindestens tausendmal eingeschärft haben, daß wir uns rechts von allen *stupas* halten sollten, weil die Straße links nach Tibet führt und wir an der Grenze verhaftet würden und die Tour dann für alle zu Ende wäre. Als wir zum Mittagessen Rast machten, warteten wir zunächst auf Frank und fingen dann an zu essen, wußten wir doch alle, ohne es auszusprechen, daß Frank nach Tibet gegangen war. Schließlich tauchte er zwei Stunden später doch noch auf; er war kurz vor der Grenze gewesen und wie durch ein Wunder in letzter Sekunde von bhutanischen Soldaten zurückgeschickt worden. Anschließend machte er Karma und Sanjay Vorwürfe, sie hätten sich nicht klar genug ausgedrückt.

Ich bin jetzt in meinem Zelt, mit meinem Tee und meinem Walkman, und die Crash Test Dummies fragen in ihrem Song: »Ist das eine Parabel oder ein hintersinniger Witz?« Vor einer halben Stunde hat der Regen aufgehört, gegen das Zelt zu prasseln, und als ich den Kopf hinaussteckte, um den anderen Zelten einen Freudenschrei zuzurufen, hatte ich den Mund voller Schneeflocken.

Noch sieben Tage. Fünf Tage Trekking und zwei Ruhetage. Noch einhundertachtundsechzig Stunden, bis die Tour vorüber ist, zweihundertvierzig Stunden, bis ich in Bangkok bin und mir *phad thai* und eine Massage verabreichen lassen kann.

Doch hier und jetzt bringt uns ein Junge namens Doten, der Gehilfe des Kochs, morgens Tee und eine Schüssel Wasser zum Waschen, und das Lächeln auf seinem Gesicht strahlt so viel Güte aus, daß wir uns einfach nicht vorstellen können, wie wir den Tag ohne ihn überstehen sollen, wenn die Wanderung erst vorüber ist.

Karma sagt, ich spinne, weil ich die Stunden zähle und in der Zukunft lebe. Wenn man einen Bhutaner fragt, wie lange es noch bis zu irgend etwas dauert – zum Beispiel bis zur Ankunft an einem Ziel –, so erhält man stets die Antwort: »Es dauert noch *eine Weile*, bis wir dort sind.«

Wenn es jetzt so heftig schneit, wie es zuvor geregnet hat, werden wir nirgendwo hingehen. Sanjay sagt, der morgige Marsch wird noch härter, aber das kann ich mir nicht vorstellen. Er sagt auch, daß die Frauen, sobald wir das letzte Bauernhaus hinter uns gelassen haben, keine Röcke mehr tragen müssen.

Dritter Tag
Jangothang
4050 Meter

Im Augenblick bestaune ich eine fast 7500 Meter hohe Berggöttin, und es ist gut, daß ich schreibe, denn wenn ich sprechen müßte, wäre ich dazu nicht imstande. Es ist nicht nur ihre Größe, die mich so beeindruckt, sondern auch ihr Umfang. Sie füllt das obere Ende des Tales aus, als hätte Gott sich diesen Ort ausgesucht, um den größten Stein der Schöpfung fallen zu lassen, fast 3660 Meter höher als die Talsohle und zweimal so breit, als wollte er/sie damit sagen, ihr habt das Ende des Weges erreicht.

Die Sonne scheint. Ich bin um fünf Uhr früh aufgewacht, habe den Reißverschluß meines Zeltfensters geöffnet, und da war er, der mächtigste Berg, den ich je gesehen habe, im herrlich klaren Morgenlicht. Den ganzen Tag sind wir das Tal hoch auf ihn zugegangen, haben ihn wegen der Flußwindungen immer wieder aus den Augen verloren.

Zum Mittagessen haben wir an einem Bauernhaus Rast gemacht, und ich konnte kaum schnell genug aufessen, als ich die Sonne sah, wußte ich doch, daß wir nach weiteren elf

Kilometern talaufwärts zu seinen Füßen landen würden. Es ging höher und höher über weite Yak-Weiden, vorbei an vom Wind gebeugten Bonsaikiefern am Flußufer, über dicke Teppiche aus Tundramoos, die sich von Talwand zu Talwand erstreckten. Dann plötzlich kam ich um eine Biegung, und da war er, nicht nur sein Gipfel, den wir am Morgen gesehen hatten, oder die Kammlinie, von der wir den ganzen Tag über einen flüchtigen Blick erhaschen konnten, sondern da stand er in voller Größe.

Ich kann nicht fassen, was das tiefe Nachmittagslicht mit dem Berg anstellt. Im Augenblick verläuft quer über seine Mitte ein Lichtstreifen, denn die untergehende Sonne erhellt ihn von der Seite, der Gipfel ist schneebedeckt und vor dem tiefblauen Himmel in tausend Spalten zerklüftet, und die Gletscher, grauweiß und blau, ergießen sich an seinen Flanken hinab unten aus den Wolken heraus.

In der Nähe des Camps ist eine Festung, die vor langer, langer Zeit ein König erbauen ließ. Er hatte die Dorfbewohner zusammengerufen und sie aufgefordert, den Berg abzutragen, weil die Sonne zu früh am Tag dahinter unterging. Die Menschen kamen zu dem Schluß, daß es einfacher wäre, den König zu töten, als den Berg abzutragen, und planten eine Revolution. Daraufhin ließ der König die Festung bauen, doch am Ende erwischten sie ihn doch.

Ich war wieder als erste im Camp, und aus purer Großspurigkeit beschloß ich, bis ans untere Ende der Gletschermoräne zu laufen, noch einmal zirka zweihundertfünfzig Höhenmeter und drei Stunden Marsch, wodurch ich sicherlich über 4 270 Meter hoch kam. Ich hätte die Göttin berühren können, so nah kam ich ihr, aber ich traute mich nicht, was nach Karmas Ansicht die richtige Entscheidung war. Ich bin hier höher als je zuvor in meinem Leben, und bislang habe ich noch keine Anzeichen von akuter Höhenkrankheit.

Heute abend geben wir für Doug eine Geburtstagsparty – die Köche backen gerade einen Kuchen in einem Loch im Boden mit einem Holzfeuer und zwei von unseren Waschschüsseln –, und morgen legen wir eine Pause ein.

Vierter Tag
Jangothang
4050 Meter

Ich mache heute etwas, das mir sehr schwerfällt: Ich nutze
den Rastttag, um mich auszuruhen.

Um fünf Uhr morgens hat Sanjay uns aus den Federn
geholt, damit wir uns das Alpenglühen auf dem Berg ansehen konnten, dann haben wir Wetten abgeschlossen, um
welche Uhrzeit die Sonne das Camp erreichen würde, und
ich habe mit sieben Uhr fünfundzwanzig gewonnen. Dann
hatten wir ein gemütliches und köstliches Frühstück, haben
unsere Pferdeführer verabschiedet und die Yak-Hirten begrüßt (oberhalb von viertausend Metern kommen Yaks sehr
viel besser klar als Pferde).

Um zehn Uhr haben sich ein paar Yaks von ihrem Hal-
testrick losgerissen und wollten durchgehen, und Beth und
ich haben uns einen gemütlichen Felsen gesucht, auf dem
wir uns in der Sonne aalen konnten. Wir haben uns gegenseitig aus den Büchern vorgelesen, die wir mitgebracht
haben, ich aus den zen-beeinflußten Gedichten von Jane
Hirshfield, sie aus der zeitlosen Weisheit des Tao Te Ching,
und sie hat ein paar Kaffeebohnen mit Schokoglasur ausge-
packt, die sie in Dougs Rucksack geschmuggelt hatte. Dann
war es Zeit zum Mittagessen, und inzwischen ist es irgendwie vier Uhr geworden, und ich bin ausgeruht und noch
immer einigermaßen gesund (obwohl fast alle anderen irgendein Wehwehchen haben), und ich fühle mich absolut
fit, den ersten Paß in Angriff zu nehmen, wenn wir uns vom
Jhomolhari abwenden und es richtig hoch geht.

Wir sind wegen morgen etwas nervös. Die Yaks sind wie
toll, und ich habe Angst um mein Gepäck, aber ich kann die
Sachen, die mir wirklich wichtig sind, nicht tragen (meine
belichteten Filme und Musikkassetten), ohne die Dinge zu
opfern, die mich am Leben halten werden, falls ein Sturm
losbricht (Goretex und trockene Socken und gefütterte
Fausthandschuhe). Ich versuche mit allen Mitteln, gesund
zu bleiben, aber es scheint unmöglich, da der Koch ins Essen

niest und überall Yak-Dung rumliegt, so daß ich Sorge habe, daß sich mein Bein entzünden könnte. Außerdem läßt Doug (der schrecklichen Durchfall hat) seinen Geburtstagssekt kreisen, und Frank weigert sich glattweg, irgendwas von den Dingen zu tun, die wir tun sollten, damit wir uns nicht selbst und gegenseitig anstecken, und dann habe ich auch noch meine Tage gekriegt, was meinen Abwehrkräften nicht gerade förderlich ist.

Der Berg ragt über uns auf, teilnahmslos, überwältigend, majestätisch, und morgen, wenn es klar ist, werden wir zwei weitere sehen, obwohl keiner so groß und bedeutend ist wie der Jhomolhari. Das Barometer an Franks Uhr steht auf *Regen* (wir können Franks Uhr nicht ausstehen), und es war kalt letzte Nacht – unter acht Grad minus –, doch jetzt ist es so warm, daß Beth sich in der Waschschüssel die Beine rasiert und wir alle ein wenig Wäsche waschen und die nassen Sachen auf den warmen Felsen zum Trocknen auslegen.

Fünfter Tag
Negla La (La *bedeutet Paß*)
4 810 Meter
LHA JAALO! LHA JAALO! Karma sagt, das sollen wir rufen, wenn wir oben auf dem Paß sind. LHA JAALO! Karma meint, es könnte ein Rekord sein: zweieinhalb Stunden, rund sechzehn Kilometer, siebenhundertsechzig Höhenmeter. Es ist wieder bewölkt, überall um uns herum grau und kein Gipfel zu sehen. Wenn da nicht die bunten Gebetsfahnen wären, die den Paß markieren, könnten wir genausogut auf dem Mond sein.

Fünfter Tag (später)
Lingshi
3 960 Meter
Jetzt, da ich hier auf einem Klappstuhl sitze, könnte ich sagen, daß eigentlich nichts dabei war. Schön, mir ist ein wenig schwindelig geworden. Schön, ab und zu hatte ich das Gefühl, als wären meine Beine aus Blei. Schön, Beth hat

mich kurz vor dem Gipfel eingeholt – ihre vier Marathon-läufe in New York haben sicherlich dazu beigetragen –, doch nachdem ich mir in den letzten Wochen solche Sorgen gemacht hatte, ob ich es überhaupt schaffen würde, war heute meine einzige Sorge, ob ich als erste oben sein würde.

Wir kampieren unterhalb des Lingshi Dzong, einem der entlegensten Klöster der Welt. Es gibt hier nur wenige Menschen, und Yak-Hirten leben mit ihren Familien in gruselig aussehenden schwarzen Zelten aus Yak-Haar, die in diesem hochgelegenen Weideland vom Wind gepeitscht werden. Wir kamen heute an einem Zelt vorbei, vor dessen Eingang eine Frau und zwei kleine Mädchen standen und uns an-starrten, und wir alle, dick vermummt in unseren Goretex-sachen, versuchten uns vorzustellen, wie es wäre, unser ganzes Leben oberhalb der Baumgrenze zu verbringen mit nichts zwischen uns und den Elementen als einem dicken Stück Tierhaut.

Heute abend beim Essen wartete Frank, bis die Köche alle am Tisch saßen, und sagte dann: »Wer hätte gedacht, daß die Menschen hier so kultiviert sind, daß sie aus einer Gurke eine Blume schnitzen?«, und ich wäre am liebsten mit mei-nem Buttermesser über den Tisch auf ihn losgegangen, aber Karma signalisierte mir mit den Augen, ich sollte mich doch lieber wie Buddha verhalten.

Eigentlich war für morgen ein Rasttag geplant, aber da eine Gruppe Deutscher erwartet wird und Sanjay einen Vor-sprung haben möchte, gehen wir weiter, über den Yele La, der nur dreißig Meter höher liegt als der Negla La, aber nach Meinung aller Bergführer viel schwieriger zu passieren ist. Ich habe schließlich doch den bhutanischen Husten bekom-men, der tief in der Kehle sitzt und mir immer wieder das Gefühl gibt, als würde mir die Brust in Stücke gerissen. Wir alle müssen ständig zur Latrine, und ich werde jetzt auch noch mal gehen, bevor es dunkel wird, und mir danach das Bein neu verbinden und irgendwo Hustentropfen auftrei-ben. Ich glaube, wir alle haben insgeheim das Gefühl, daß es vielleicht ein Fehler ist, unseren Rasttag zu opfern.

Sechster Tag
Eine Wiese unterhalb des Yele La
4785 Meter

Wir essen zu Mittag, bis zum Yele La haben wir noch eine größere Kraftanstrengung vor uns (etwa neunzig Meter). Auf dem Weg hier herauf spürte ich plötzlich einen stechenden, starken Schmerz in der Brust, als wäre ich vom Huf eines sehr großen Tieres getreten worden. Ich war ganz benommen und wäre fast umgefallen, also habe ich mich hingesetzt und etwa zwanzig Minuten lang tief durchgeatmet und eine Flasche Wasser getrunken, während Beth mir die Hand hielt und beruhigend auf mich einredete, bis der Schmerz wegging ... fast.

Jetzt ist alles wieder okay, aber wir haben noch einen größeren Aufstieg vor uns, und ich habe Angst. Sanjay fragte bloß: »Zuviel gegessen?«, was absurd ist, da ich seit zwei Tagen kein Essen länger als zehn Minuten bei mir behalten kann. Dann fiel mir ein, daß ich gestern ein starkes Kribbeln in den Armen hatte und ich mir nichts weiter dabei gedacht habe, sondern bloß die Tragegurte an meinem Rucksack gelockert habe. Ich dachte, ich wäre auf alles vorbereitet, aber an mein Herz hatte ich keinen Gedanken verschwendet. Damit hätte ich nie gerechnet.

Vorhin habe ich wieder die Gipfel betrachtet, die Gletscher um uns herum, die unglaubliche Weite dieser Hochweiden, und mir zum tausendsten Mal gesagt: »Na ja, kein schlechter Platz zum Sterben«, aber es war jetzt die Stimme von jemand anders, die das sagte, nicht mehr meine. Ich möchte nach Hause zu meinem Geliebten und meinen Freunden; ich möchte weiterleben, damit ich die Antarktis und die Mongolei noch zu sehen bekomme. Ich muß daran denken, was für eine Freude es mir in den letzten Tagen bereitet hat, kurz vor Beth im Camp anzukommen, und ich könnte mich selbst dafür ohrfeigen. War diese kleine zusätzliche Kraftanstrengung für mein Herz zuviel? Kann ich die Bedürfnisse meines Körpers überhaupt noch spüren, wenn die Stimme des unersättlichen Leichtathletiktrainers in meinem Kopf mich anfeuert?

Tshe dato, tshe chima. Ist diese Herzattacke die Strafe dafür, daß ich in einen sinnlosen Wettstreit mit einer wunderbaren Frau getreten bin, die sich nicht mal darüber im klaren ist und mir jetzt zur Seite steht, die nur meine Freundin sein möchte? Ist das der Preis der Eitelkeit, dafür, daß ich mich gebauchpinselt fühle, wenn ich höre, daß die Köche über meine Ausdauer und Kraft reden?

Frank reißt ständig schlechte, leicht frauenfeindliche Witze, damit ich aufhöre zu weinen, und ich würde ihm am liebsten eins aufs Maul geben, aber wahrscheinlich bin ich bloß wütend auf ihn, weil er so vernünftig war, langsamer als ich zu gehen. Ich frage mich, was ich karmamäßig bloß falsch gemacht habe, daß ich es verdiene, im Beisein von Frank zu sterben.

Wieder blicke ich auf die Gletscher, die Täler in die Berge um mich herum schneiden, auf den handgewebten Kopfschmuck und die Satteldecken der Yaks, auf Karmas liebe, besorgte Miene, die ihn sehr viel älter aussehen läßt als seine vierundzwanzig Jahre, und ich frage mich, wieso ich so taub gewesen bin für die Lehren, die diese Landschaft mir vermitteln will. *Langsamer,* sagt sie, wohin ich auch blicke. Die erste Lehre des buddhistischen Glaubens: Es geht nicht immer darum zu *handeln,* sondern zu *sein.*

Jetzt möchte ich am allerliebsten eine Weile einfach nur *sein,* auf dieser Wiese sitzen, bis mein Herz aufhört, so rasend schnell zu schlagen, und meine Angst nachläßt, aber Tatsache bleibt, daß vor mir noch neunzig Höhenmeter liegen und fünf Mitwanderer auf mich warten und die Uhr tickt, die irgendein nicht erleuchteter Mensch erfunden hat, und deshalb muß ich *handeln.* Ich muß mich aufrappeln und weitergehen, denn wenn mit meinem Herzen etwas nicht stimmt, liegt jede mögliche Hilfe vier Tagesmärsche entfernt in dieser Richtung, und ich bin noch nicht Buddhistin genug, um angesichts dessen einfach reglos hier sitzenzubleiben.

Sechster Tag (später)
Shodu
3 970 Meter über dem Meeresspiegel

Noch mal zurück auf die Wiese beim Mittagessen: Beth fürsorglich und besorgt, die Köche zwangsernähren mich mit Suppe, während ich bloß versuche, so lange mit Weinen aufzuhören, daß ich beschreiben kann, wie stark die Schmerzen noch sind, an die letzten Höhenmeter denke, die noch vor uns liegen, die Worte »ich habe Angst« denke, so laut und unaufhörlich, daß sie beinahe jeden anderen Gedanken in meinem Kopf auslöschen.

Inzwischen habe ich Sanjay den Schmerz so drastisch beschrieben, daß auch er Angst bekommen hat, und er sagt, daß wir ganz langsam gehen werden, daß er direkt vor mir gehen wird, daß Karma meinen Rucksack tragen und direkt hinter mir gehen wird, und das ist das erste, was mich Überwindung kostet, doch ich sage: »Okay, Karma kann meinen Rucksack tragen.«

Dann sehen wir plötzlich, zum erstenmal seit Tagen, ein paar Fremde unter uns den Pfad hinaufkommen: drei Mönche mit Pferden, zwei reitend, einer sein Pferd führend. Karma springt auf, rennt den Berg hinunter und bittet sie, mich auf einem der Pferde bis hinauf auf den Paß reiten zu lassen. Sie unterhalten sich laut rufend auf bhutanisch über eine kleine Schlucht hinweg; sie diskutieren hin und her, nicken, schütteln den Kopf, und schließlich ist der erste Mönch einverstanden.

Alles in mir möchte das Angebot ablehnen, möchte sagen: *Nein, vielen Dank, ich komm schon klar.* Alles in mir, bis auf den Teil, der nicht aufhören kann zu weinen. Ich sehe Beth an und sage: »Wenn ich mich darauf einlasse, dann ist das ein sicheres Zeichen dafür, daß ich mein Leben allmählich schätzenlerne.«

Sie sagt: »Steig einfach aufs Pferd, Pam«, und so schließe ich einen Moment die Augen und ergebe mich dem exotischen Gedanken, mir helfen zu lassen.

Dann gehe ich – vorsichtig – hinunter zu den drei kleinen

Pferden und schwinge mich in den Sattel des ersten und stecke die Füße in die Steigbügel, die gerade mal zwanzig Zentimeter an den Seiten des Sattels herabhängen. Ich sehe aus wie ein Jockey mit den Knien bis zu den Ohren und in meinen leuchtenden Goretexsachen, hocke wie ein rot-gelber Humpty Dumpty auf dem dürren Rückgrat des viel zu kleinen Pferdes.

Der erste Mönch zieht an den Zügeln, und das Pferd wirft mir über die Schulter einen Blick zu, der besagt: *Das soll wohl ein Witz sein*, und ich will schon fast wieder abspringen und beteuern, daß ich ganz bestimmt gehen kann, doch schließlich setzt sich das Pferd in Bewegung, und ich lasse mich von ihm tragen.

Auf der Hälfte dieser letzten 90-Meter-Steigung wird der Pfad so steinig, daß alle absteigen müssen. Der Mönch verlangt hundert Ngultrum (etwa drei Dollar) als Bezahlung, und ich gebe sie ihm und noch dazu ein Paar Handschuhe (ich denke daran, sie ihm mit beiden Händen zu reichen), und ich glaube, sie gefallen ihm sehr.

Ich gehe den Rest des Weges zusammen mit Karma, und wir sagen *Lha jaalo*, als wir oben sind, und ich füge die Gebetsfahnen, die ich in Thimphu gekauft habe, zu den Dutzenden anderen hinzu und danke Buddha oder wem auch immer, mit dem ich in diesen Tagen rede, daß ich sicher und wohlbehalten hier angekommen bin.

Beth und Doug kommen als nächste und dann Sanjay, der einen Kopfstand macht und von seinem Halstuch ein Stück abreißt, das er als Fahnenersatz hierläßt.

Als Frank eintrifft, nimmt er mich beiseite und sagt: »Es muß schlimm sein, so viel Geld auszugeben, den ganzen weiten Weg bis hierher auf sich zu nehmen und dann so kurz vor dem Ziel schlappzumachen, du mußt dir doch betrogen vorkommen.«

Beth streckt ihm die Zunge raus, und ich bemühe mich nach Kräften, ihm nicht zu glauben, aber genau das habe ich jede Sekunde, die ich auf dem Pferd saß, gedacht, und jetzt denke ich: *Woher kommen sie bloß, all die Lügen?* Ich betrachte

die Berge rundherum, betrachte Karma und vergegenwär-
tige mir alles, was er versucht, mir nahezubringen, und
frage mich, wann ich wohl je etwas lerne, wenn es mir jetzt
nicht gelingt.

Dann gehen wir wieder bergab durch das offenbar längste vergletscherte Tal der Welt und sehen zu, wie die
Mönche auf ihren Pferden vor uns ab und zu haltmachen,
um Heilpflanzen zu pflücken. Die verrückten Yaks trotten
dahin, bepackt mit unseren Klappstühlen, und die Schneefelder auf den Gipfeln über uns sehen aus wie Gottes eigene
Daunendecken, die über unseren Köpfen schweben.

Während des gesamten Abstiegs entschuldige ich mich
immer wieder bei Karma und Sanjay, erzähle ihnen von meiner sportlichen Freundin, die letztes Jahr aus heiterem Himmel einen Aortariß hatte, und daß meine Mutter genauso
Schmerzen hatte wie ich und noch in derselben Nacht im
Schlaf gestorben ist, bevor sie überhaupt daran denken
konnte, zum Arzt zu gehen. Ich denke laut darüber nach, ob
man in solchen Höhenlagen leichter weint, und witzele über
meine Tränen, als wären sie ein Unfall gewesen, und hasse
mich mit jeder Entschuldigung nur noch etwas mehr.

Ich denke an Gautama, der sich im Angesicht des Todes
Erleuchtung wünschte und, als er sie schließlich erhielt, die
Erde berührte. Wenn es irgendwo ein Fleckchen Erde gibt,
das es verdient hat, Zeuge der Erleuchtung eines Menschen
zu werden, dann das hier oben auf dem Yele La, aber ich bin
mir noch nicht sicher, ob ich dessen würdig bin, ob ich durch
dieses Erlebnis an Weisheit gewonnen habe.

Karma ist geduldig mit mir und ein wenig verunsichert.
»Aber Pam«, sagt er bemüht ruhig und behutsam. »Wenn
du wirklich einen Herzanfall hattest, wäre es dann nicht
besser gewesen, wenn du ruhig geblieben wärst, dich still
hingesetzt und dich nicht so aufgeregt hättest?« Ich frage
mich erneut, ob ein Mensch aus dem Westen jemals wirklich
Buddhist werden kann, und ich bücke mich und hebe einen
Stein vom Boden auf, und, anstatt mich zu entschuldigen,
sage ich: »Das hätte ich, wenn ich gekonnt hätte.«

Jetzt bin ich in meinem Zelt, und ich spüre nur noch einen ganz leichten Schmerz in der Brust, und mein Husten ist tiefer und rauher geworden – was durchaus die Ursache für die Schmerzen gewesen sein kann. Sanjay hat von zu Hause Shitake-Pilze und Marinara-Sauce mitgebracht, so daß wir zur Abwechslung vielleicht mal was Richtiges zu essen bekommen. Ich weiß, daß er die Sachen für morgen aufgespart hat, unseren letzten gemeinsamen Abend, aber jetzt gibt es sie heute abend, zur Feier des Tages, weil ich nicht gestorben bin.

Beth ist in mein Zelt gekommen, um nach mir zu sehen, und sie hat gesagt, daß das, was mir passiert ist, wahrscheinlich nur ein Warnsignal gewesen ist, und auf meinen Einwand, daß ich keines bräuchte, hat sie erwidert, daß ich mich da vielleicht täusche, und ich glaube, sie könnte recht haben.

Sanjay meint, ich sollte ein EKG machen lassen, wenn ich wieder zu Hause bin, also werde ich das mit auf die Liste setzen, auf der schon Rachenabstrich und TB-Test stehen. Die gute Nachricht ist, daß wir von nun an nur noch abwärts gehen (obwohl in der Reisebeschreibung steht, daß es sehr viel rauf und runter geht). Ab morgen kommen wir nicht mehr über 3 900 Meter – und in den nächsten zwei Tagen werden wir auf jeden Fall 1 500 Meter tiefer gelangen.

Ich habe natürlich schreckliche Angst, heute nacht im Schlaf zu sterben wie meine Mutter, aber zum erstenmal in meinem Leben gibt mir das Wissen, daß die Menschen, die ich liebe, nicht von mir enttäuscht sein werden, weil ich mich auf dem Weg zu einem 4 800 Meter hohen Paß etwa fünfundvierzig Meter von einem Pferd habe tragen lassen, ein wenig Auftrieb. Und ich erkenne, daß meine erste richtige Erleuchtungsprüfung die ist, nicht von mir selbst enttäuscht zu sein.

Es ist eiskalt draußen. Es ist eiskalt in meinem Zelt. Für einen frischen Salat und einen Teller heiße Muschelsuppe würde ich jetzt glatt meine Seele verkaufen. Es würde mir sehr viel bessergehen, wenn ich Nahrung länger als eine Stunde bei mir halten könnte. Vielleicht ja die Spaghetti.

Siebter Tag
Barshong
3 690 Meter

Der heutige Tag war wunderbar ereignislos. Ein langer Weg hoch und runter, hoch und runter, eine herrliche, enge Schlucht voller Herbstfarben, ganze Berghänge mit Rhododendronbüschen, deren Blätter in allen Farben von Dunkelgrün bis Leuchtendrot schimmern. Ein ausgedehntes Mittagessen auf einem warmen Felsen in der Sonne und früh im Camp. Heute abend übernachten wir alle in einer verräucherten Schutzhütte.

Heute abend werden die Yak-Hirten, das Küchenpersonal und Karma bhutanische Volkslieder und -tänze zum besten geben, Schrittfolgen und Texte, die, wie Karma mir versichert, alle Menschen in Bhutan kennen. Wir werden aufgefordert werden, etwas aus unserer Heimat vorzutragen, und als wir sechs Amerikaner nach etwas suchen, das wir alle kennen, ist die magere Ausbeute die Nationalhymne, *If I had a Hammer* und *Hokey Pokey* (das die Yak-Hirten bereits von früheren Touristen aus den USA kennen). Beth und ich meinen, daß wir notfalls alle vierundzwanzig Strophen von *American Pie* schaffen würden.

Auf der anderen Seite der Wiese übt Karma das Lassowerfen nach Art der amerikanischen Cowboys, und ich habe eben von den Yak-Hirten eine rasche Unterweisung bekommen, wie man ein Lasso auf bhutanische Art wirft.

Ich freue mich, berichten zu können, daß ich heute nicht als erste im Camp war.

Achter Tag
Thimphu
2 400 Meter (Laut Franks Uhr haben wir in den letzten acht Tagen, alle Auf- und Abstiege mitgerechnet, insgesamt 7 920 Höhenmeter zurückgelegt.)

Unsere heutige Etappe begann mit den Worten »Es wird kein leichter Tag werden«, und so war es auch. Zwanzig Meilen stapften wir durch Schlamm, davon einen großen

Teil direkt hinter den Yak-Hirten. Wir hörten, wie sie die Tiere aufmunterten und anschrien, sahen zu, wie sie ihnen Steine aufs Hinterteil warfen, um sie anzutreiben. Die Yaks sanken manchmal bis zum Bauch in den Schlamm, wodurch der Pfad für uns noch mühsamer zu begehen wurde.

Einmal stieß ich Karma aus Versehen in den Schlamm und fiel dann selbst noch tiefer hinein und sagte: »Das nenne ich ein spontanes Karma.« Es war das erstemal, daß ich mich traute, einen Scherz mit seinem Namen zu machen.

Als wir endlich unten auf Höhe des Flusses Thimphu waren und ich Karma fragte, wie weit es noch bis zum Ende des Trekkingpfades sei, sagte er: »Wir gehen eine Weile am Fluß entlang«, und zum erstenmal fand ich die bhutanische Zeitmessung nicht ganz so zauberhaft.

»Wie lange?« fragte ich, aber er lächelte bloß freundlich, und ich mußte an etwas denken, das er einige Tage zuvor gesagt hatte, daß nämlich die Erleuchtung ein Glühwürmchen ist, keine Taschenlampe, und ich atmete einmal tief durch und schwor mir, jeden Schritt bis zum Ende der Tour zu genießen, egal, wie viele es noch waren.

Ich bin jetzt im Zelt des Reiseveranstalters, umgeben von Doughnuts und Sandwiches und Bierflaschen. Der Bus wartet mit laufendem Motor, und falls Frank jemals auftaucht, fahren wir ins Hotel. Doug schlägt vor, die Yak-Hirten sollten den Pfad ein Stück zurückgehen und Frank Steine auf den Hintern werfen, damit er einen Zahn zulegt, eine Idee, die auf allgemeine Zustimmung stößt, aber von niemandem ernst genommen wird. Der Chef des bhutanischen Reisebüros ist da und hat jedem von uns ein Geschenk mitgebracht, Seidenschals, auf denen die acht Glückssymbole abgedruckt sind als Zeichen der Anerkennung, daß wir die Reise bewältigt haben, und in mir ringen Stolz und Erschöpfung um die Wette.

Es ist früher Morgen an meinem letzten ganzen Tag in Bhutan, und wie immer, wenn ich einen Ort verlassen muß, in den ich mich verliebt habe, werde ich melancholisch. Ich bin Expertin in diesem Gefühl, und mein Beruf bietet mir die Gelegenheit, es mehrmals im Jahr zu erleben. Aber möglicherweise wird mir dieser Abschied besonders schwerfallen, denn wegen all der Dinge, die das Land und Karma mich zu lehren versucht haben, und wegen all der Länder auf dieser Welt, in denen ich bereits war, glaube ich, daß ich das Land des freundlichen Drachen am meisten liebe.

Ich werde all die Dorfkinder vermissen, die noch immer nicht geweint haben und die mir heute, als ob sie genau spürten, daß ich bald abreisen werde, ihre Adressen auf einen Block schreiben. Ich werde die Reisfelder und die selbstbemalten Häuser daneben vermissen, die Felder mit lila Blüten und die Mönche, die unter der orangegelben Sonne in leuchtend orangegelben Gewändern daran entlangschreiten. Ich werde die *dzongs* und ihre verborgenen Gebetsräume vermissen, die fürchterlichen Straßen und die ausgezeichneten Fahrer, die Chilis und den Käse, den roten Reis, die Kiefern, die endlosen Flußschluchten und den Jhomolhari, der stoisch über all das wacht. Ich werde vermissen, wie die Bhutaner den Kopf schütteln, was nicht »nein«, sondern »ja« bedeutet, den heiseren, kehligen Klang des Dzongkha, der Amtssprache, daß hier alles nach dem Motto *irgendwann* läuft, das unglaubliche Mitgefühl, das stets Teil des Lebens dieser Menschen ist.

Ich werde auch Beth vermissen, ihr ruhiges Wesen und ihren selbstbewußten Gang, aber ich weiß, daß wir uns wiedersehen in New York oder Colorado. Vielleicht machen wir ja sogar noch einmal zusammen eine Reise. Vor allem werde ich Karma vermissen, sein scheues Lächeln, seine sanften Hände und seinen eleganten Stolz, seine aufrichtige Bereitschaft, in jedem Augenblick zu *sein*, eine Präsenz, die einer unbeholfenen Welt Anmut verleiht.

Gleichzeitig kann ich es wie immer kaum erwarten, mich auf den Weg zu machen. Ich möchte nach Hause und alle, die ich liebe, – auf bhutanische Art – umarmen. Ich möchte einen Club für amerikanische Folk Songs und Tänze gründen. Ich möchte mein Schlafzimmer mit dicken roten, grünen und blauen Streifen bemalen.

Meine Gedanken kreisen bereits um die Wörter »Mongolei« und »Antarktis«, was beweist, daß ich von meinem Fernweh nicht geheilt bin und es auch wohl nie sein werde. Der bessere Teil von mir hofft, daß ich auf meinen Reisen noch etwas langsamer werde. Ich habe mir geschworen, bei meiner nächsten Trekkingtour keinesfalls darauf zu achten, in welcher Reihenfolge die Leute im Camp ankommen. Ich weiß, daß die Erleuchtung keine Taschenlampe ist, sie ist ein Glühwürmchen, und im Falle von Bhutan ein ganzes Feld voller Glühwürmchen, die meine innere und äußere Landschaft erhellen, mir nur so viel Wahrheit zeigen, wie ich bereit bin zu sehen.

Wo deine Hunde
  sind,
    dort bist du zu Hause

Wo *deine Hunde sind,*
dort bist du zu Hause

HEUTE IST MEIN HUND JACKSON GESTORBEN. ER WAR MEIN erster Hund, und ich habe ihn in einer Tierhandlung gekauft, als er erst acht Wochen alt war. Wir waren über vierzehn Jahre zusammen, womit unsere Beziehung die längste erfolgreiche Beziehung ist, die ich bisher hatte. Mit Abstand. In diesen Jahren hat es oft Zeiten gegeben, in denen ich glaubte, wenn er sterben würde, könnte ich auch nicht mehr weiterleben.

Vierzehn Jahre, das ist ein hohes Alter für einen Hund von Jacksons Gewicht (gut fünfundvierzig Kilo), und in seinen letzten Lebensjahren ging es ihm nicht mehr gut. Zuerst wurde er taub, wahrscheinlich weil er so viele Jahre sein eigenes Bellen mit anhören mußte, dann blind, dann konnte er kaum noch laufen, weil er Arthritis hatte. Er verlor immer mehr die Orientierung. Wenn er an der Tür bellte, weil er rauswollte, und ich sie öffnete, tappte er hinter die offene Tür, damit er durch die Hundeöffnung gehen konnte, die unten hineingesägt war. Manchmal stand er da und starrte in eine Zimmerecke und mußte so lange bellen, bis jemand kam und ihm half, sich umzudrehen.

Die Leute, die Jackson erst in den letzten Jahren kennengelernt haben, können sich nicht vorstellen, was für ein Hund er mal war. Wie er an unzähligen Stränden entlanggefegt und in dreien der sieben Weltmeere geschwommen und in siebenundfünfzig der unberührten Naturgebiete und Nationalparks unseres Landes mit mir gewandert ist. Sie hätten sich auch nicht vorstellen können, daß Jackson, wenn wir zu einer Stelle kamen, wo der Park-Service Lei-

273

tern angebracht hatte, damit man einen besonders schwierigen Felsen leichter erklimmen konnte, es zuließ, daß ich seine vier Pfoten auf die Leitersprossen setzte. Sie hätten sich nicht vorstellen können, daß er zwei Kilometer weit mit meinem Pick-up Schritt halten konnte, wenn ich gut fünfzig Stundenkilometer fuhr.

Fast sein ganzes Leben lang scheute Jackson kein Risiko, nahm jede Herausforderung an, bestieg jeden Berg und durchschwamm jeden Fluß, auf den er stieß. Er fuhr auf der Ladefläche meines Pick-up mit, eine Pfote auf dem Radkasten, die andere lässig über dem Highway baumelnd. Wenn wir auf einem hohen Berg die Aussicht genossen, legte er sich – immer – so hin, daß beide Vorderpfoten über den Rand der Klippe hingen.

Meine Sicherheit war natürlich etwas ganz anderes, und er nahm seine Beschützerrolle sehr ernst. Mit ihm zu schwimmen war fast unmöglich, weil er ständig versuchte, mich zu retten. Dabei fuchtelte er mir mit den Pfoten um Kopf und Schultern, zerkratzte mir mit seinen Krallen die Haut. Nachdem wir auf die Ranch gezogen waren, versuchte er dauernd, mich vor den Pferden zu beschützen. Ganze Vormittage saß er auf der Weide und bellte die Pferde an, dann kam er ins Haus, als wollte er nur kurz Mittagspause machen, um etwas zu fressen und Wasser zu trinken, sah rasch nach mir und war gleich darauf wieder draußen.

Als wir in Park City wohnten, brachte Jackson mir einige wunderbare Geschenke mit nach Hause: einen 20-Liter-Behälter Fruchteis, einen frisch abgekochten Hirschkopf, einen fünf Kilo schweren Truthahn, den jemand zum Auftauen auf die Veranda gestellt hatte. In Oakland leistete er mir Gesellschaft, als sonst niemand da war, und seine allergische Reaktion auf die Flöhe dort war einer der Gründe, warum wir alle wieder zur Vernunft kamen und nach Hause zurückkehrten.

Zuhause. Schon wieder dieses Wort. Und heute wird mir klar, daß mein Zuhause über viele Jahre hinweg vor allem mit Jackson und unserem roten Mazda-Pick-up verbunden war. Der Wagen fährt noch immer, elf Jahre und dreihundertsechzigtausend Kilometer später, obwohl ich ihn jetzt nur noch benutze, um Müll wegzubringen, zum Fluß zu fahren oder um Heu zu transportieren. Jackson liebte den Wagen fast so sehr wie mich, und er war immer glücklich, wenn wir irgendwo hinfuhren. Wo wir auch wohnten, ich mußte bloß zur Haustür hinausgehen, und schon war er auf den Beinen und sprang auf die Ladefläche, in der Hoffnung, daß ich, wenn er nur begeistert genug dreinblickte, alles stehen- und liegenließ und mit ihm losfuhr.

Manchmal funktionierte es sogar, denn einfach losfahren, egal wohin, erschien mir in der Regel besser, als da zu bleiben, wo wir waren. Ich lief damals vor mir selbst davon, und Jackson, nun ja, der lief immer einfach nur. Unser Zuhause war etwas, das wir gemietet hatten, ein Platz zum Schlafen, und, wenn er sauber genug war, um ab und zu etwas zum Abendessen zu kochen. Vor allem war es ein Ort, wo wir die Landkarten ausbreiten und die nächste Reise planen konnten.

Jackson und ich hausten damals in einigen ausgemachten Bruchbuden, doch die wohl größte Bruchbude war ein Wohnwagen mit dem Namen African Queen in Fraser, Colorado, der einem Schafhirten gehörte. Die Miete betrug fünfundsiebzig Dollar im Monat, es gab kein fließendes Wasser und bloß einen kleinen Ofen aus Armeebeständen, der immer nur zwei Stunden brannte. Die Queen stand auf einem Stück Land, wo eine Hippiekommune wohnte, die von einer schönen achtzigjährigen Hippie-Lady namens Grandma Miller geleitet wurde. Jeden Tag ging die alte Dame drei Kilometer in den Bergen von Colorado spazieren, und jeden Abend vor dem Schlafengehen mußten wir uns am Lagerfeuer versammeln und *Will the Circle Be Unbroken* singen.

Fraser, Colorado, war früher als »der Kühlschrank der Nation« bekannt, der Ort in den Vereinigten Staaten, wo am häufigsten die kältesten Temperaturen gemessen wurden, bis die Betreiber des in der Nähe liegenden Skigebiets fanden, daß dieser Titel schlecht fürs Geschäft war, und dafür sorgten, daß die Wetterstation nach Granby verlegt wurde, vierundzwanzig Kilometer flußaufwärts, wo es vergleichsweise mild ist.

In den Jahren, die Jackson und ich in der Queen wohnten, kam ich so manche Nacht bei fünfzig Grad minus von meinem Job als Tellerwäscherin in einem Restaurant mit so vielen Steakresten, wie ich tragen konnte, nach Hause. Dann stopfte ich meinen kleinen Ofen mit Holz voll und packte meinen Körper in folgender Reihenfolge ein: Flanellhemdhose, Flanellnachthemd, Wollmütze, Wollhandschuhe, Wollsocken, Wollschal und Moonboots. Dann verfütterte ich die rund fünf Kilo Steakfett an Jackson und kroch unter meine drei oder vier Daunenschlafsäcke. Jackson legte sich zuoberst auf den Stapel und widmete sich die ganze Nacht seiner Verdauung.

Die Ranch, auf der ich jetzt lebe, die Ranch, die mir (mit ein wenig Hilfestellung durch die Bank) sogar gehört, ist mit der African Queen gar nicht zu vergleichen. Mein mit zwei Schlafzimmern ausgestattetes Haus ist zwar nicht gerade luxuriös, aber es ist solide genug gebaut, um die langen Winter, die häufig über hundert Stundenkilometer schnellen Stürme und die ultravioletten Strahlen in 2 700 Metern Höhe zu überstehen, die einen Außenanstrich in wenigen Sommern zu Staub werden lassen. Ich habe ausreichend fließendes Brunnenwasser – im Haus. Ich habe einen Holzofen, der zwölf Stunden brennt, und eine Propangasheizung, die monatelang von allein läuft.

Doch was wirklich zählt, ist das Land, auf dem das Haus steht: knapp fünfzig Hektar mitten auf einer hochgelegenen Bergwiese unterhalb des scharfkantigen Gebirgszuges der kontinentalen Wasserscheide. Die Wasserscheide windet sich über vierzigtausend Kilometer durch zwei Kontinente, vom Norden Alaskas bis nach Tierra del Fuego, und unterteilt dabei das Ablaufgebiet der zu zwei Meeren fließenden Gewässer. Wir wohnen im Schatten der Berge, die unser Tal auf mehr als drei Seiten umgeben. Der Rio Grande, ein un-

276

glaublich klarer und glitzernder Fluß, folgt dem Gebirgs-
verlauf an meiner Ranch vorbei, nur wenige Minuten von
seiner Quelle entfernt, die am höchsten Osthang der San
Juan Mountains entspringt. Die Felder sind mit Lupinen,
Rachenblütern und wilden Iris übersät, außer im Winter,
wenn sie mit Schnee bedeckt sind, der den ganzen Winter
über weiß bleibt. Am Rande von Big Valley habe ich eine
Scheune, die nach altem Heu und Packratten riecht und
nachmittags im Schatten des Berges steht. Nach all den
Campern und Kellerwohnungen und gemieteten Bussen, in
denen wir gelebt haben, wundert es mich nicht, daß Jackson
die Zufahrt ständig im Auge behielt und darauf wartete,
daß die wahren Eigentümer nach Hause kamen und wir uns
mit unserem leuchtend roten Mazda wieder auf den Weg
machen mußten.

In den letzten Jahren schaffte Jackson es nicht mehr allein
auf die Ladefläche des Pick-up. Einige meiner Freunde sagten, ich sollte ihn einschläfern lassen, aber ich habe ihn immer selbst entscheiden lassen, und es erschien mir nicht
richtig, die Spielregeln so spät noch zu ändern. Letztes Jahr,
als er inkontinent wurde, beschloß *er*, daß er nicht mehr ins
Haus wollte, selbst wenn ich ihn in extrem kalten Nächten
dazu drängte.

»Eure Großmutter würdet ihr doch auch nicht einschläfern lassen, nur weil sie Windeln tragen muß«, hielt ich meinen Freunden entgegen, doch insgeheim hatte ich meinen
eigenen Maßstab für Jacksons Lebensqualität im Kopf.
Wenn er irgendwann nicht mehr wütend auf die Pferde war,
wenn er irgendwann nicht mehr mindestens einmal am Tag
nach draußen humpelte und sie aus irgendeinem unerfindlichen Grund anbellte, dann wäre es an der Zeit, über Ster-
behilfe nachzudenken. An dem Morgen, als er verschwand,
war er draußen und bellte die Pferde an.

Ich habe diesen Essay mit dem Satz begonnen: »Heute ist
mein Hund Jackson gestorben«, aber ich hätte schreiben sollen: »Heute ist der Tag, an dem ich die Hoffnung aufgegeben habe, daß er wieder nach Hause gehumpelt kommt.« Ja,

Jackson ist verschwunden, wie vom Erdboden verschluckt, und obwohl drei Menschen und drei Hunde jeden Quadratzentimeter dieser Ranch und ihrer Umgebung abgesucht haben, konnten wir keine Spur von ihm entdecken. Was merkwürdig ist, denn bei seiner körperlichen Verfassung kann er sich nicht weit entfernt haben.

Falls er sich irgendwohin zurückgezogen hatte, um zu sterben, haben sich wahrscheinlich die Kojoten seines Leichnams angenommen. Möglich ist auch, daß er sich zu weit vom Haus entfernt hat und die Kojoten ihn lebend gerissen haben.

In seinen letzten Monaten hatte Jackson eine Reihe von *Streifzügen*, wie mein Exmann Mike sagen würde, unternommen. Manchmal verging ein Tag – oder sogar ein Tag und eine Nacht –, ohne daß ich eine Ahnung hatte, wo er war. Am nächsten Morgen lag er dann wie immer schlafend auf der Veranda. Ich betrachte diese Streifzüge als ein Zeichen dafür, daß seine Zeit gekommen war.

Vielleicht wollte er mich auf diese Weise nach und nach daran gewöhnen, daß er einmal nicht mehr dasein würde. Vielleicht hatte er Schmerzen, die er mir nicht mitteilen konnte, und vielleicht wollte er so die Kojoten geradezu auffordern zu kommen. Vielleicht wußte er, daß ich es nicht ertragen würde, seinen Leichnam zu sehen, und vielleicht ist er deshalb jedesmal, wenn er meinte, daß sein Ende unmittelbar bevorstand, in die Nacht hinausgegangen, um auf den Tod zu warten. Leute ohne Hundeverstand mutmaßen natürlich nur, daß er immer weniger Orientierungssinn hatte und sich schließlich verlaufen hat – was möglich ist, aber ich bezweifle es, und ich bin schließlich diejenige, die über vierzehn Jahre mit ihm zusammengelebt hat.

Ich weiß nicht, ob ich mir wünschen soll, daß er noch am Leben war, als die Kojoten kamen. Ich weiß, es klingt schrecklich, aber er selbst liebte eine gute Rauferei über alles. Ich würde gern glauben, daß ein heidnischer Gott die Ranch besucht, seinen Körper kurz vor dem Augenblick des Todes entführt und als neues Sternbild hinauf in den Himmel geschleudert hat, aber das mit den Kojoten erscheint mir naheliegender. Es ist ein Tod, den er sich selbst auf den Leib geschrieben hätte, ein Tod, der seinem Leben gerecht wird.

Dante, der Wolfshund, liegt wie immer auf dem Fußboden und blickt mich mit hochgezogenen Augenbrauen an, während ich dies schreibe. *Jackson wer?* lautet die Frage hinter seiner Stirn – meine beiden Rüden waren in den letzten beiden Jahren richtige Rivalen geworden. Aber auch wenn Dante sprechen könnte, würde er sich wohl nicht trauen, mir zu sagen, was er sonst noch denkt: *Sobald du drüber weg bist, hast du viel mehr Zeit für mich.*

Wenn für Dante das letzte Stündlein schlägt, wird er sich keinen Tod durch Kojoten wünschen. Er würde lieber in einem Einzelzimmer in einer der besten Tierkliniken des Landes liegen, wo die Luft schwer ist von Blumenduft, umgeben von all seinen Hunde- und Menschenfreunden.

Letztes Jahr zu Thanksgiving sind David und ich mit Dante zum Camping in den neu eröffneten Escalante-Golden Staircase National Park von Utah gefahren. Wir waren zum erstenmal dort, und es war Dantes erste richtig lange Autofahrt. Es gab Flüsse zum Schwimmen, Felsen zum Klettern, Eidechsen zum Jagen, Steaks vom Grill und unsere ständige Aufmerksamkeit; die besten Voraussetzungen, um jeden Hund überglücklich zu machen. Und Dante schwamm tatsächlich im Fluß, kletterte auf die Felsen, jagte die Eidechsen, fraß Steaks, aber all das ohne große Begeisterung, als wäre er in erster Linie unseretwegen mitgekommen. Wenn wir nicht gerade etwas unternahmen, streckte er seinen langen Körper aus, legte den Kopf auf die Pfoten und seufzte: *Das ist ja alles ganz nett hier, aber wann fahren wir endlich wieder nach Hause?*

An diesem Wochenende machten wir eine lange Wanderung durch den Deer Creek Canyon, wo die Pappeln noch an ihren letzten Blättern festhielten und die Maultierhirsche dick und fett waren, weil sie sich möglichst viel Fettvorrat für den Winter angefressen hatten. Der Himmel, der das ganze Wochenende bedrohlich ausgesehen hatte, öffnete schließlich seine Schleusen, und wir liefen zu einem verlassenen Camp, um dort Schutz zu suchen, zu einer aus zwei Räumen bestehenden Blechhütte, in der es von Ratten nur so wimmelte und um die herum Bierdosen und Whiskeyflaschen lagen. Zwei ramponierte Stühle standen an der Tür, und nachdem wir den Rattendreck von der Sitzfläche gekratzt hatten, setzten wir uns. Dante kreiste ein paarmal nervös durch den winzigen Raum, legte sich schließlich hin und stieß einen langen, bekümmerten Seufzer aus.

»Das ist unser neues Zuhause«, sagte ich zu ihm, »wie gefällt's dir?« Sein Blick huschte von meinem Gesicht zu Davids und wieder zu meinem.

»Sieh dich um«, sagte David. »Such dir dein Zimmer aus.«

Dante klopfte unterwürfig mit dem Schwanz und gab erneut ein leises Stöhnen von sich.

Als der Regen nachließ und ich nachsah, ob wir uns hinaustrauen konnten, war Dante schon zur Tür hinaus und sauste den Pfad hinunter, so daß uns nichts anderes übrigblieb, als ihm zu folgen. Er war erst wieder der alte, als er die letzte Biegung auf der Straße zur Ranch erkannte.

So unglaublich ich es auch finde, aber Dante entpuppt sich als ein Hund, der lieber keine Reisen unternimmt, und Sally, seine Kojote-Schäferhund-Kumpanin, ist noch schlimmer. Ein wachsender Teil von mir kann es ihnen auch nicht verübeln. Wenn man im Hundeparadies lebt, wieso sollte man dann irgendwo anders hinwollen?

Und wir leben wirklich in einem Paradies: das Gebirge, das meine Ranch umfangen hält, als lägen wir in seiner hohlen Hand, oder wie ein Hufeisen mit nach oben weisenden Enden, damit nicht das ganze Glück wegfließt. Wir fühlen uns hier sicher, geschützt von der natürlichen Festung aus schroffen Felswänden und Geröllfeldern, so wie andere vielleicht aus einer Steinumfriedung oder einer Backsteinmauer Trost schöpfen.

Ich habe lange gebraucht, bis ich diese Ranch als meine Ranch bezeichnen konnte. Die Worte »mir gehört« oder

»meine Ranch« sind mir immer im Halse steckengeblieben. Ich weiß, das ist zum Teil noch ein Überbleibsel aus meiner Zeit mit Grandma Miller und den Hippies, als wir uns alle als Tellerwäscher oder Busfahrer verdingten und der Meinung waren, daß der Besitz einer fünfzig Hektar großen Ranch uns zu Schwerverbrechern machen würde. Wir dachten, wir würden nie irgendwas besitzen, wir waren alle so ungezähmt und frei.

Freedom is just another word for nothing left to lose, sang Janis Joplin, und das habe ich bis heute nicht vergessen. Zum erstenmal in meinem Leben habe ich sehr, sehr viel zu verlieren, und obwohl die Ranch nur *ein* Posten auf der Liste ist, kann ich ihn nicht von den anderen trennen. Die Ranch ist ein so zauberhafter Ort, so überaus ruhig, stark und aufrichtig, daß ich fast meine, ich hätte sie nicht verdient. Unablässig bemühe ich mich, mir das Recht zu verdienen, hier zu sein, zu dem Menschen zu werden (ruhig, stark und aufrichtig), den dieser Ort aus mir machen möchte. Die Hingabe und Bindungsfähigkeit, die hier von mir verlangt werden, machen aus mir einen Menschen, der zu Hingabe und Bindung fähig ist, eine Hingabe an alle möglichen Dinge, die ich mir nie hatte vorstellen können, und erst jetzt weiß ich, warum ich Angst davor hatte, diese Ranch als meine Ranch zu bezeichnen.

Wie bei allem anderen – eine Freundin, ein Mann, ein Hund – hatte ich Angst, daß ich die Ranch, wenn ich sie liebte, verlieren könnte. Vielleicht würde ich irgendwann den Kredit nicht mehr abbezahlen können, oder die Ranch würde vom Blitz getroffen und niederbrennen, oder vielleicht würde ich sie eines Tages ganz spontan aus Angst oder Dummheit verkaufen (eine solche Reaktion wäre weiß Gott nicht das erste Mal). Doch die Ranch hat mir auch gezeigt, daß ich nun eine gewisse Kontrolle über meine eigenen Entscheidungen habe. Meine Angst vor derartigen Fehlern ist nicht mehr ganz so groß.

Für Colorado sind fünfzig Hektar Land nicht viel, aber es sind *meine* fünfzig Hektar, um die ich mich zu kümmern habe, die Goldkiefer, die Umzäunung, meine Scheune, das Packrattenhotel. Ich hänge an ihr, ich bin für sie verantwortlich und dankbar für meine Bindung an sie, dankbar für die Schönheit, in die ich jeden Tag hineinfalle. Und wenn ich in die Zufahrt einbiege und mein Blick an den Bergen entlangwandert, wenn ich morgens aufwache und die Sonne auf einen Meter Neuschnee scheint, wenn das Alpenglühen nur die äußerste Spitze des Gebirges über mir beleuchtet, dann weiß ich, daß das hier mein erstes richtiges Zuhause ist, und ich werde alles tun, um es zu behalten.

Wo deine Hunde sind, dort bist du zu Hause, habe ich häufig gesagt, doch jetzt bedeutet es etwas ganz anderes. Jetzt bedeutet es eine Ranch in Colorado, *meine* Ranch in Colorado, der erste Ort, an dem ich nicht das Bedürfnis empfinde davonzulaufen. Jetzt bedeutet es bloß noch drei Hunde, und einen vierten, den ich immer lieben werde und dessen Knochen irgendwo draußen auf den Wiesen verstreut sind. Ich habe nicht mehr das Gefühl, ohne ihn nicht leben zu können. Er hat mir durch meine einsamsten Jahre hindurch geholfen, die Jahre des Übergangs, die Jahre, in denen ich mich an keinen Ort oder an irgend etwas binden konnte, Jahre, die ich durchleben mußte, bevor ich meinen Weg nach Hause fand.

Es werden noch weitere Hunde hier ihre letzte Ruhe finden, und Pferde, und vielleicht eines Tages auch ich. Bis dahin werde ich mit meinen drei verbliebenen Hunden draußen spazierengehen. Wir werden auf den Berg steigen und ein kleines Klagelied für Jackson heulen. Und heute nacht werden wir am Himmel nach ihm Ausschau halten.

Nachbemerkung der Autorin

Einige Essays dieser Sammlung sind, mitunter in leicht abgewandelter Form, bereits in den folgenden Publikationen erschienen: *Allure*: »Jenseits von Dick und Dünn«; *Conde Nast Sports for Women*: »Ein Mann, der aus Liebe vereiste Wimpern erträgt« und »Schwangerschaft und andere Naturkatastrophen«; *Elle*: »Angelausflug mit Dame« und »Erfolg – mal anders definiert«; *Mirabella*: »Afrikanische Nächte«; *The New York Times*: »In ihrer Mitte entspringt ein Fluß«; *Outside*: »Ein Handbuch für jede Stromschnelle«; *Park City Magazine*: »Die unerzogenen Hunde von Park City« und »Der Pitbullterrier und die Bergziege«; *Ski*: »Von einer, die den Grand Teton (nicht) bestieg« und der Essay »Growing Apart: Leaving Park City«, der im vorliegenden Band mit »Der Pitbullterrier und die Bergziege« verschmolzen wurde; *Travel and Leisure*: »Wellen in allen Herbstfarben« und »Die Seele der Anden«; *Vogue*: »Acht Tage in der Brooks Range mit April und den Jungs«; *Whitefish Magazine*: »Auf der Suche nach Abbeys Löwen«.

»Gewohnheitsmäßig fange ich an, mich zu rechtfertigen« erschien erstmals in der Anthologie *Minding the Body*; »Das Blut schöner wilder Tiere« erschien erstmals in der Anthologie *Women on Hunting*. »Angelausflug mit Dame« wurde in die Anthologien *A Different Angle* und *Gifts of the Wild* aufgenommen. »Acht Tage in der Brooks Range mit April und den Jungs« erschien in der Anthologie *The Writing Path*, »In ihrer Mitte entspringt ein Fluß« in der Sammlung *Walking the Twilight*, und »Von einer, die den Grand Teton (nicht) bestieg« wurde in die Anthologie *Wild Places* aufgenommen.

Ich danke den Lektoren, die mit dazu beitrugen, diese Essays in die vorliegende Form zu bringen, besonders Karen Marta für ihre Respektlosigkeit und Pat Towers dafür, daß sie ein Ohr für den Rhythmus meiner Sätze hat und mich schlauer machte, als ich bin. Wie immer danke ich Carol Houck Smith. Niemand auf der Welt liebt Bücher mehr als sie.

SERIE PIPER

Hauptsache weit weg
Abenteuerliche Frauen-Leben.
Herausgegeben von Susanne
Aeckerle. 237 Seiten. SP 2697

Viele Frauen reizt der Gedanke, nicht nur in die Ferne zu reisen, sondern auch dort zu leben, zu arbeiten und – zu lieben. Und schon immer gab es mutige und starke Frauen, die sich auf den Weg machten: in die Wüste, nach Grönland, zu den Scheichs, in den Busch, zu den Kopfjägern. Dort blieben sie für ein paar Monate, ein paar Jahre – oder ein ganzes Leben.

Elf berühmte abenteuerliche Frauen sind in diesem Band vereint: Daisy Bates, Margaret Mead, Florinda Donner, Dian Fossey, Sophie Caratini, Maria Sibylla Merian, Anna Leonowens, Anne Spoerry, Lady Hester Stanhope, Christiane Ritter und Carmen Rohrbach.

Strapazen Nebensache
Abenteuerliche Frauen reisen.
Herausgegeben von Susanne
Aeckerle. 230 Seiten. SP 3333

Ob mit dem Fahrrad durch Afrika, mit dem Kamel durch die australische Wüste, zu Fuß quer durch Tibet, im einmotorigen Flugzeug über den Atlantik, als Einhandseglerin um die Welt oder im Frauenteam zur Spitze des Annapurna: Reisen, die Welt sehen, Abenteuer erleben – das hat auch Frauen schon immer gelockt. Dieses Buch vereint zehn Berichte abenteuerlicher Frauen: Mary Kingsley, Alexandra David-Néel, Robyn Davidson, Bettina Selby, Helen Thayer, Lucy Irvine, Elly Beinhorn, Beryl Markham, Gudrun Calligaro und Arlene Blum.

»Jede Reise ist ein Abenteuer oder kann zu einem werden. Auch heute noch, wo wir ohne großen Aufwand die entferntesten Orte der Welt erreichen können. Und es wird immer Frauen geben, die über alle Grenzen hinaus nach dem Neuen, Unbekannten, der persönlichen Herausforderung suchen.«

Aus der Einleitung

Lieve Joris

Mali Blues

Ein afrikanisches Tagebuch. Aus dem Niederländischen von Ira Wilhelm und Jaap Grave. 313 Seiten. SP 2977

Was macht Lieve Joris' Erzählungen über fremde Länder so besonders berührend? Sie *lebt* mit den Menschen an den Orten, bevor sie über sie schreibt. Die Afrikaner, die sie auf ihren Reisen trifft, sind Überlebenskünstler, die Zauberei, Tradition und Moderne zu vereinbaren wissen. Der politischen Unfähigkeit ihrer Regierungen bewußt, nehmen sie mit Mut und viel Humor ihr Leben selbst in die Hand – wie der junge Amadou aus einer kleinen Stadt am Ufer des Senegal, der sich als einziger Besitzer eines Fernsehapparats in seiner Nachbarschaft eine gute Einnahmequelle verschafft hat. Oder der Schulinspektor Sass, mit dem die Autorin die Wüste Südmauretaniens durchqueren will und der erst einmal warten muß, bis ein paar pfiffige Automechaniker auf Kamelen angeritten kommen und seinen Toyota reparieren. Lieve Joris schildert die Hoffnung und die Poesie dieses Kontinents.

Die Tore von Damaskus

Eine arabische Reise. Aus dem Niederländischen von Barbara Heller. 301 Seiten. SP 3088

Wie ein Roman liest sich die Geschichte der jungen syrischen Soziologin Hala, die mit ihrer Tochter Asma allein in Damaskus lebt. Zwölf Jahre zuvor hatte die Geheimpolizei bei einer Razzia Halas Wohnung gestürmt und ihren Mann Ahmed verhaftet – er war Marxist. Halas Leben wird nun bestimmt von der konservativen Familie ihres Mannes, der wechselhaften Tagespolitik und ihrem eigenen Wunsch nach einem selbständigen, unabhängigen Leben. Lieve Joris begleitet sie auf ihren Fahrten kreuz und quer durchs Land, wo sich karge Wüstenlandschaften und üppige Oasen abwechseln, modernste Großstädte und kleine Dörfer. Hinter dieser farbenprächtigen Welt verbirgt sich jedoch Halas Lebenstragödie, denn längst hat sie aufgehört, ihren Mann zu lieben. Nun aber steht eine Amnestie bevor und damit auch die Rückkehr von Ahmed …

SERIE PIPER

SERIE PIPER

Gary Paulsen

Iditarod
*Das härteste Hundeschlitten-
rennen der Welt. Aus dem Amerikanischen von Brigitte Jakobeit.
255 Seiten mit zehn Farbfotos.
SP 2910*

»Der helle Wahnsinn!« – das
bekommt Greenhorn Gary
Paulsen zu hören, als er beschließt, am Iditarod teilzunehmen, dem härtesten Hunde-
schlittenrennen der Welt. Die
Strecke führt quer durch Alaska, von Anchorage nach
Nome: zweitausend Kilometer
durch Eis und Schnee, über
menschenleere Ebenen und
durch dichte Wälder. Siebzehn
Tage jagt Gary Paulsen mit seinen fünfzehn Hunden durch die
oft mondähnliche Landschaft,
übersteht blutige Auseinander-
setzungen im Hundegespann,
Schneeblindheit, lebensgefähr-
liche Zusammenstöße mit Elchen, Schlaflosigkeit und Hal-
luzinationen – und erreicht
schließlich das Ziel. Die wunderbar lakonische Sprache
Gary Paulsens, sein Humor,
seine grandiosen Naturschilde-
rungen und die bewegende Beschreibung seiner Liebe zu den
Hunden machen das Buch zu einem einzigartigen Leseerlebnis.

Reinhold Messner

Die Freiheit, aufzubrechen, wohin ich will
*Ein Bergsteigerleben. 396 Seiten
mit farbigen und Schwarzweiß-
Abbildungen. SP 3336*

Vom Südtiroler Dorfbuben
zum berühmtesten Bergsteiger
aller Zeiten: der Bericht eines
ungewöhnlichen Lebens, der
nicht nur von der Ersterstei-
gung des Mount Everest ohne
künstlichen Sauerstoff erzählt,
sondern auch von den Nieder-
lagen, Krisen und Selbstzwei-
feln handelt.

13 Spiegel meiner Seele
*320 Seiten mit 56 Farbfotos
und 14 Karten. SP 2646*

Mit diesem Buch zeigt uns Rein-
hold Messner die andere Seite
seines Wesens, jene Seite, die
bisher allzu oft hinter den Sen-
sationen seiner Abenteuer verborgen blieb: seine selbst-
verordnete Einsamkeit, seine
Flucht in die Arbeit und in die
Tröstlichkeit von Wüstensand,
Eis und Schnee. In keinem seiner
Bücher hat Messner einen so tiefen Blick in sein Innerstes tun
lassen wie in diesen Geschichten, die seine Seele spiegeln.